新时代外国语言文学
新发展研究丛书

总主编 罗选民 庄智象

外语教育理论新发展研究

Theories of Foreign Language Education: New Perspectives and Development

文秋芳 孙曙光 / 著

清华大学出版社
北京

内 容 简 介

本书主要评述国外两种新兴外语教育理论概念教学法和动态使用论，重点展示任务教学法、内容教学法、项目教学法在中国的实践，特别阐释续论和产出导向法在中国产生、应用和发展的全貌。最后，探讨我国外语教育理论国际化的相关问题，号召我国外语教育研究者与外语教师踔厉奋发，笃行不怠，为建设外语强国、构建自主外语教育知识体系做出积极贡献。

本书既有国内外的外语教育理论研究脉络和现状，又有未来研究趋势进展；既有国外理论介绍，又涵盖国内本土理论；既有理论阐释，也有实践案例和方法指南；既有研究案例，也有教学案例，具有学术性、系统性和前沿性。可作为语言教育研究者和语言专业研究生的参考书。

版权所有，侵权必究。举报：010-62782989，beiqinquan@tup.tsinghua.edu.cn。

图书在版编目（CIP）数据

外语教育理论新发展研究 / 文秋芳，孙曙光著.—北京：清华大学出版社，2022.12
（新时代外国语言文学新发展研究丛书）
ISBN 978-7-302-62237-6

Ⅰ.①外⋯　Ⅱ.①文⋯　②孙⋯　Ⅲ.①外语教学—教学研究　Ⅳ.①H09

中国版本图书馆 CIP 数据核字（2022）第 233645 号

策划编辑：郝建华
责任编辑：郝建华　曹诗悦
封面设计：黄华斌
责任校对：王凤芝
责任印制：朱雨萌

出版发行：清华大学出版社
网　　址：http://www.tup.com.cn, http://www.wqbook.com
地　　址：北京清华大学学研大厦 A 座　邮　编：100084
社 总 机：010-83470000　邮　购：010-62786544
投稿与读者服务：010-62776969, c-service@tup.tsinghua.edu.cn
质量反馈：010-62772015, zhiliang@tup.tsinghua.edu.cn

印 刷 者：大厂回族自治县彩虹印刷有限公司
装 订 者：三河市启晨纸制品加工有限公司
经　　销：全国新华书店
开　　本：155mm×230mm　印　张：20.5　字　数：323 千字
版　　次：2022 年 12 月第 1 版　印　次：2022 年 12 月第 1 次印刷
定　　价：138.00 元

产品编号：088144-01

中国英汉语比较研究会
"新时代外国语言文学新发展研究丛书"
编委会名单

总主编

罗选民　庄智象

编　委

（按姓氏拼音排序）

蔡基刚	陈　桦	陈　琳	邓联健	董洪川
董燕萍	顾曰国	韩子满	何　伟	胡开宝
黄国文	黄忠廉	李清平	李正栓	梁茂成
林克难	刘建达	刘正光	卢卫中	穆　雷
牛保义	彭宣维	冉永平	尚　新	沈　园
束定芳	司显柱	孙有中	屠国元	王东风
王俊菊	王克非	王　蔷	王文斌	王　寅
文秋芳	文卫平	文　旭	辛　斌	严辰松
杨连瑞	杨文地	杨晓荣	俞理明	袁传有
查明建	张春柏	张　旭	张跃军	周领顺

总　　序

外国语言文学是我国人文社会科学的一个重要组成部分。自1862年同文馆始建，我国的外国语言文学学科已历经一百五十余年。一百多年来，外国语言文学学科一直伴随着国家的发展、社会的变迁而发展壮大，推动了社会的进步，促进了政治、经济、文化、教育、科技、外交等各项事业的发展，增强了与国际社会的交流、沟通与合作，每个发展阶段无不体现出时代的要求和特征。

20世纪之前，中国语言研究的关注点主要在语文学和训诂学层面，由于"字"研究是核心，缺乏区分词类的语法标准，语法分析经常是拿孤立词的意义作为基本标准。1898年诞生了中国第一部语法著作《马氏文通》，尽管"字"研究仍然占据主导地位，但该书宣告了语法作为独立学科的存在，预示着语言学这块待开垦的土地即将迎来生机盎然的新纪元。1919年，反帝反封建的"五四运动"掀起了中国新文化运动的浪潮，语言文学研究（包括外国语言文学研究）得到蓬勃发展。中华人民共和国成立后，尤其是改革开放以来，外国语言文学学科的发展势头持续迅猛。至20世纪末，学术体系日臻完善，研究理念、方法、手段等日趋科学、先进，几乎达到与国际研究领先水平同频共振的程度，取得了令人瞩目的成绩，有力地推动和促进了人文社会科学的建设，并支持和服务于改革开放和各项事业的发展。

无独有偶，在处于转型时期的"五四运动"前后，翻译成为显学，成为了解外国文化、思想、教育、科技、政治和社会的重要途径和窗口，成为改造旧中国的利器。在那个时期，翻译家由边缘走向中国的学术中心，一批著名思想家、翻译家，通过对外国语言文学的文献和作品的译介塑造了中国现代性，其学术贡献彪炳史册，为中国学术培育做出了重大贡献。许多西方学术理论、学科都是经过翻译才得以为中国高校所熟悉和接受，如王国维翻译教育学和农学的基础读本、吴宓翻译哈佛大学白璧德的新人文主义美学作品等。这些翻译文本从一个侧面促成了中国高等教育学科体系的发展和完善，社会学、人类学、民俗学、美学、教育学等，几乎都是在这一时期得以创建和发展的。翻译服务对于文化交流交融和促进文明互鉴,功不可没,而翻译学也在经历了语文学、语言学、文化学等转向之后,日趋成熟,如今在让中国了解世界、让世界了解中国,尤其是"一带一路"建设、人类命运共同体构建,讲好中国故事、传递好中国声音等方面承担着重要使命与责任,任重而道远。

20世纪初,外国文学深刻地影响了中国现代文学的形成,犹如鲁迅所言,要学普罗米修斯,为中国的旧文学窃来"天国之火",发出中国文学革命的呐喊,在直面人生、救治心灵、改造社会方面起到不可替代的作用。大量的外国先进文化也因此传入中国,为塑造中国现代性发挥了重大作用。从清末开始特别是"五四运动"以来,外国文学的引进和译介蔚然成风。经过几代翻译家和学者的持续努力,在翻译、评论、研究、教学等诸多方面成果累累。改革开放之后,外国文学研究更是进入繁荣时代,对外国作家及其作品的研究逐渐深化,在外国文学史的研究和著述方面越来越成熟,在文学理论与文学批评的译介和研究方面、在不断创新国外文学思想潮流中,基本上与欧美学术界同步进展。

外国文学翻译与研究的重大意义,在于展示了世界各国文学的优秀传统,在文学主题深化、表现形式多样化、题材类型丰富化、批评方法论的借鉴等方面显示出生机与活力,显著地启发了中国文学界不断形成新的文学观,使中国现当代文学创作获得了丰富的艺术资源,同时也有力地推动了高校相关领域学术研究的开展。

进入21世纪,中国的外国语言学研究得到了空前的发展,不仅及时引进了西方语言学研究的最新成果,还将这些理论运用到汉语研究的实践;不仅有介绍、评价,也有批评,更有审辨性的借鉴和吸收。英语、汉语比较研究得到空前重视,成绩卓著,"两张皮"现象得到很大改善。此外,在心理语言学、神经语言学和认知语言学等与当代科学技术联系紧密的学科领域,外国语言学学者充当了排头兵,与世界分享语言学研究的新成果和新发现。一些外语教学的先进理念和语言政策的研究成果为国家制定外语教育政策和发展战略也做出了积极的贡献。

习近平总书记指出:"要着力推进国际传播能力建设,创新对外宣传方式,加强话语体系建设,着力打造融通中外的新概念新范畴新表述,讲好中国故事,传播好中国声音,增强在国际上的话语权。"为贯彻这一要求,教育部近期提出要全面推进新工科、新医科、新农科、新文科等建设。新文科概念正式得到国家教育部门的认可,并被赋予新的内涵和

总序

定位，即以全球新技术革命、新经济发展、中国特色社会主义新时代为背景，突破传统的文科思维模式与文科建构体系，创建与新时代、新思想、新科技、新文化相呼应的新文科理论框架和研究范式。新文科具备传统文科和跨学科的特点，注重科学技术、战略创新和融合发展，立足中国，面向世界。

新文科建设理念对外国语言文学学科建设提出了新目标、新任务、新要求、新格局。具体而言，新文科旗帜下的外国语言文学学科的发展目标是：服务国家教育发展战略的知识体系框架，兼备迎接新科技革命的挑战能力，彰显人文学科与交叉学科的深度交融特点，夯实中外政治、文化、社会、历史等通识课程的建设，打通跨专业、跨领域的学习机制，确立多维立体互动教学模式。这些新文科要素将助推新文科精神、内涵、理念得以彻底贯彻落实到教育实践中，为国家培养出更多具有融合创新的专业能力，具有国际化视野，理解和通晓对象国人文、历史、地理、语言的人文社科领域外语人才。

进入新时代，我国外国语言文学的教育、教学和研究发生了巨大变化，无论是理论的探索和创新，方法的探讨和应用，还是具体的实验和实践，都成绩斐然。回顾、总结、梳理和提炼一个年代的学术发展，尤其是从理论、方法和实践等几个层面展开研究，更有其学科和学术价值及现实和深远意义。

鉴于上述理念和思考，我们策划、组织、编写了这套"新时代外国语言文学新发展研究丛书"，旨在分析和归纳近十年来我国外国语言文学学科重大理论的构建、研究领域的探索、核心议题的研讨、研究方法的探讨，以及各领域成果在我国的应用与实践，发现目前研究中存在的主要不足，为外国语言文学学科发展提出可资借鉴的建议。我们希望本丛书的出版，能够帮助该领域的研究者、学习者和爱好者了解和掌握学科前沿的最新发展成果，熟悉并了解现状，知晓存在的问题，探索发展趋势和路径，从而助力中国学者构建融通中外的话语体系，用学术成果来阐述中国故事，最终产生能屹立于世界学术之林的中国学派！

本丛书由中国英汉语比较研究会联合上海时代教育出版研究中心组织研发，由研究会下属29个二级分支机构协同创新、共同打造而成。罗选民和庄智象审阅了全部书稿提纲；研究会秘书处聘请了二十余位专家对书稿提纲逐一复审和批改；黄国文终审并批改了大部分书稿提纲。本丛书的作者大都是知名学者或中青年骨干，接受过严格的学术训练，有很好的学术造诣，并在各自的研究领域有丰硕的科研成果，他们所承担的著作也分别都是迄今该领域动员资源最多的科研项目之一。本丛书主要包括"外国语言学""外国文学""翻译学""比较文学与跨文化研究"和"国别和区域研究"五个领域，集中反映和展示各自领域的最新理论、方法和实践的研究成果，每部著作内容涵盖理论界定、研究范畴、研究视角、研究方法、研究范式，同时也提出存在的问题，指明发展的前景。总之，本丛书基于外国语言文学学科的五个主要方向，借助基础研究与应用研究的有机契合、共时研究与历时研究的相辅相成、定量研究与定性研究的有效融合，科学系统地概括、总结、梳理、提炼近十年外国语言文学学科的发展历程、研究现状以及未来的发展趋势，为我国外国语言文学学科高质量建设与发展呈现可视性极强的研究成果，以期在提升国家软实力、构建人类命运共同体过程中承担起更重要的使命和责任。

感谢清华大学出版社和上海时代教育出版研究中心的大力支持。我们希望在研究会与出版社及研究中心的共同努力下，打造一套外国语言文学研究学术精品，向伟大的中国共产党建党一百周年献上一份诚挚的厚礼！

罗选民　庄智象

2021 年 6 月

前　言

　　20世纪末西方学者声称，外语教育教学进入后方法时代（post-method era），有人甚至发出"方法之亡"（the death of method）的论断（Allwright，1991），同期也有其他学者发出类似声音（例如Brown，1994）。对后方法时代进行系统阐述的是美国应用语言学家Kumaravadivelu（简称Kuma）。他撰写了两本专著。第一本 *Beyond Methods: Macrostrategies for Language Teaching* 由耶鲁大学出版社2003年出版，2013年北京大学出版社出版了中译本《超越教学法：语言教学的宏观策略》（陶健敏译）。第二本 *Understanding Language Teaching: From Method to Postmethod* 于2006年由劳特利奇出版社出版。后方法时代的观点源于后现代主义。它既有积极意义，也有消极作用。其积极意义在于粉碎了人们追求寻找"单一完美教学法"的不现实梦想，把广大教师从方法"桎梏"中解放出来，使他们认识到方法的灵活性和多功能性；其消极作用在于打消了人们寻找新方法的积极性，甚至无人敢致力于"新方法"的建构，这就成为外语教育新理论发展的障碍。我们认为，外语教育理论就像一个工具箱，里面装着各种各样的工具。外语教育具有复杂性、动态性，绝不可能靠单一工具解决问题。19世纪到20世纪创造出来的工具，不是完全无用，只不过是每种工具的功效取决于使用目的、对象和情景。随着时代发展、科学技术进步和学习者需求变化，外语教育中会不断出现新问题、新困难，为此，我们就要对工具箱中的工具不断进行改良和更新。换句话说，我们既需要从国外引进新理论，又需要构建适合中国国情的新理论。进入21世纪后，虽然"方法"热在明显降温，但外语教育理论发展并未就此停步。国内外仍有大批学者致力于外语教育理论的研究。

　　本书以21世纪外语教育理论最新发展为重点，侧重阐述我国学者对外语教育理论的发展所做的积极探索。他们有的根据中国国情对国外理论进行改造；有的针对中国问题将国内外理念有机融合，力图创造具有中国特色的外语教育理论。我们撰写本书的目的不仅是对相关知识进行梳理和综合，更为重要的是，我们希望本书能够表达我们对构建中国自主知识体系的热情和渴望。我们真诚希望把这份情感传递给每一位读者。中国是外语教育大国，但不是外语教育强国。作为外语教师和外语教育研究者，我们每个人都有责任和使命为中国外语教育事业的蓬勃发展、为中国外语教育理论走向世界贡献自己的一份力量。

本书共十七章。前三章[1]为读者阅读提供背景信息。第 1 章定义本书涉及的核心概念，第 2 章概述 19 世纪前后主要的外语教育理论，第 3 章介绍 20 世纪主要的外语教育理论流派。第 4 章简要说明 21 世纪外语教育理论的最新发展，聚焦两种新兴的、尚处于发展初期的国外教育理论——概念教学法和动态使用论。第 5 至 9 章重点介绍任务教学法、内容教学法、项目教学法、续论和产出导向法五种外语教育理论，从产生背景、理论基础、应用案例和代表人物或研究团队四个方面入手，较为详尽地展示该理论在中国产生、应用和发展的全貌。第 10 章介绍了几部外语教育理论主要论著。第 11 章聚焦外语教育研究方法的发展趋势，第 12 章介绍外语教育自然课堂研究的新方法辩证研究及其应用案例。围绕外语教育理论国际化[2]，第 13 章聚焦反思与建议，第 14 章聚焦标准与挑战，第 15 章聚焦困境与对策，第 16 章探讨中国应用语言学的学术国际话语权问题。第 17 章聚焦新时代外语教育实践面临的挑战和应对策略。

本书主要面向从事外语教育的一线教师以及开展教育教学研究的硕士生、博士生和研究者。我们力求用通俗易懂的语言，清晰明了的结构，向读者展现外语教育理论的最新发展。它既可以作为应用语言学研究生的教材使用，也可作为教学研究的参考书。

在本书成稿过程中，清华大学出版社外语分社社长郝建华对本书的框架和章节安排提出修改意见，北京外国语大学王伶帮助整理部分

---

1 前三章所依据的资料来源主要有两个：第一，Richards & Rodgers（2001）撰写的《语言教学流派》(Approaches and Methods in Language Teaching)；第二，Brown（1994）撰写的《根据原理教学：交互式语言教学》(Teaching by Principles: An Interactive Approach to Pedagogy)。为了避免多次反复标注同一资料来源，在此统一说明。

2 应用语言学有广义和狭义之分。广义的定义涵盖对一切与语言相关的社会现实问题的研究，狭义的定义仅限于对语言教与学的研究。为了表述方便，第 13 至 16 章在表示应用语言学学科时保留了"应用语言学"，在其他情况下采用应用语言学狭义定义，称之为"外语教育"。

文献，北京外国语大学刘雪卉博士帮助校对书稿，在此一并表示衷心感谢。

由于作者水平所限，如有不当之处，敬请专家同仁和广大读者批评指正。

文秋芳

孙曙光

2022 年 11 月

目　　录

第1章　概念定义 …………………………………… 1
  1.1　新发展 ……………………………………… 1
  1.2　外语 ………………………………………… 1
  1.3　教育 ………………………………………… 2
  1.4　理论 ………………………………………… 2

第2章　19世纪前后外语教育理论 ………………… 5
  2.1　语法翻译法 ………………………………… 5
  2.2　直接法 ……………………………………… 6
  2.3　小结 ………………………………………… 7

第3章　20世纪外语教育理论 ……………………… 9
  3.1　传统派 ……………………………………… 10
    3.1.1　口语法和情景法 ………………… 10
    3.1.2　听说法 …………………………… 11
  3.2　非传统派 …………………………………… 12
    3.2.1　全身反应法 ……………………… 13
    3.2.2　沉默法 …………………………… 14
    3.2.3　社团语言学习法 ………………… 15
    3.2.4　暗示法 …………………………… 16
    3.2.5　词汇法 …………………………… 18
    3.2.6　能力法 …………………………… 19

3.3　交际派 ……………………………………………… 20
　　　3.4　小结 ………………………………………………… 24
第 4 章　概念教学法和动态使用论 ………………………… 25
　　　4.1　概念教学法 …………………………………………… 25
　　　　　4.1.1　理论基础 …………………………………………… 26
　　　　　4.1.2　教学实践 …………………………………………… 29
　　　　　4.1.3　思考与评价 ………………………………………… 32
　　　　　4.1.4　小结 ………………………………………………… 35
　　　4.2　动态使用论 …………………………………………… 36
　　　　　4.2.1　理论基础 …………………………………………… 37
　　　　　4.2.2　教学实践 …………………………………………… 41
　　　　　4.2.3　思考与评价 ………………………………………… 47
　　　　　4.2.4　小结 ………………………………………………… 49

第 5 章　任务教学法 ………………………………………… 51
　　　5.1　产生背景 ……………………………………………… 51
　　　5.2　理论基础和基本概念 ………………………………… 52
　　　5.3　应用案例 ……………………………………………… 57
　　　　　5.3.1　大学技能类课程 …………………………………… 57
　　　　　5.3.2　大学知识类课程 …………………………………… 57
　　　　　5.3.3　高中英语教学 ……………………………………… 58
　　　5.4　代表人物 ……………………………………………… 60
　　　　　5.4.1　国外代表人物 ……………………………………… 60
　　　　　5.4.2　国内代表人物 ……………………………………… 62
　　　5.5　小结 ………………………………………………… 63

第 6 章 内容教学法 ························· 65
- 6.1 产生背景 ························· 65
- 6.2 理论基础和原则 ························· 67
- 6.3 应用案例 ························· 69
- 6.4 研究团队 ························· 71
- 6.5 小结 ························· 73

第 7 章 项目教学法 ························· 75
- 7.1 产生背景 ························· 75
- 7.2 理论基础 ························· 76
- 7.3 应用案例 ························· 77
- 7.4 代表人物及研究团队 ························· 81
- 7.5 小结 ························· 86

第 8 章 续论 ························· 89
- 8.1 产生背景 ························· 89
- 8.2 理论基础 ························· 90
- 8.3 应用案例 ························· 91
- 8.4 研究团队 ························· 94
- 8.5 小结 ························· 99

第 9 章 产出导向法 ························· 101
- 9.1 产生背景 ························· 101
- 9.2 理论基础 ························· 103

9.3 教学实践与研究 ····· 106
9.3.1 英语教学案例 ····· 106
9.3.2 教学研究 ····· 115
9.4 研究团队 ····· 119
9.4.1 实体团队 ····· 120
9.4.2 虚拟共同体 ····· 121
9.5 小结 ····· 122

第 10 章 外语教育理论主要论著 ····· 125
10.1 《透过二语习得研究探究语言教育》····· 125
10.1.1 主要内容 ····· 125
10.1.2 简要评述 ····· 130
10.2 《第二语言教育中的社会文化理论导论：叙事视角（第二版）》····· 132
10.2.1 主要内容 ····· 132
10.2.2 简要评述 ····· 138
10.3 《二语习得与任务教学法》····· 139
10.3.1 主要内容 ····· 139
10.3.2 简要评述 ····· 143
10.4 《语言使用视角下的二语教学：基于实证的教学》····· 144
10.4.1 内容简介 ····· 144
10.4.2 简要评述 ····· 149
10.5 《项目教学法——21 世纪的差异教学法》····· 149
10.5.1 内容简介 ····· 150
10.5.2 简要评述 ····· 152

10.6 《产出导向法：中国外语教育理论创新探索》··· 153
    10.6.1 内容简介 ··· 153
    10.6.2 简要评述 ··· 158

10.7 小结 ··· 160

第 11 章 外语教育研究方法新趋势 ···················· 161

11.1 21 世纪前研究方法使用情况 ······················ 162
    11.1.1 国外变化趋势（1967—2000）············· 162
    11.1.2 国内变化趋势（1978—1997）············· 163

11.2 21 世纪研究方法使用情况 ·························· 164
    11.2.1 国外研究方法总趋势及特点
          （2001—2015）······························ 164
    11.2.2 国内研究方法总趋势及特点
          （2001—2015）······························ 165
    11.2.3 国内外研究方法使用比较 ················ 166
    11.2.4 国内外研究方法使用差异的成因 ········ 167

11.3 对改进我国外语教育研究方法使用的
    三点建议 ··· 169

11.4 小结 ··· 170

第 12 章 外语教育课堂研究方法新进展 ············· 171

12.1 定义与理论基础 ····································· 172
12.2 实施步骤 ··· 173
12.3 主要特点 ··· 175
12.4 案例解析 ··· 177
    12.4.1 师生合作评价研究背景 ··················· 178
    12.4.2 第一轮辩证研究：评价对接教学目标 ······· 179

12.4.3　第二轮辩证研究：确定评价焦点 …………… 193

　12.5　小结 ………………………………………………… 204

第 13 章　**外语教育理论国际化反思与建议** ……………… 207

　13.1　现状及问题 …………………………………………… 207

　13.2　我国外语教育理论国际化要素 ……………………… 210

　　　13.2.1　人才 ………………………………………… 210

　　　13.2.2　路径 ………………………………………… 211

　　　13.2.3　标准 ………………………………………… 212

　13.3　对我国外语教育理论国际化的建议 ………………… 212

　　　13.3.1　建立虚拟专业学习共同体 ………………… 213

　　　13.3.2　加强国内外学术交流 ……………………… 214

　13.4　小结 ………………………………………………… 215

第 14 章　**外语教育理论国际化标准与挑战** ……………… 217

　14.1　国内学者的国际论文创新性分析 …………………… 217

　　　14.1.1　理论创新 …………………………………… 218

　　　14.1.2　内容创新 …………………………………… 219

　　　14.1.3　方法创新 …………………………………… 220

　14.2　我国外语教育理论国际化的标准 …………………… 220

　　　14.2.1　本土化 ……………………………………… 221

　　　14.2.2　原创性 ……………………………………… 222

　　　14.2.3　国际理解度 ………………………………… 223

　14.3　国际化面临的挑战 …………………………………… 224

　　　14.3.1　缺乏理论意识 ……………………………… 224

　　　14.3.2　对我国传统教育理论缺乏自信 …………… 225

　14.4　小结 ………………………………………………… 226

第 15 章　我国外语教育理论国际化面临的困境与对策 … 227

15.1　学术国际化与英文国际发表 … 228
15.2　面临的主要困境 … 228
15.2.1　"本土性"问题与"国际性"问题 … 228
15.2.2　英文发表与中文发表 … 231
15.3　应对困境的建议 … 233
15.3.1　采用科学评价政策 … 233
15.3.2　采用"双语发表"政策 … 234
15.4　小结 … 234

第 16 章　中国应用语言学的学术国际话语权 … 237

16.1　学术国际话语权的内涵与现状分析 … 237
16.1.1　学术话语权的内涵 … 237
16.1.2　学术国际话语权现状分析 … 239
16.2　应用语言学中我国学术话语权现状 … 240
16.2.1　学术国际话语权利现状 … 241
16.2.2　学术国际话语权力现状 … 242
16.3　提升我国应用语言学学术国际话语权的建议 … 243
16.4　小结 … 245

第 17 章　外语教育实践面临的挑战及应对策略 … 247

17.1　外语教育实践面临的挑战 … 248
17.1.1　外语课程思政 … 248
17.1.2　关键能力培养 … 251
17.1.3　智慧教育变革 … 253
17.1.4　中国特色外语教育理论构建 … 255

17.2 外语教师应对挑战的策略 ································ 257
  17.2.1 教育理念转变 ································ 258
  17.2.2 专业素养提升 ································ 262
  17.2.3 信息素养提升 ································ 268
  17.2.4 科研能力提升 ································ 270

17.3 小结 ··· 273

参考文献 ··· 275

术语表 ·· 297

图 目 录

图 3-1	教师展示用的图片	13
图 4-1	中文基于方位词的时间概念图	30
图 4-2	基于使用的语言理论模型	38
图 5-1	任务教学法材料编写流程图	56
图 6-1	CBLT 的应用范围	68
图 6-2	内容教学法的教学流程演示图	69
图 7-1	小论文写作项目流程图	79
图 7-3	张文忠团队创建的 PBL 本土化教学模式	85
图 8-1	多轮续写流程	93
图 9-1	"产出导向法"理论体系	103
图 9-2	内外部视角沟通的两条路径	105
图 9-3	"师生合作评价"操作流程	115
图 9-4	产出导向法研究文章时间数量分布	116
图 10-1	语言教育、二语习得和语言教学的接口	130
图 10-2	Vygotsky 的活动系统	136
图 10-3	Engeström 的活动系统	136
图 12-1	辩证研究的主要特点	175
图 12-2	师生合作评价实施步骤及要求	178
图 12-3	目标的层级关系	180
图 12-4	POA 教学流程	180
图 12-5	评价以产出目标为导向	181
图 12-6	师生合作评价课前设计框架	181
图 12-7	实践单元师生合作评价简要流程	186
图 12-8	确定评价焦点的四项原则	194

图 12-9 "师生合作评价"课前设计新框架 ·········· 195
图 12-10 评价焦点的系统强化图 ·········· 199
图 13-1 我国外语教育理论国际化要素及要素间关系 ·········· 210
图 16-1 学术话语权的表现形式及其关系 ·········· 238
图 16-2 国家学术话语权的大致分类 ·········· 240
图 17-1 高校外语教师能力结构图 ·········· 258

表 目 录

表 3-1　交际教学法与传统教学法对比 ·············· 23
表 5-1　TBLT 杰出成就奖获奖名单 ················ 60
表 5-2　罗少茜团队在相关期刊上发表的 TBLT 相关论文 ······ 62
表 6-1　按"Six-T"原则进行的内容教学法教学设计案例 ······ 70
表 6-2　常俊跃团队在核心期刊上发表的 CBLT 相关论文 ······ 72
表 7-1　小组主题汇报时间及内容 ················ 78
表 7-2　项目学习法对学生能力发展的影响 ············ 80
表 7-3　Gulbahar H. Beckett 教授的部分 PBL 研究成果 ······ 82
表 7-4　国内 PBL 相关期刊论文 ················ 82
表 7-5　学术英语内涵 ···················· 85
表 8-1　王初明团队在相关期刊上发表的续论相关论文 ······ 95
表 8-2　广外续论相关的硕士学位论文 ·············· 97
表 9-1　教学材料及其使用 ···················· 108
表 9-2　产出目标分解及产出活动 ················ 110
表 9-3　单元学时计划 ······················ 111
表 9-4　子目标 2 促成活动举例 ················ 114
表 9-5　"产出导向法理论与实践研究丛书" ·········· 118
表 11-1　研究方法分类 ···················· 161
表 11-2　1967—2000 年 TESOL Quarterly 所呈现的研究方法变化 ··· 162
表 11-3　1978—1997 年国内研究方法变化趋势 ········ 163
表 11-4　TQ 与《外研》实证研究文章统计 ·········· 165
表 12-1　学生第一次作文初稿的问题及表现形式 ········ 179
表 12-2　课前环节辩证研究简介 ················ 179
表 12-3　单元产出子目标 ···················· 184

表 12-4	产出目标、活动、场景和评价内容	185
表 12-5	2017—2018 学年的评价焦点简介	196
表 12-6	开头段的常见问题及示例	197
表 12-7	作文结构评价实践概况	198
表 13-1	国内学者 2001—2015 年在 9 种国际期刊上发表论文的数量	209
表 14-1	五种研究类型的创新情况	218
表 17-1	研修班主题与目标	263

第 1 章
概念定义

本书书名《外语教育理论新发展研究》中，包含"新发展""外语""教育""理论"核心概念，需要加以定义和解释。此外，与本书密切相关的英语术语，如 approach、method、technique 等，也需要进行清晰界定和说明。

1.1 新发展

"新发展"主要指 21 世纪以来国内外外语教育理论所取得的进步和成绩。本书将以 21 世纪中国外语教育为立足点，以国际外语教育为大背景，将我国外语教育理论的发展放在国际范围内考量，这样我们才能更好地读懂中国外语教育理论，更好地发现我国外语教育的优势，更好地迎接未来的挑战。

1.2 外语

"外语"在本书中指学习除中国以外其他国家的官方语言，如英语、法语、俄语、阿拉伯语、德语、日语、马来语、越南语和泰语等。我国外语学习者中人数最多的是英语学习者。在 2018 年教育部颁布的《高中外语课程标准（2017 年版）》中，除了原有的英语、俄语和日语，又增加了法语、德语和西班牙语。为了加强非通用语人才培养，助力"一带一路"倡议的实施，我国高校开设的外语语种专业已经增加到 101

个，覆盖了与我国建交国的主要官方语言（北京外国语大学，2022）。就理论发展而言，在世界范围内，英语作为第二语言[1]的教育理论影响力最大。我国情况也大致如此，英语作为外语的教育理论在外语界起着领头羊作用，因此本书所说的外语教育理论，如果不作特别说明，语种指的是英语。

1.3　教育

"教育"指"以影响人的身心发展为直接目的的社会活动，主要指学校对学生进行培养的全过程"（李行健，2004：662）。"教学"与"教育"的概念相近，指"教师传授知识、技能和学生学习知识、技能的共同活动，也指教师传授知识、技能的工作"（李行健，2004：662）。比较"教育"和"教学"两个概念，二者差异明显。教育是个大概念，指向育人。具体地说，在中国，教育指向培养德智体美劳全面发展的社会主义建设者和接班人的全过程。教学是教育的一个组成部分，侧重于教授学生知识技能，当然教授知识、技能时要融入育人的根本理念。教学是教育的手段和方式，用教学来实现教育。本书中一般情况下使用"教育"一词，而不用"教学"，原因是各学段教育都在落实党中央立德树人的根本任务，从课标制定、教材编写到课堂教学，都充分体现教书育人的理念，但在介绍国外外语理论和实践情况时，会尊重原作者使用的术语。换言之，原作者用"教学"，本书就用"教学"，不随意改动。

1.4　理论

"理论"指"从实践中概括出来的关于自然界和社会的系统知识和原理"（李行健，2004：804）。具体到外语教育理论，原则上说，理论

---

[1] 本书未对"外语"和"二语"的概念进行区分。在我国，"外语"是指中国以外其他国家的官方语言，例如英语。"二语"是指学习和使用除母语外的语言。对于移民到他国的人来说，学习和使用所到国家的主流语言即为"二语"。

应该包括理念（如语言观、学习观）、教学假设、教学步骤、教师和学生的角色定位等（Richards & Rodgers，2001）。但纵观国内外现有外语教育理论，有的系统性强，有的显得零散、缺乏完整性。由于本书重点是归纳总结我国外语教育理论在新时代的发展，因此对外国教育理论的阐述只能根据现有文献，将其主要特色加以介绍，未对名目繁多的路径、方法、技巧进行仔细甄别，也未鉴定哪些属于理论，哪些还达不到理论层次。从这个意义上说，本书中的"理论"是个泛化概念——凡在外语教育史上留下痕迹、被学者归纳总结的教学方法，本书都将其归入"外语教育理论"范畴。

与外语教育理论相关的英语词语有 methodology、approach、method。遗憾的是，中文里没有与上述英语词准确对应的词语，通常都译为"……法"，例如 Audiolingual Method 译为"听说法"，Lexical Approach 译为"词汇法"。前者英文用的是 method，而后者用的是 approach。Brown（1994：48-49）区分了与中文"法"相关的四个英文词：

（1）methodology：对与教学相关的一切研究。

（2）approach：包括理论与实践两部分。理论部分是关于语言本质和语言学习本质的理念，实践部分指理念的实际运用。

（3）method：完成语言目标的课堂教学总体设计。这些设计首先关注的是教师和学生的作用、行为，其次关注的是语言教学目标、专业教学目标、目标安排的先后顺序，以及教学材料。这些设计应该能够广泛地应用于多种教学对象和多种教学情景。

（4）technique：为完成教学目标而在课堂上所采用的各种练习和活动。

本书采用 Brown 对这些英文词意义的界定，建议读者在阅读中文译文时，参照英文名称，准确理解其含义。

第 2 章
19 世纪前后外语教育理论

整体上说，19 世纪前后的外语教学还处于发展的初级阶段，没有明确的心理学、教育学或语言学理论作为外语教育理论的基础，教学方法也比较单一，但这是外语教育理论发展的起点，我们无法忽略。

2.1 语法翻译法

15 世纪以前，拉丁语在西方教育、经济、宗教中居主导地位。进入 16 世纪，法语、意大利语、英语开始逐步替代拉丁语在日常交流中的作用。拉丁语只好退居为学校课程中的一门课，成为训练智力的工具。拉丁语的学习主要依靠分析语法和翻译来阅读名典名著，这就是人们常说的语法翻译法（Grammar-Translation Method）。该法曾在欧洲许多国家流行了百余年（19 世纪 40 年代至 20 世纪 40 年代）（Benati，2020）。19 世纪语法翻译法成为欧洲学校的标准教学法，它对教师要求不高，但学生学得苦不堪言。语法翻译法基本理念包括：（1）学习母语以外语言的目的是阅读文学作品，教学聚焦学生阅读、写作和翻译能力的发展；（2）学习语言首先要通过仔细分析语法规则，然后运用所学语法规则去完成翻译任务，并能将文章从目标语翻译成母语，或从母语翻译成目标语；（3）语法教学必须依据语法大纲，采用显性方式教授语法规则；（4）通过双语词汇表、研读词典条目和记忆等方式来教授词汇（Benati，2020）。

语法翻译法教学流程大致包括以下几个步骤：

（1）上课从阅读外语课文开始，课文通常选自文学作品；
（2）要求每个学生阅读课文一部分，然后翻译成母语；
（3）假如学生在翻译时碰到词汇困难，教师提供帮助；
（4）完成阅读和翻译任务后，教师会用母语询问学生是否有困难；
（5）教师要求学生回答课文后面的阅读理解题，问题用母语陈述，答案也是用母语；
（6）教师要求个别学生阅读问题和答案，如所给答案不对，教师再请下一位学生，如有必要，教师给出正确答案。

这种方法虽遭受激烈批评，但仍有一定价值。它对教学设备、班级规模、教师能力要求不高。如果学习者只想获得阅读和翻译能力，该法比较合适。事实上，我国 20 世纪五六十年代的外语教学大都采用此法。目前在我国偏远山区，若教师缺乏熟练的外语口语能力，这可能还是一个不得已而为之的选择。

2.2 直接法

到了 19 世纪后期，欧洲内部跨国旅行日益频繁，对发展外语口语能力的要求也随之变得愈加迫切。为了满足人们提高口语交流能力的愿望，欧洲国家逐渐采用新方法（Richards，2015）。法国人 Gouin、英国人 Sweet 和德国人 Viêtor 是这场教学改革的先驱者。他们提出了一些非传统教学法的尝试，其核心理念是外语学习要效仿儿童学习母语的过程。1886 年国际语音学会的成立与国际音标的制定为这场教学改革运动注入了新动力。直接法（Direct Method）就是这场教学改革运动的产物。随后，Sauveur 和 Berlitz 分别在美国建立采用直接法的商业性语言学校，使该法在美国得以推广。

直接法基本理念包括：（1）语言教学必须用目标语言，坚决禁止使用母语或翻译；（2）先学习基本词汇，只用动作、图画等直观手段解释词义，让学生建立目标语和意义的直接关系；（3）口语是重点，词汇比语法受到更多的关注；（4）采用归纳法教授语法，学生须自己发现语法规则。直接法主要特征包括：（1）重视正确的语音语调；（2）强调听和说技能的发展；（3）鼓励自我纠正；（4）以主题和情景为大纲内容，而不是语言结构；（5）交际是课堂活动的重点（Benati，2020）。

该法在私立语言学校运用得比较成功，其原因有两个：一是学习者动机强；二是教师是本族语者。但这个方法在公立中学难以推行，其原因在于一方面该法未考虑公立学校的许多实际困难，另一方面该法忽略了母语与外语学习的差异性。

到20世纪20年代，直接法已经在欧洲失宠。在法国和德国，教师逐步将直接法教学技巧与语法活动相结合。同期，美国人Coleman在小心谨慎地试验直接法。试验从1923年开始，其结论是单一教学法不能保证外语教学的成功。Coleman（1929）认为，对于一般美国大学生来说，学习外语会话技能不切合实际，发展外语阅读技能应该是外语教学的现实目标。这一外语学习目标一直持续到第二次世界大战。

2.3 小结

本章总结了19世纪前后外语教育理论的发展概况，主要论述了语法翻译法和直接法。从法国人Gouin 1880年撰写第一本外语教育理论书籍《外语学习和研究的艺术》（*The Art of Learning and Studying Foreign Languages*）算起，第二语言教学的历史已有140余年。百余年语言教学史就是一部百余年"外语教育理论"变迁史。20世纪外语教育理论百花齐放，这种局面是在19世纪前后外语教育理论的基础之上发展起来的，第3章将对20世纪外语教育理论做简要介绍。

第3章
20世纪外语教育理论

总体而言，20世纪外语教育理论的变迁呈现出循环式的特点：大约每25年出现一种新理论，每种新理论一方面对前一种理论提出挑战，另一方面又与早期理论有着很多相似之处（Brown，1994）。每种新理论都有自己的教学理念、教学目标和教学程序。早期教育理论比较单一，大多是一种新方法挑战一种现存的方法，例如直接法挑战语法翻译法；认知法（Cognitive Method）挑战听说法；但到了20世纪70年代，多种理论（例如全身反应法、沉默法、社团语言学习法、暗示法等）几乎同时产生，大有"百家争鸣"之势。然而无论是一花独秀，还是百花齐放，人们都未跳出"方法"禁锢，各方都在努力发现普遍有效的"外语教学法"。进入20世纪80年代以后，第二语言教学这一专业领域逐步走向成熟。人们对"外语教学法"的热情开始降温。大家认识到，学习者千差万别，教师风格不一，教学环境不尽相同，试图用一种事先设定的方法教好千变万化的学生，既不现实，又显得幼稚。要想取得语言教学的成功，方法必定是个动态、随时可调整的开放系统。某种方法的使用源于对影响学习结果多种因素的综合考量，这些因素包括学生的个体差异、学习目标，教师自身的个性与水平，教学环境的特点，学习内容的难易，等等。方法必定是因人而易，因时而变。正如Nunan（1991：228）所说，"……过去没有，将来也不会有一种普遍有效的方法。"

本章主要概述20世纪国外外语教育理论的发展。1986年Richards和Rodgers在剑桥大学出版社出版了《语言教学流派》，2001年出版了第二版（修订版）[1]。该书展现了一幅20世纪外语教育理论发展的百年历史画卷。Richards & Rodgers（2001）将20世纪的外语教学法大致分为三类：传统派、非传统派和交际派。本书依据这一分类，阐述20世纪主要外语教育理论的内容。

3.1 传统派

Richards & Rodgers（2001）将口语法（Oral Approach）、情景法（Situational Language Teaching）和听说法（Audiolingual Method）归为传统派。

3.1.1 口语法和情景法

20世纪30年代到60年代，英国学者（如Harold Palmer和A.S. Hornby）大力倡导口语法和情景法。这两个理论有血缘关系。前期称为"口语法"，20世纪50年代后，改称为"情景法"。换言之，情景法从口语法演进而来。最早提出口语法的学者包括20世纪英国最具影响力的应用语言学家和英语教育家Palmer，以及英语语法学家、词典编纂家、英语教育家Hornby。到20世纪50年代，情景法在英国已成为普遍接受的教学法。国外最为积极的支持者和实践者有澳大利亚学者Pittman。他和他的同事们基于情景法理论编写了一大批教材，广泛应用于澳大利亚、新几内亚和太平洋岛国。1965年以《情景英语》（*Situational English*）为名的系列教材被推广到全世界。1967年，L. G. Alexandar和其他作者也运用该理论编写了教材《新概念英语》（*New Concept English*）。1978年改革开放后，《新概念英语》风靡全中国。口语法和情景法的主要特点可归纳为以下六点（Richards & Rodgers, 2001: 39）：

1　下文材料主要来自Richards & Rodgers（2001）。

(1）语言教学始于口语，书面材料在口语教学之后再分发给学生；
(2）课堂教学语言必须采用目标语言；
(3）新语言形式的介绍和练习必须置于情景之中；
(4）为了保证覆盖常用词汇，必须严格遵循词汇选择程序；
(5）语法项目的教授要遵循从简单到复杂的循序渐进原则；
(6）只有当习得足够词汇量和一定语法知识后，读写技能才能开始。

3.1.2 听说法

听说法源于"陆军法"（Army Method）。1941 年 12 月 7 日，日本偷袭美国太平洋海军舰队基地——珍珠港，美国被迫应战，并且须派遣军队奔赴世界各地战场。掌握盟军语言有利于协同作战，掌握敌方语言有利于美军士兵战场喊话、收集情报、与俘虏沟通等。1942 年美国政府设立了陆军特殊训练项目（Army Specialized Training Program），并将这项急迫的语言集训任务分配给美国 55 所高校承担。在这一背景下，耶鲁大学语言学家 Bloomfield 带领的专家团队负责这项培训任务。他们根据战时需要，将听说作为主要培训目标，采用高密度、高强度的训练方法：每天学习 10 小时，每周 6 天，其中有 15 小时与母语者练习；6 周为一个周期。一个完整的受训时间段需要 2~3 个周期。实践表明，学习成效显著。

这种语言集训大致延续了两年，受到报纸和学界的广泛关注。"二战"结束后，美国成为世界主要强国，大批留学生涌向美国的大学学习。他们在进入正规大学本科学习前，需要集中学习英语。自此，英语作为第二语言的教学便在美国兴盛起来，英语教学法逐渐成了显学。20世纪 50 年代中期，原"陆军法"被正式命名为"听说法"。1957 年苏联人造卫星上天，震惊了美国政界和军界；1958 年颁布的《国家国防教育法》明确强调了外语对维护国家安全的重要性，这一方案的颁布大大推动了全美的外语教学，听说法从用于教授留学生英语，又扩大到教授全美学生外语。20 世纪 60 年代中期，听说法进入黄金期。例如，1964 年英语语言服务机构（English Language Services）出版的《英语

900句》(*English 900*)一书风靡全球。后由于该方法的理论基础——结构主义语言学和行为主义心理学——遭到 Chomsky 的猛烈抨击，60 年代后期听说法便从神坛跌落。

听说法的主要理念可总结如下（Richards & Rodgers，2001：57）：

（1）外语教学基本是一个机械习惯形成的过程。
（2）学习语言技能时，口语必须先于书面语，才能收到更好成效。
（3）相对于分析（analysis），类比（analogy）能够为学习者提供更好的语言学习基础。
（4）学习者只能在语言文化情景中获得语言词汇的意义，而不能脱离语境孤立学会。

听说法与情景法有不少相似之处。例如，两者都强调口语的重要性和语言的准确性，口语的教授都先于书面语，但两者在英美两国独立产生，倡导两种方法的学者之间也无相互交流。不过从源头上看，情景法与直接法有着裙带关系，无其他理论基础，而听说法有结构主义和行为主义的理论渊源，具有更完善的体系。

3.2　非传统派

Chomsky 的猛烈抨击摧毁了听说法的理论根基，听说法最终从皇冠宝座跌落，外语教学界进入困惑、混乱和动荡期。以转化生成语法为基础的认知法虽有理论阐述，但缺乏具体操作方法。再说 Chomsky 本人也宣称，他的理论不能直接用于指导外语教学（Richards & Rodgers, 2001）。这时外语教育理论进入了"八仙过海，各显神通""百花齐放，百家争鸣"时期，多种方法涌现，其中影响比较大的有：全身反应法（Total Physical Response）、沉默法（Silent Way）、暗示法（Suggestopedia）、词汇法（Lexical Approach）和能力型教学法（Competency-Based Language Teaching）。这些方法理论来源多样，倡导者背景迥异。这可能就是 Richards & Rodgers 将这些不同方法归为非传统类的原因。

3.2.1　全身反应法

全身反应法由美国心理学家 James Asher 倡导。该法受发展心理学、学习理论和人文教育学理念的影响，借鉴了 1925 年 Harold Palmer 和 Dorothy Palmer 提出的教学流程。该法主张理解应先于表达，允许学习者有一段沉默理解阶段。外语学习应在轻松愉快气氛中进行，就像儿童学母语一样，不费气力，参与度高，体验丰富，习得自然。我们在网上观看了一个 6 分钟左右的短视频。该视频演示了全身反应法的教学流程，并对教学过程进行解说。6 分钟的教学大致可分为四步。第一步，教师先用图片教会学生四个单词：plane，car，teddy 和 doll，然后让学生站起来，老师边做动作边用英语发出口令（Fly your plane; Drive your car; Hug your teddy; Kiss your doll）。教师说英语速度慢，学生一边听，一边看，一边模仿教师的动作，教师还发出与动作相关的声音，例如飞机飞的声音。第二步，教师按照原先教学句子的顺序发口令，学生做动作。第三步，教师打乱顺序发口令，并加快速度，学生边听边做动作。第四步，学生拿到一张印有四幅画的纸（参见图 3-1），要求根据老师所说的句子，选择合适图画做标记，主要测试学生的听力理解。从视频中学生的表现来看，这 6 分钟内所有学生都参与了活动，认真学习并理解了这四个句子（Fly the plane; Drive the car; Hug the teddy; Kiss the doll）。

图 3-1　教师展示用的图片

全身反应法认为动词是英语的核心，教学要从具体、形象的动作入手，使儿童能够通过这些易于理解的动词掌握语言的基本规则，形成详细的认知蓝图（detailed cognitive map）；早期不侧重抽象能力的培养不会影响语法规则的习得。全身反应法的实验有效性鲜有报告，看上去比较适合年龄小的儿童和初学者。Asher 本人还强调该法需要与其他方法结合起来使用，才能取得更好效果。广大外语教学实践者通常将该法作为教学技巧，融入其他教学法中。

3.2.2 沉默法

沉默法于 20 世纪 60 年代由美国教育家 Caleb Gattegno 提出。该法最突出的特点是提倡外语教学采用不同颜色图表和多种颜色古氏积木作为中介物，教授语音、单词和句子。上课时教师借助颜色木块尽量少说，让学生尽量多说。Gattegno 采用此法的灵感源于他观察一位欧洲教育家用颜色木块教授数学。

我们在网上观看了沉默教学法的演示课，时长约 17 分钟。在视频的开头和结尾部分，Larsen-Freeman 解释了沉默法的基本原则和注意事项，授课教师 Donald Freeman 进行了大约 10 分钟的教学演示。教学内容为如何用英语描述一家人的住处。他首先带着学生复习已学过的单词，其中相同发音用同一种颜色标出，作为提示。然后他用不同颜色的木条在桌子上摆出房子的平面图，从简单到复杂，逐步增加房间里的家具。他要求学生根据桌上的平面图描述他们所看到的房间。开始只有围墙和门，然后将房子分割为客厅、卧室、厨房、餐厅，再逐步增加房子里的家具，最后要求学生运用新学会的内容写下两句话，并回忆刚才学了哪些新内容。Larsen-Freeman 在视频中对沉默法的主要特点做了如下总结：

（1）教学应服从学习（Teaching should be subordinated to learning.）。
（2）语言不能通过模仿重复学会；学生需要发展他们自己判断正确的内在标准。
（3）错误对于学习不仅重要，而且不可避免。

（4）在课堂练习语言的应是学生，而不应是老师。

沉默法隐含着下列三个假设（Richards & Rodgers，2001：99）：

（1）如果学习者自己发现或参与创作所要学习的内容，而不是单靠记忆和机械重复，学习效果会提高。
（2）如果学习有物体作为中介物，学习效果会提高。
（3）如果能够用到所要学习的内容解决问题，学习效果会提高。

从学习心理学的角度来考察，很显然上述假设均有利于学习效果的改进。然而，Richards & Rodgers 认为该方法并未像期待的那样具有革命性，它与传统的情景法和听说法一样，均采用了结构和词汇大纲。Gattegno 的创新主要体现在课堂教学活动的组织和指出教师间接作用。教师要引导和监控学生行为，让学生承担测试语言使用假设的责任。

3.2.3　社团语言学习法

社团语言学习法（Community Language Learning）产生于 20 世纪 60 年代，由美国洛约拉大学（Loyala University）心理学教授 Charles Curran 等学者倡导。他把心理咨询技巧应用到语言教学中，将教师比作咨询师（counselor），学生比作客户（client）。就咨询而言，教学本质上是一种人与人的社会交流过程，而不是信息理论所强调的线性模型：发送者（sender）→ 信息（message）→ 接受者（receiver）。在社会交流过程中，发送者与信息有互动，同时与接受者之间也有互动。人与人的交流不仅关注信息，而且引发双方情感的参与。依据社会过程对语言的看法，社团语言学习法认为语言学习涉及 6 个子过程：（1）全人过程；（2）教育过程；（3）人际过程；（4）发展过程；（5）交际过程；（6）文化过程。

社团语言学习法认为，语言学习就像孩子成长过程一样，可分为 5 个阶段。第一个阶段为"出生"，即进入全新环境，学习者需要安全感和归属感。第二阶段学习者寻求"独立"，即随着学习者能力的提升，开始独立于"父母"。第三阶段为学习者自主性的形成，他们有自主意识，讲话会表明自己的身份。第四阶段时，学习者形成"开放性"。一旦学习者拥有足够安全感，他们就能够接受各种批评。最后一个阶段，学习者追求"精益求精"，他们进一步改进语言文体和语言知识的准确性和恰当性。在整个周期结束时，孩童成长为成人。此时，当初的学习者便掌握了教师在课堂上所做的一切，他们也能成为新学习者的教师。学习一种新语言就好比学习者重生、形成新角色的过程。

社团语言学习法首先要给学习者安全感，不要让学习者对外语学习产生任何畏惧心理。教师就像父母一样总是给他们提供关爱、保护和及时帮助。上课时，学生围坐成一个圈，教师坐在圈外。学生用自己的母语小声交流信息，教师将其译成外文，学生对着录音机重复教师所说的外语，后续学生听录音或根据记忆进行重复，并反思他们的感觉。该方法主要用于口语课程，少数经过调整用于写作课。

社团语言学习法的批评者质疑将课堂语言教学比喻为咨询的恰当性，认为这样的类比缺乏证据。同时批评者还提出未接受过专门训练的教师如何能够在课堂上进行有效咨询。再者这个方法只是在少部分美国大学生中进行过实验，一两个小组中呈现的问题和取得的成功不一定具有普遍性。其他的批评涉及教学缺乏教材、大纲，教学目标不清晰，评价也难以进行，只强调流利性，忽视准确性等。对社团语言学习法的支持者则强调这个方法的积极方面，例如关注学生的心理需求，强调语言学习的人文性，而不只限于语言知识和技能。

3.2.4 暗示法

暗示法产生于20世纪60年代，由保加利亚心理分析教育家Georgi Lozanov创建，该法源于暗示学（Suggestopedia），与传统瑜伽和苏联心理学有着密切联系。Lozanov声称暗示学是一门研究非传统、无意识对人的学习有何影响的科学，这种影响是人类特殊、持续的反应。暗示学通过力图控制或者重新引导这些反应，以达到优化学习效果的目的。该法最突出的特点就是要为学习构建舒适、优雅的环境，学生一边听着舒缓音乐一边学习，教师行为具有权威性。整个教学氛围轻松愉

第3章　20世纪外语教育理论

悦，为长期使用句型进行机械训练的课堂增添了活力，给教师带来了新希望。各地争相开展教学实验，期待获得意想不到的收获。

我们在网上观看了暗示法的演示视频[1]。首先教师非常自信地对学生说，今天的教学是关于 Sara 的生活，我们会在轻松愉快的音乐声伴随下学习，大家一定能够学好、学会。这堂课大致经历了以下几个步骤：

（1）教师要求学生放松，一边听音乐，一边听教师朗读课文，一边观看教师依据课文内容的表演。课文主要描述一个女孩 Sara 早上起来后的系列动作；
（2）换一种音乐，学生一边听音乐，一边听教师用正常语速朗读课文；
（3）教师把文字材料发给学生，后让学生集体朗读课文，同时跟着老师做动作；
（4）学习规则动词和非规则动词过去式。规则动词的过去式有两种读音：/t/、/d/。教师先领读，然后发给每个学生一张卡片，一面是蓝色，一面是红色。如果教师的发音是 /t/，学生就举蓝色，如果是 /d/ 就举红色。学习非规则动词过去式时，教师抛球给学生，接到球的学生须说出教师所给非规则动词的过去式；
（5）对子活动。一人朗读，一人做动作；
（6）集体朗读课文，一个学生到前台表演；
（7）布置家庭作业。要求学生朗读课文，准备第二天的听写，然后教师让学生尝试听写课文中两个未出现的句子，但句子中含有刚学过的生词，并告诉学生第二天的听写与此任务一样。

Lozanov 对教师行为有 7 点期待（Richards & Rogers，2001：104）：

（1）对暗示法须有足够信心；
（2）举止言行和穿着打扮须考究；
（3）恰当组织、严格观察教学过程的起始阶段，其中包括音乐的选择和播放，严守时间等；

---

1 美国著名二语习得和教学法专家 Larsen-Freeman 于 1990 年用录像的方式讲述了系列教学法。这是她与美国新闻署的合作项目。视频中先由她简要介绍某个方法的主要特点，再由一位有经验的教师上一堂大约 17 分钟的演示课。

(4) 对教学保持严肃的态度；
(5) 进行测评，对测试结果不佳的试卷有技巧地回应；
(6) 强调宏观把握学习材料，而不是分析细节；
(7) 要保持适度热情。

对暗示法的批评非常激烈，有的学者甚至认为这是一种伪科学（例如 Scovel，1979：265）。虽然该法提出了一些有用的教学技巧，但它反对使用任何其他方法，认为唯有此法才有效。而 Lozanov 本人则认为该法建立在科学之上，具有权威性和有效性。Richards & Rodgers（2001）认为，我们可能不需要再花费时间讨论该法科学还是不科学，我们应该做的是识别和证实暗示法的哪些技巧有效，哪些可以与其他方法有机结合使教学效果最大化。

3.2.5 词汇法

词汇法由应用语言学家 Michael Lewis（1993）倡导，其根本理念是语言学习与交际的基本构件是词块（lexical chunks）或词组（word combinations），而不是语法、功能、意念或是其他单位。转换生成语法主张学习语言就是学习可以创造无数从未听过或看过的句子，故一直将句法作为语言的核心，词汇处于附属位置。词汇法颠覆了句法中心论，主张词块在语言中的主导地位。学习语言应该学习经常重复出现的语块，或多词词组。Pawley & Syder（1983）从心理语言学视角论证人们在产出或加工口头语言时，依靠的是常用词组或词块，否则受短时记忆所限，只能加工或产出 6~7 个词的分句。而在现实生活中，人们既能流利产出又能顺利加工 8~10 个分词以上的小句。换言之，他们在听或说小句时，从心理词库中提取的是词组而不是单个单词，这就大大减轻了短时记忆的负担。例如：

(1) I've been deeply impressed by her good performance. (8 words)
(2) I have to take an exam in the summer. (9 words)
(3) I am sure I will pass the exam without any problems. (11 words)

第一句共 8 个词，第二句 9 个词，第三句 11 个词。其中，第二句包含了三个词块：have to、take an exam、in the summer。本族语者能够流利说出上述句子，中间不需要有不必要的停顿；同样，他们在听别人讲这些句子时也不会产生加工困难，因为这些句子中的词块存储在大脑中，不必按照语法规则临时调取单词逐个叠加产出，或逐词加工理解。这就大大减少了大脑认知和处理信息的负担，语言使用者可以把注意力集中到话语的内容和组织形式上。这对于提高外语学习者流利的语言表达能力和快速加工句子非常重要。

Willis（1990）设计了词汇教学大纲。用于词汇教学法的教学资源可以归为四类。第一类是完整的教学包，其中包括课文、录音、教师手册；第二类收集了系列词汇教学活动；第三类是用文本形式呈现的计算机语料；第四类是录有搭配检索工具与相关语料的光盘。使用上述四类不同的材料的教学步骤各不相同，但所有设计者在一定程度上认可学习者需要完成语篇分析的任务，即运用计算机软件分析所给语料，从中寻找到相关搭配或语块。课堂教学通过活动激发学生对词汇搭配的兴趣，强化他们的记忆，鼓励他们在交际中加以运用。

近年来随着语言理论与语料库建设及研究的发展，词汇在语言教学中的地位确实得到了加强。然而词汇毕竟只是交际能力的一个部分，词汇法的倡导者们并未构建完整的教学体系，如何通过词汇教学发展学习者全面的交际能力尚未解决，更未设计操作性强的教学方案与教学步骤。从方法论角度来看，词汇法仍旧处于设想阶段。

3.2.6 能力法

能力法源于 20 世纪 70 年代美国出现的能力型教育运动。为了培养学生未来生活所需的能力，能力型教育运动极其重视学习结果而非输入，主张将教育目标确定为可测量的知识、技能和行为。20 世纪 70 年代末，此方法已在美国广泛采用，特别是用于设计成人学习、工作和生存等所需的语言技能的课程。20 世纪 90 年代，美国的政府决策者将能力法视为最先进的教学方法，将其应用于美国教育"标准化"运动中。

能力法的支持者认为这种方法是促进教学和评估朝着积极方向改变的强大动力，它为教学和评估的改革注入了新活力。明确的教学目标和持续的反馈不仅提高了教学和评估的质量，也调动了学生学习的积极性，这样的成效可体现在不同学段（从小学到大学）和不同类型（从学术研究到职场训练）的教育中。

将能力法应用到语言教学中，其教学目标就是训练学生的输出型能力。这与当时流行的外语教学法形成鲜明对比。此前教学法均强调输入，认为只要改进教学大纲、教学材料、教学活动或改变教师/学生角色，使学生获得足够输入，有效学习就能发生。1986年为来美国的难民开设的英语课程就是依据能力法设计的。这些课程由系列语言任务构成，每项任务所体现的语言熟练水平均与个人和社会所需语言的具体技能紧密相连。赴美国的难民如需申请联邦资助，就必须参加这一类课程。英语作为二语教学进入到"标准化"运动中相对较迟，直到1997年，美国才完成中小学12年级的教学标准。

能力法信奉功能或者互动语言理论，赞成一定生活场景与一定语言形式紧密相连的行为主义观点；教师教学时将语言分解成部分，逐步教授给学习者；考核指标与具体语言任务相联系，属于标准参照性测试，而不是常模参照性测试。尽管此方法受到大批二语教师的热情欢迎，但也有不少批评的声音。例如，能力指标难以给出操作性定义；将能力分解为一系列分项能力过于简单，事实上部分相加并不等于整体；事先规定能力指标在一定程度上是将某种预设的目标强加给学习者。

3.3 交际派

根据 Richards & Rodgers（2001）的分类，他们将与交际法密切相连的教学法均归为交际派。交际教学法（Communicative Language Teaching）出现于20世纪80年代，21世纪出现的教学理论都接受交际教学法的基本理念，本质上都可以归于交际派，如对我国外语教育理论的发展有较为明显影响的任务教学法（Task-Based Language Teaching）、内容教学法（Content-Based Instruction）和项目教学法（Project-Based

Learning)。虽然 Richards & Rodgers（2001）未将项目教学法归入交际派，但该法也是在交际教学法的影响下进入二语/外语教学界的（张文忠，2010）。进入 21 世纪，任务教学法、内容教学法和项目教学法在我国仍被广泛关注。本节重点介绍交际派中的交际教学法。关于任务教学法、内容教学法和项目教学法的详细介绍参见本书第 5 章、第 6 章和第 7 章。

交际教学法源于 20 世纪 60 年代后期英国语言教育改革，兴起于 70 年代初的英国，80 年代中期进入繁荣期（史宝辉，1997）。交际教学法的蓬勃发展有两个主要原因。第一，20 世纪 60 年代在英国流行的口语法和情景法因忽视语言的交际功能而受到激烈抨击。Hymes（1971）在《论交际能力》(*On Communicative Competence*) 中指出，正常的儿童不仅需要习得语法知识，还需要语用知识，需要具备"何时该说话，何时不该说话，以及说什么，和谁在何时何地以何种方式说"的能力。判断学习者是否掌握一门语言，不仅要看他能否产出合乎语法的句子，还要看他能否恰当地使用语言。交际教学法正是在这种理念的基础上发展起来的新型教学模式。第二，欧洲国家迫切要求新外语教育理论能够改变欧洲教育现状，使欧洲成年人尽快学会欧洲共同市场的主要语言。于是欧洲理事会积极资助语言教学的国际会议，出版语言教学的书籍，推动成立国际应用语言学会，将发展新语言教学理论作为首要任务。

1971 年，一组专家开始研究设立单元 – 学分制语言课程的可能性。在这样的学分体系中，学习活动被分为单元，不同单元有着内在联系，每个单元与学习者的某种需求相对应。专家们以有关欧洲学习者需求的研究结果为出发点，以 Wilkins（1972）撰写的意念大纲（Notional Syllabus）为基础，构建了"交际教学法"。尽管这一运动主要由英国应用语言学家发起，主要关注构建新教学大纲，但自 20 世纪 70 年代中期开始，交际教学法的范围逐渐拓展。美国和英国支持者都将交际教学法看作为一种理论（approach），而不是具体的教学法（method）。交际教学法的本质特点有两个：（1）交际教学法的教学目标是交际能力；（2）教学过程是要使听说读写四种语言技能的教授服务于语言与交际的相互依赖性。交际教学法的发展大致经历了三个阶段。第一阶段关注构建符合交际能力的教学大纲；第二阶段关注识别学习者需求的步骤，因为需求分析是交际教学法的重要组成部分；第三阶段聚焦设计可用于交际教学法的各种不同的课堂教学活动。

交际教学法的课堂实施步骤虽多种多样，但大致遵循以下四个原则：

（1）学习者通过交际实践学习语言。
（2）真实和有意义的交际是课堂教学活动的目标。
（3）流利性是交际的重要维度。
（4）学习是一个创造性过程，是一个试错过程。

Johnson & Johnson（1998）认为交际教学法具有五个共同特征：

（1）恰当性（appropriateness）：语言运用必须符合交际场景、参与者角色和交际目的。
（2）信息聚焦（message focus）：学习者需要能够表达和理解信息，即真实的意义。
（3）心理语言加工过程（psycholinguistic processing）：交际活动的安排需符合学习者的认知和心理加工过程。
（4）乐意冒险（risk taking）：鼓励学习者运用猜测策略，并从错误中学习。
（5）自由实践（free practice）：鼓励运用综合训练，即同时运用多种技能，而不是一次运用一项技能。

与传统教学法（语法翻译法、听说法、情景法）相比，交际教学法在教学原则、教学内容和教学过程方面都有其独特性（李观仪，1989）（参见表3-1）。从教学原则来看，传统教学法注重教授语音、语法、词汇等语言用法以及培养听说读写基本技能，而交际教学法注重训练学生的语言运用能力，使学生能够将所学语言用于真实交际。传统教学法侧重语言形式，强调语言准确性，教师频繁地纠正学生的错误；交际教学法侧重语言意义，强调语言流利性，教师不常纠正学生的错误。在传统教学法的课堂上，教师是主体，是知识的传授者；在交际教学法的课堂上，学生是主体，教师是课堂的组织者、引导者和参与者。从教学内容来看，传统教学法以语法句型为纲，配合语法句型编写材料，选材面较窄，较少强调语言类型的不同，学生摄入的材料少而精；交际教学法以意念功能为纲，根据学生未来交际需要"真实"（authentic）选材，十分强调语言类型的不同，学生接受的输入材料多而广。从教学过程来看，传统教学法将语言学习作为目的，教学过程同时也是学习语言体系的过程，学生通过练习巩固所学语言，课堂上进行句型操练、情景操练、语法词汇讲解和翻译活动；交际教学法将语言学习作为培养交际能力的手段，教学过程是交际过程本身，学生通过语言完成交际任务，课堂上以与学生实际需要相一致的交际活动为主。交际教学法将交际置于课程的中心，课程目标是培养学习者运用目标语言进行交际的能力，达成目标的手段是培养交际能力的课堂教学步骤。学习者通过交际学习交际，目标和手段融为一体，合二为一（Nunan，2004：8）。

表 3-1　交际教学法与传统教学法对比（改编自李观仪，1989：4）

对比层面	教学法	传统教学法	交际教学法
教学原则	教学目的	教授语音、语法、词汇，培养语言能力；强调语言形式；传授基础语言知识，训练基本语言技能	通过语言学习交际，培养交际能力；强调语言意义；给学生以交际工具
	对待错误	有错必纠；重准确性，尤其是语法正确性	不必每错必纠；重流利，只要不影响交际，错误可以不纠
	师生角色	教师为主，学生的积极性难以发挥	学生为主，学生的积极性得到充分发挥
教学内容	教学大纲	语法句型为纲	意念功能为纲
	教学材料	配合语法句型编写材料；选材面窄	"真实"材料；根据日后交际需要选材
	学生输入量	少而精	大而广
	语言类型	较少强调语言类型的不同	十分强调语言类型的不同
教学过程	教学性质（目的/手段）	教学过程是学习语言体系的过程；通过练习巩固所学语言；语言学习是目的	教学过程是交际过程本身；通过语言完成交际任务；语言学习是手段
	活动类型	句型操练→情景操练→语法词汇讲解+翻译	交际活动为主，与学生实际需要相一致

3.4 小结

本章总结了20世纪外语教育理论的概况。总体上说，20世纪是外语教育理论发展繁荣的时代，理论层出不穷，各有利弊。它们能在历史长河中留下印迹，表明有其独特价值。外语教育工作者应充分了解历史，总结前人的经验和教训。后人创新需要基础，必须站在前人肩膀上。遗憾的是，一些年轻学者不大阅读经典，也并未深入了解历史，这就有可能自认为在"创新"，其实历史上早有类似理论。本章的另一个目的是：帮助读者将中国外语教育理论的发展置于世界外语教育理论发展的大背景中，更加透彻地了解我国外语教育理论发展在国际学界所处的位置，真实地面对我国外语教育的现状，既看到成就，又看到不足，从实际出发，力求在国际学界争得与中国相匹配的地位。

第 4 章
概念教学法和动态使用论

本章重点介绍概念教学法和动态使用论，这两种方法尚未在我国开展较大规模的课堂实践。对每种方法的介绍分为三方面：（1）理论基础；（2）教学实践；（3）思考与评价。理论基础包括语言观、习得观和教学观（Richards & Rodgers，2008）。语言观回答"语言是什么"，习得观解释"学习过程与学习条件是什么"，教学观说明"教什么、怎么教、如何评测"。教学实践包括教学流程和教学案例。思考与评价包括我们对每种方法中可能出现问题的分析和质疑，以及未来研究方向的预测。

4.1 概念教学法[1]

概念教学法（Concept-Based Instruction or Concept-Based Approach）是 21 世纪初外语教学中出现的最新流派，由 Lantolf 带领的团队根据维果斯基学派中最著名的教育理论家 Gal'perin 提出的"系统理论教学"（Systemic Theoretical Instruction）发展而来（Gánem-Gutiérrez & Harun，2011；Lantolf，2011；Lantolf & Thorne，2006），声称专用于成人二语教学。目前该方法正开始成为国际二语教学研究的热点（例如 Gánem-Gutiérrez & Harun，2011；Lai，2011；Lee，2012；Negueruela，2003；Prieto，2010）。我们预测该方法也会逐步引起中国学者的兴趣与关注。本章借鉴 Richards & Rodgers（2008）的框架，对概念教学法

---

[1] 4.1 概念教学法的主要内容曾在《外语教学理论与实践》2013 年第 2 期上发表，题为《评析"概念型教学法"的理论与实践》，第 1–11 页，作者文秋芳。

的理论与实践逐一给予阐述,然后报告我们对概念教学法利弊的思考,最后预测该教学法未来的走向。

4.1.1 理论基础

1. 语言观

　　Richards & Rodgers(2008)曾经介绍了结构、功能和互动三种语言观。结构观认为语言是表达意义的符号系统。该符号系统可以分解为语音、语法和词汇三个子系统。传统的结构大纲就是结构观的产物。功能观主张语言是完成各种交际功能的工具,关注的是语言的交际意义而不是形式特征。基于这样的观点,Wilkins(1976)出版了 *Notional Syllabuses*(《意念大纲》)。除了语法、词汇外,这个大纲列出了学习者交际中所涉及的主题、功能和概念。互动观将语言看作建立人际关系和完成社会事务活动的工具,强调的是交际模式和基于不同场景的互动任务。

　　与上述三种语言观不同,概念教学法信奉社会文化理论提出的中介观,即语言是个体从低级心理功能向高级心理功能转化的最为重要的符号中介。语言具有双重功能,既是个体对外进行人际交流的中介,反映社会、文化、历史的发展;又是个体内部思维活动的中介,体现个体认知活动的成果(Lantolf & Thorne, 2006)。

　　社会文化理论的中介观与认知语言学的理论不谋而合。认知语言学主张,语言的意义源于人们对现实世界的范畴化或概念化的过程和结果,而不是对现实世界的镜像反映(Littlemore, 2011; Tyler, 2012)。语言是一种认知活动,语言能力是人类认知能力的一部分。同时,语言对现实世界和个体认知产生一定的反作用。世界上有多个民族,虽然大家都面临着相同的现实世界,但由于各自选择的认知方式迥异,因此不同民族反映在各自语言上的认知结构或概念化系统存在着明显差异(王寅,2007)。

2. 语言习得观

语言习得观关注语言习得的过程和学习环境。行为主义认为,语言习得取决于外部刺激的频次与反馈的类型及强度。认知主义认为,学习主要发生在个体内部。人脑好比信息处理器,它将外界输入转化为摄入,作为陈述性知识储存起来,再经过不断练习,逐步转化为程序性知识,其间学习者形成假设,通过外界反馈检验假设、修订假设,使自身的语言体系不断完善(文秋芳,2008a)。

不同于行为主义和认知主义,概念教学法认为二语习得的过程是由外向内。具体地说,语言习得始于个体与外部社会成员的交际,通过群体互动,获得文化符号工具,继而转向个体内部的心理活动(Lantolf,2006)。这种由外向内的活动不是单向的,因为个体不是消极、被动的接受者。个体运用各种中介积极参与人际层面和人内层面活动,并将两个层面的活动联系在一起。与二语习得认知派不同的是,这种认知活动不是个体孤立的信息加工与产出,也不是简单地通过管道接受和输出信息(文秋芳,2008a)。个体以凝集着数代人智慧的社会文化产物为中介,参与社会层面的交流,与此同时,经历着内化社会文化的意义与认知结构的过程(Pavlenko & Lantolf,2000)。

概念教学法的提倡者 Lantolf(2011)用自创的"普世习得假设"(universal acquisition hypothesis)批判当前二语习得界盛行的看法,即第二语言学习者都受相同的习得机制驱动,经历相同的语言学习过程。Lantolf 指出,外语学习不同于二语学习,其主要差别表现在外部学习环境与内部认知环境两个方面:第一,外语教学缺少丰富的、持续不断的外语输入与使用外语的环境,外语学习者难以仅仅依赖有限的输入和输出机会形成程序化知识;第二,外语学习者已经拥有丰富的母语语言知识和以母语为中介形成的对现实主客观世界的体验、理解和概念化的知识,这些都是单语者不具有的知识资源。

3. 教学观

就教学内容而言,概念教学法将语言概念作为外语教学的基本单位(Lantolf,2011),例如语法中的时、体、情态、被动语态等。概念是以语言为符号，是最重要中介，既是行为单位（a unit of behavior），又是思维单位（a unit of mind）（Prawat，2000：668）。Vygotsky（1986）区分了日常概念和科学概念：日常概念由人们通过感官观察现实世界直接获得，具有表面性、不完整性等特点，有时甚至含有错误；科学概念反映事物的本质特征，具有全面性、系统性、概括性等特点。正如毛泽东（1971：7）在《实践论》中所说："概念这种东西已经不是事物的现象，不是事物的各个片面，不是它们的外部联系，而是抓着了事物的本质，事物的全体，事物的内部联系了。"Vygotsky（1986）认为教育的重要任务就是让受教育者获得科学概念，并将其内化，能够用于解决新问题，完成新任务。

传统的二语教学将一个概念分解为碎片，按照所谓的循序渐进顺序，零星地教授给学生，学生只见树，不见林，难以将其概念化，形成系统的知识体系。以英语语法的时态为例，根据常见的教材编排，我们先学一般现在时，再学一般将来时，然后是一般过去时、现在完成时和过去完成时。表面上看，这样的教学无明显缺陷，因为学生不可能同时学习多种时态，但问题是，由此学生获得的印象是，描述一个事件，运用一种时态，表达一种时间，似乎这里存在着一一对应关系。事实上，时态的运用取决于说话人对事件认知的不同视角。同一个事件，由于说话人采用不同视角，便选择不同的时态。要打破这种一一对应的、僵化不变的关系，就需要帮助学生建立时态的概念化知识体系，而不是孤立的、简单的语法规则（Gánem-Gutiérrez & Harun，2011）。更为重要的是，通过这样的教学，还可以打破长期形成的"非对即错"的二元对立思维定式，培养灵活的辩证思维（Lantolf & Thorne，2006）。

就教学方式而言，概念教学法主张采用显性方式教授科学概念。也就是说，教学要从概念出发，直接让学生学习概念的科学解释，后再转向概念的理解与运用。Lantolf & Thorne（2006）特别强调，概念教学法教授的科学概念是一种特殊的显性知识，因为个体的显性知识不一定都是科学概念，有的显性知识仅仅是老师教授的经验规则（rule of thumb）。

除了强调采用显性方式教授概念化知识外，概念教学法还要求在解释二语新概念时，根据需要，将二语与母语进行比较，使学生清晰了解两种语言的异同，以便促进二语概念化知识的建立。根据 Slobin（2003）

对思维与语言关系的假说，母语概念系统往往处在无意识状态下，潜移默化地影响着第二语言的学习。只有通过有意识的比较，学生才有可能注意到两种语言在概念体系上的差异。与此同时，概念型教学还要求教师不要剥夺学习者运用母语调控自己学习的权利，因为母语是宝贵的中介资源，如果教师强制性地阻止他们使用，就忽视了外语与母语学习的本质差别。

就教学评估而言，概念教学法主张采用动态评估，评估内容不限于学习结果，更关注学习者超越自己的最近发展区（zone of proximal development）的学习过程（Lantolf，2011）。评估不只是了解学习者已经达到的水平，更想了解未来发展的潜能。以往研究常用准确性、复杂性和流利性来测量学习的效果，但这些特征展现的只是学习者已经获得的结果，基于这些结果我们难以观察到中介的作用，也无法洞察中介调节者的变化过程。概念教学法提倡运用中介的种类及其抽象程度和中介调节者的类型及其调节的深度与广度来测量外语学习的发展过程。Lantolf（2011）认为，社会文化理论的根本原则是，人类所有的高级精神活动都依赖某种中介。有的是物质中介，例如书、钢笔、钟表、计算机等；有的是符号中介，例如数字、图表、图式、语言等。不同种类的中介具有不同的抽象度。物质中介的抽象度低于符号中介；在符号中介中，图表的抽象度低于图式，图式又低于语言符号本身；在语言符号中，低层次概念的抽象度低于高层次概念中介。个体发展从运用抽象程度低的中介逐步过渡到运用程度高的中介，运用中介的抽象程度越高，表明个体外语水平发展得越好。中介调节者可能是他人，例如教师、同学、学生的家长；也可能是学生自己。从他人控制中介到自我控制是一个连续体，自我控制程度越高，表明个体发展的阶段越高。

4.1.2 教学实践

基于 Gal'perin 系统理论教学的原则，概念教学法将教学分为 5 个阶段：（1）解释（explanation）；（2）物化（materialization）；（3）交际活动（communicative activity）；（4）言语化（verbalization）；（5）内

化（internalization）（Lantolf，2011：38）。需要强调的是，有些学者（如 Lantolf，2006：306）认为，我们没有必要严格遵照这里规定的顺序。在教学过程中，可以根据情况灵活安排。例如 Negueruela（2003）将第 3 和第 4 阶段的活动结合起来，同时进行；再如 Gánem-Gutiérrez & Harun（2011）将言语化直接安排在物化之后。

1. 解释

概念型教学的首要任务是对语言中某个概念进行系统解释。例如，Lai（2011）在教授英语本族语者学习中文的时间概念体系时，尝试将中文的时间概念与空间方位联系起来。该体系包括"前后"与"上下"两个维度。"前"与"后"分别代表英语中的 far past（例如"前天""前年"）和 far future（例如"后天""后年"）。中文的"上"和"下"分别代表英语中的 immediate past（例如"上一周""上一年"）和 immediate future（"下一周""下一年"）。Borodisky（2001）指出，英语母语者一般多用横向维度，而很少用纵向维度（见图 4-1）。

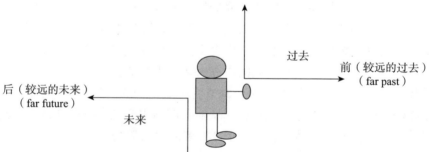

图 4-1　中文基于方位词的时间概念图（Lantolf，2011：41）

2. 物化

在概念教学法中，物化指的是将所教授的抽象概念转换成具体的、形象的图式，为的是帮助学习者识解、言语化，最终内化概念性知识。单纯的言语解释稍纵即逝，单纯的书面解释过于复杂，不易长期储存在大脑中。如果为学习者提供可触摸的物件或可见的图式以展示所教授的概念，这就能够成为他们学习初期的中介支持。随着学习的进展，他们就会逐步抛开这些物化中介，转向依靠自己形成的内部语言完成交际任务，最终他们能够将自己对概念的理解内化为简约的、浓缩的、抽象程度更高的概念化知识储存在大脑中，并用来完成新任务（Lantolf & Thorne，2006）。

例如 Lai（2011）用图 4-1 表示中文基于方位词的时间概念图式。根据 Lantolf 的报告，她运用这个物化图式教授某大学一年级学生的中文初级课程。研究结果表明该教学方法取得明显成效。可以想见，这样直观、形象的图式，确实能够将中文和英文在时态上的差别一目了然地呈现出来，便于学习者理解和比较，最终在大脑中构建以方位小品词形成的中文时间概念体系。

3. 交际活动

教师要以帮助理解和运用物化图式为目标，设计以语言为工具的系列交际活动，有的是口头的，有的是笔头的。Lantolf（2008）特别指出，概念教学法倡导的显性教学仍旧需要大量交际活动的支撑，使其最终成为可以自动化提取的科学知识。如果缺少与实践相连的交际练习，所学的科学概念就只能停留在陈述性知识层面，这就成了传统教学的顽疾。遗憾的是，现有文献未对交际活动进行详细描述，因此我们还难以想象各项活动的具体形式和内容。

4. 言语化

言语化是帮助学生深入理解所学语言概念的一个关键环节。所谓言语化，就是要求学生用元语言描述语言概念本身。Gánem-Gutiérrez & Harun（2011）的研究表明，言语化的作用至少有两个：第一，能够使学生逐步理解教师提供的物化图式；第二，有利于学生对所学概念进行自我调控。这项活动可以个人完成，也可以以对子形式进行。通过不同的形式，学生可以多次进行这样的言语化活动。刚开始时，学生很可能只能朗读教师对概念所做的解释，或者是复述教师的解释；随着练习次数的增加，学生就能够运用自己的语言对概念进行解释。例如 Gánem-Gutiérrez & Harun（2011：106）的研究中被试将所学"体"进行言语化的示例如下：英语的体是说话人用于表达对事件完整性的认知。说话人是否报告事件的完整情景，或是只报告整个情景其中一部分，或是该事件与其他事件的关联，这取决于说话人观察事件的视点和他对事件的体验，以及说话的时间。

5. 内化

　　Lantolf & Thorne（2006）指出，内化是个体从社会交流平台（"I—You"）转换到个体内心活动平台（"I—Me"）的必要环节，是实现高一级认知功能的必经之路。"I—You"代表个体与他人交际，代表人际交流的心理平台；"I—Me"代表个体内心的交流，是个人内心的活动平台。在个体内心活动时，个体既是活动的执行者（I），又是活动的监控者（Me）。当个体能够成功实现执行者 - 监控者双重身份时，内化环节就顺利完成。当然，内化过程的完成不是简单地、单向地从社会层面活动转换为个体心理层面活动，这两个层面的活动存在着复杂的互动关系，可能需要多个循环。

　　促进内化的机制是模仿（Lantolf & Thorne，2006）。这里的模仿不是行为主义的"鹦鹉学舌"，它是学习者在自选目标的驱动下持续进行的认知活动。每次模仿不是对原始输入的简单复制，而是对自己前一次模仿行为的调整与修正。如此循环多次，个体就能获得更加抽象的概念性知识。

4.1.3　思考与评价

　　我们认为概念教学法所主张的理论（语言观、习得观和教学观）有其独到之处，但外语教学的学情、师情、国情各不一样，我们不能全盘照搬、照抄国外的理论与实践。我们建议我国外语教育工作者对概念

第 4 章 概念教学法和动态使用论

教学法进行深入思考，从而得到恰当的启示。以下是我们对两个问题的思考。

1. 语言概念知识的教授

概念教学法将科学概念作为外语教学的主要内容，反对单纯教授经验规则，也反对缺乏理性知识指导的语言实践。很显然，这一流派是对传统教学流派的挑战。概念教学法认为，语法翻译法或听说法强调经验规则，而这些规则缺乏系统性和科学性。虽然这些规则来自日常生活的体验，具有一定的解释力，但很多例外情况被排斥在规则之外。而交际教学法重视听、说、读、写的语言活动，任务教学法关注有交际意义的任务。这些活动或任务虽有一定的真实性，但缺乏理论指导的实践活动不具有概括性和迁移性。概念教学法倡导的是有理论指导的语言实践活动。概念源于人类的社会文化实践，经过数代人的抽象和概括；以语言概念为教学的出发点，采用显性方式，让学生掌握科学概念，以指导自己的语言实践。概念教学法声称这样的外语教学能够收到事半功倍的效果。

长期以来，对概念性知识的讲授在我国的外语教学中未得到足够重视。概念性知识的缺失使得外语学习者经常犯一些"难以纠正"的错误，如时态的混淆、情态动词的乱用、多义介词的错选等。有鉴于此，我们需要开展补救性教学（remedial teaching），增加概念性知识的讲授，帮助学生将已有的零散且不完全正确的语言知识，归纳并形成完整的、科学的语法概念体系。一旦学生拥有这样的体系，他们就可以调整和监控自身的语言行为，拥有更高的学习自主性。

不过，我们对概念性知识的教授有两点疑虑。第一，语言学习虽然属于认知活动，但它又不能完全等同于学习数学、历史等课程的认知活动，它还需要类似体育、音乐等课程的技能训练。语法概念的讲解需要运用较多的专业术语。从熟悉专业术语到理解概念，再到概念化这些科学知识，学习者往往需要花费更多时间。外语课堂教学时间极为有限。如果把这有限的时间首先用于学习这些专业术语，而这些术语并不能直接用于完成交际任务，显然会事倍功半。由于时间有限，学习者很可能只停留在学习概念知识层面,没有时间和精力继续进行技能操练。这难免会产生新问题:只懂概念,不会运用。此外,即使辅以图表、意象图式等可视化的中介工具,理解概念的初级阶段仍旧比较抽象、枯燥,难以使教学生动、有趣,这样抽象概念的学习很可能会挫伤学生的积极性。

第二,目前概念教学法对"什么是外语中的'概念'"未做明确界定,Lantolf等人的论述只是提及了部分语法概念,但显然这些概念并不能代表语言的全部。我们知道,概念有低层次概念和高层次概念之分,有大概念和小概念之分。如果不区分这些差异,我们就难以确定教学内容和教学顺序。

2. 母语的作用

"母语在外语学习中的作用"这一议题一直在外语教学界备受争议(Stern, 1983),至今没有定论。归纳起来有两种对立的观点:一种是,教学中只能运用目标语,鼓励学生用目标语思维;另一种是,用母语教授目标语,鼓励学生进行双语对比。上百年来出现的教学流派都对母语的使用有着鲜明的立场。Cook(1999:201)指出,"除了经久不衰的语法翻译法以外,几乎所有的教学流派(例如听说法、视听说法、交际教学法、沉默法)都坚持外语教学不能使用母语的原则。"Howatt(1984:289)对此倍加称赞:"单语规则对20世纪的课堂语言教学做出了无与伦比的贡献,现在仍旧是其他教学原则的基石。"

我国的情况也大致如此。一直到20世纪90年代后期,各层次的外语教学大纲中都有"在课堂教学中尽量少用母语"的忠告;但进入21世纪后,这一条忠告已经彻底消失。我们认为大纲编写者不再关注这个问题,并不表明该问题已经在理论与实践的层面上得到彻底解决。我们需要认真审视概念型教学对母语作用的看法,提出适合我国外语教学实际的原则和操作方法。

我们认为概念教学法在这个问题上的阐述,缺乏辩证的态度,片面地纵容学生使用母语,不利于外语概念系统的建立。根据我国已有的实证研究(例如 Su, 1997; Wang, 2000; Wen, 1993; 文秋芳, 2001)

发现，母语确实是外语学习的中介。归纳起来，使用母语可能产生的积极作用有：降低对输入内容记忆的负担，增加对输入材料的理解，提高厘清口笔头要表达内容的速度，减少理解与记忆执行任务指示语的注意力资源。正如 Cook（1999：202）所说："我们应该将母语看作外语学习过程中的积极因素，而不是消极因素。"母语扎根于外语学习者心中，每个看得见的目标语活动背后都是无声的母语活动，表面的目标语活动往往掩盖了学生内心中的母语思维。

此外，已有的实证研究还发现：（1）随着外语水平的提高，学习者使用母语的频次逐步减少，使用的范围也逐步缩小；（2）对母语的积极态度与使用母语策略呈正相关，而使用母语策略与外语水平又呈负相关，这就意味着母语观念越强，可能对母语依赖程度越高，使用母语越多，外语水平可能越低。第一个发现表明母语使用的程度是外语水平高低的一个标记，也就是说，在外语学习过程中，学生会逐步减少对母语的依赖；第二个发现说明学生对母语的态度会对使用母语的行为产生一定的能动作用。如何帮助学生"扔掉母语拐棍"，这是外语教师的责任。我们首先要做的是，为学生提供更多的接受外语输入和产出输出的机会，这是"扔掉母语拐棍"的基础和前提条件，而不是简单地要求学生"忘记母语"，或是不切实际地禁止学生使用。与此同时，我们也要充分利用学习观念对学生行为产生能动作用的一面，帮助学生树立正确使用母语的观念，使他们认识到母语毕竟是外语学习过程中的"拐棍"，终究要"丢掉"，意识到这一点学生就会在主观意识上和行动中尽量少用母语，从而促进外语思维的发展。

4.1.4 小结

Lantolf（2011：25）预测概念教学法将从语法教学延伸到语用学和隐喻教学，是未来二语教学研究的热点之一。他相信任何概念域都可以采用概念教学法，目前存在的困难是缺乏清晰、系统的概念图式和恰当的交际活动，但克服这些困难需要极大的创造性。目前宾夕法尼亚大学（University of Pennsylvania）已有多位博士生以探究概念教学法的应用为题，完成或正在撰写博士论文，并陆续在学术期刊上发表论文（例如Lai，2011；Lee，2012；Negueruela，2003）。可以推测，在以Lantolf为首的研究团队推动下，概念教学法的理论与实践将进一步得到发展与完善，在二语习得界产生更大影响，同时也会受到学界更多的挑战、质疑和批评。

4.2 动态使用论

基于使用的二语教学论（usage-based approach to second language teaching）进入21世纪后才逐步出现于文献中，是历史最短的教学理论，目前还处于成长和发展期，应用性研究非常有限（Dolgova & Tyler，2019），难以作为一种教学理论系统应用于语言教学。[1] 本文选择荷兰格罗宁根大学（University of Groningen）研究团队（Rousse-Malpat & Verspoor，2018；Verspoor & Hong，2013；Verspoor & Nguyen，2015）所提出的"基于使用的动态论"（dynamic usage-based approach）（本书简称"动态使用论"）作为评述对象，主要原因有两个。第一，动态使用论已经在真实教学环境中开展了多项教学实验，且具有一定的时间跨度。第二，该理论将已完成的实践归为两类——电影教学法（movie approach）和加速融合法（accelerative integrated method）[2]，并在教学实验的基础上，报告了研究结果，即电影教学法和加速融合法均比目前大多使用的半交际法（semi-communicative approach）取得了更好的教学效果。

---

[1] Tyler et al.（2018）将Lantolf提出的概念型教学、Verspoor提出的动态使用教学论和Davies提出的互动社会语言学都归为基于使用的二语教学，只是角度不同而已。我们认为这种归类不恰当，本书未采纳。

[2] 电影教学法和加速融合法目前还未成为公认的有影响力的教学法，因此尊重原文作者，沿用了首字母小写，特此说明。

4.2.1 理论基础

动态使用论的理论基础可以溯源于基于使用的语言学（usage-based linguistics）和动态系统理论（Dynamic System Theory）（Verspoor & Hong, 2013）。Langacker（2000）认为这两个理论对语言的看法具有高度一致性，都赞成语言由多个子系统通过长期互动使用而形成。与概念教学法相比，动态使用论的出现历史更短，目前还未形成系统的"语言观""语言习得观"和"教学观"。我们所能做的只能简要介绍动态使用论倡导者所认定的上述两个理论渊源，在此基础上，总结其教学理念。

1. 基于使用的语言学

传统语言学（结构主义和生成语法）都将语言系统与语言使用分开，强调语言学理论只研究语言系统本身（langue, competence），不研究语言使用（parole, performance）。基于使用的语言学对此提出质疑，认为语言是一个动态网络。在这个网络中，语言使用者所拥有的各方面语言知识都会在实际使用语言的行为中，对其进行重组（Diessel, 2017）。

为了理解语言系统的动态变化，基于使用的语言学家不仅从历史角度，还从语言习得角度，研究语言如何演变。他们发现语言使用事件出现的频次对语言学习者极其重要，频次不仅能够加强记忆中语言元素的表征，而且能够激活和加工构式，反过来又对社会语言系统的发展和组织产生长远影响。此外，学习者对语言使用的重复也不可或缺。没有重复，就不可能在大脑中固化；没有个人的重复，语言使用构式也不可能在社会语言系统中逐步规约化。遵循Langacker（1987）的观点，个人习得的固化式（entrenchment）和规约式（conventionalization）是在反复互动中逐步形成的动态过程。固化式和规约式共同存在，不是一种转换为另一种，也不是一种代替另一种。Schmid（2015）用图4-2展示了两者之间关系：一边是固化式，另一边是规约式，两者之间通过"使用"（usage）相互联系在一起。

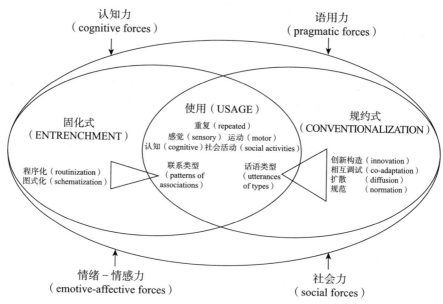

图 4-2 基于使用的语言理论模型（Schmid，2015：7）（注：中文翻译为笔者所加）

动态使用论关注个人语言的发展，因此特别强调图4-2中位于交叉部分"使用"中的"重复"。学习者只有经过多次重复"使用"，各种联系才可能固化。重复须涉及所有感官和技能，其中包括感觉（如听觉、视觉、触觉等）、认知（如感知、记忆、分析、归纳等）、运动（如说、写等）和社会（如交谈、讨论、辩论等）各个方面，个人语言系统中才可能建立多种类型的联系。

2. 动态系统理论

依据动态系统理论，语言和语言学习都是动态系统。语言无论在个体和社会层面都在不停变化，同时这种变化互相关联，其变化不以人的意志为转移。语言发展也是一个不断变化的系统。个人的语言发展或学习由个体内部因素与社会、自然环境的互动所产生。首先语言学习由学习者的初始条件（initial condition）决定。初始条件包括个体前期生活和学习经验、母语与外语学习情况、语言学习能力、语境等多种因素。外语学习对初始条件非常敏感，某些微小变化会引发一连串连锁变化，最终可能产生预想不到的巨大影响，这就好比美国气象学家 Edward Lorenz 所提出的蝴蝶效应。

学习第二语言涉及学习者内外部多种资源。学习者的内部资源指学习能力、已有的概念知识、语能、学习风格、动机、焦虑、态度、自信心、交际意愿等。学习者的外部资源指课内和课外的语言输入、就业市场对语言的需求、授课教师的性格特征、同伴的语言水平、考试要求、课堂文化、学校环境等。这些内外部资源相互作用，对学习过程产生影响，这种影响因时而变，因地而异。例如输入频次高低和输入量大小均会影响学习方式、过程和结果，对不同阶段的学习者会产生不同影响；再如授课教师二语熟练程度直接决定学习者的学习成果；教师的二语水平也影响着他们为学习者提供的输入方式和种类。从这个意义上说，上述所提及的内外部资源都是相互关联、相互联系的互动系统。

一个子系统的变化可能导致连锁变化。所有子系统都随着时间在变化，当然它们的变化速度不完全相同。Caspi（2010）发现即便是高水平学习者也会把词汇拓展放在句法改进前面。即便教师给学习者呈现相同量和相同内容的输入，学习者不可能按照统一进度和统一方式对其进行加工。同样，当学习者处于不同水平时，无论是口头还是笔头输入，所产生的效果也不会相同。换句话说，学习者对输入加工的结果不可能相同，这不仅因为学习者有着不同的起始条件，而且因为不同学习资源的互相作用。考虑到这一点，我们可以将输入看成加工。过去人们将输入看成单通道由外向内输入信息，输入好似稳定不变。事实上，即便学习者接触相同的输入，但在不同时间加工了不同方面，所得结果就不可能相同。

3. 教学理念

格罗宁根大学研究团队借鉴基于使用的语言学和动态系统理论，提出了一系列主张。第一，教学一定要提供高频次的具有形式 – 使用 – 意义匹配（form-use-meaning mapping）作为输入。这就意味着输入具有交际真实性，且有意义，其中词汇与语法应融为一体，反对将两者作为两个孤立实体分别处理。这一理念反映了动态使用论坚信语言学习是一个范例逐步积累的过程，语言能够被流利、准确运用就是由于大脑中储存了大量的言语范例，这些范例形成了相互联系的网络。换句话说，大脑中网络的连接是范例，而不是语法规则。因此教学中，语法规则不应放在显性、优先位置上。

第二，输入要先于输出，输出会自然发生，无须强行要求。如果观察母语的习得，儿童学习母语确实有相当一段时间只接受输入，无输出。儿童能够理解成人发出的很多指令，但从输出角度，他们处于"沉默"阶段，或者说他们不具备输出能力。经过一段"沉默"期后，儿童的产出会从词、短语、句子再到话语篇逐步扩大。很显然，儿童母语的习得从输入到输出，中间有明显间隔。这个间隔不是几小时、几天或几星期，最短的也会有几个月。由此动态使用论推断，二语学习输入与输出之间也应该有延迟，这样既可以增加学习者的自信心，也可以提高学习效率，并且声称这种做法与Postovsky（1974）的研究结果发现一致：延迟产出能够产生积极影响。

第三，强调了重复在语言学习中的重要性。在动态复杂系统中，对简单程序的重复可产生复杂结构。Larsen-Freeman（2012）指出，迭代出现的语言项目与教学中的重复存在着密切关系。她强调重复不应被看成完全的复制，这就好比学习者从不同角度观察相同的物体，每次都能有不同结果。接触相同的语言事件不意味着学习者看到相同的东西，因为学习者的注意资源有限，学习者每次注意的内容不相同。从教学角度重现同一个语言事件，例如给学习者多次播放同一部电影片段，第一次可能得到主要情节，第二次注意到一些新表达方式，第三次理解了这些表达方式在语境中的意义。我们还应该记住在产出时，重现或重复对语言表达方式内化能够发挥很大作用。正如Lantolf & Thorne（2006）所指出的，模仿是一种有目的、潜在的转换过程，而不是机械模仿。因此在我们的教学中，重复应被看作为帮助内化表达形式的方式。

仔细分析上述理念，有些与基于使用的语言学和动态系统理论无密切关系，例如第二个理念强调输出要延时，不要强行要求学习者输出。这一观点与Krashen（1981）的输入假设高度相似。Krashen主张习得者只要接触到略微超过自己水平的足量可理解性输入，二语水平就能提高，表达能力无须直接教授。习得在理解输入的过程中逐步独立生成，输出能力是输入理解的副产品。

4.2.2 教学实践

本节将首先解释电影教学法实践的过程和结果，再说明加速融合法教学实践的步骤和成效。

1. 电影教学法

电影教学法符合动态使用论的基本观点，主张学习者接触相对自然、真实的语言使用事件，即为教育目的而设计的语境化语言。他们能够看见并听到说话者互动的生动情景，即除了话语以外，还应有手势的运用、眼光交流和身体语言。从这些话语中，他们学习语音语调、符合语境的约定俗成表达形式，同时故事情节和富有情景的视觉信息能够形成联系。通过足够频次的重复，学习者就能够形成形式–使用–意义匹配形式。

Verspoor & Hong（2013）最先构建电影教学法。她们精心挑选了一部英语电影《灰姑娘》，让学习者反复接触这部电影。电影中也包括幽默和视觉画面。这部电影在内容和形式之间取得了平衡：学习者熟悉电影内容，但不熟悉语言形式。学习者是越南不同专业的一年级大学生，她们虽然在中学阶段学习了 5 年英语，但托业考试（TOEIC）成绩非常低，只能看作初学者。学习者每周学习 4 小时，持续一个学期。教师将《灰姑娘》电影分成了大约 2 分钟的片段，嵌入到教学课件中。每个片段按照故事情景顺序展示，逐段看完整部电影。实际教学中，每个学习者须观看同一个片段大约 8 次，有时看电影，有时听教师说故事片段中的语块，有时重复电影内容。教师通过视觉信息、解释、母语翻译、提供文化或背景信息等辅助手段，帮助学习者理解电影内容。具体教学过程大致由八步构成。

下面以电影的第一个片段为例说明教学整个过程。电影的第一个片段的内容大致是：故事开始一座城堡逐渐消失，San Fernando 峡谷进入视线。电影主角 Sam 叙述她父亲独自一人抚养她。

第一步：教师用课件展现电影中出现的一些关键词和短语（例如 San Fernando Valley、Kingdom）。教师通过视觉信息、解释和翻译等辅助手段让学生明白其中的意义。

第二步：学生观看电影片段，回答有关电影情节的问题，保证学生理解电影片段大意。这时只要求学习者关注意义，仅仅是整体意义，而不是语言形式，必要时用母语翻译。

第三步：学生再次观看电影片段，列出任何自己注意到的语言形式。通常情况下，他们不能一次找到许多语言形式。本步骤的主要目的是要求学生认真听，能够把注意力转移到语言形式上。

第四步：教师用课件呈现电影片段的剧本，逐行朗读剧本内容，速度比较慢，同时将没有重读的词读清楚，为的是引起学生注意。教师还不时指出可用的语块，并用各种手段解释语块的意义。以《灰姑娘》中的一个复杂句子为例。"Although being raised by a man put me behind in the make-up and fashion departments..." 这个句子太长，初学者不容易加工，因此教师做了如下解释：

The father raised her. (=educated her)

He does not know about make-up. (visual or gesture to explain make up)

He does not know about fashion. (visual of fashion)

He "put her behind" in these areas. (explain literal sense with visuals and figurative sense with "she knew less than her girlfriends about this")

第五步：教师再次呈现电影片段，同时询问学生是否明白电影中人物对话，学生一般用点头的方式表示已经理解。

第六步：（根据学生水平可选用）对于初学者，教师用课件再次展现电影剧本，要求学生跟着老师逐行朗读。这一步再次要求学生不仅关注关键词，而且要关注凸显度略低的语言形式。

第七步：（根据学生水平可选用）教师鼓励学生再次观看电影片段，并询问他们是否理解了所有内容。为了激励学生再次认真观看电影片段，教师要求他们填关键词完成完型填空任务。

第八步：教授过几个电影片段后，教师可以改变播放速度，还可以设计小组活动，例如对子形式的角色扮演。学生拿着电影剧本，逐行朗读台词。如可能，他们可以把台词本子放在一边，将内容背诵出来。如果是低水平学生，只要他们能够重复所听到的短语和词汇，说出的内容与原电影剧本内容接近就达到要求。

电影片段和授课课件都上传到电子平台上，如学生有继续听、看的需要，随时可调用。她们的实验延续了一个学期，参与的学生共有163名，分为7个组。接受电影教学法的实验班，尽管计划用目标语言来辅助，但在实际教学中用了大约50%的越南语（母语）帮助学生理解电影内容。

在同一越南大学的控制组采用了任务教学法。所用教材 *Learning Breakthrough* 基于任务教学法理论编写，教学以交际为基础，有时阅读课文，有时听课文片段，小组合作活动，还有显性语法教学。尽管课程应运用目标语言进行交际，但事实上大概有50%的时间用的是越南语。

实践证明，接受动态使用论的电影教学法与在同一越南大学接受任务教学法的学生相比，学习效果更显著。

尽管电影教学法把重点放在接受性技能上，此研究的目的是考察这个方法对接受性和产出性技能是否都有效。在为期15周的课程开始和结束时，学生参加了同样的测试。接受性测试由49个多项选择题组成，其中包括阅读、听力、词汇和语法；产出性测试是自由产出，具体任务包括作文（"我最好的朋友""我未来的目标和梦想"）和口头面试。这两个班前后两次接受性测试成绩和写作成绩都有显著差异，表明实验班和控制班经过15周的学习都取得进步，但实验班的进步更显著。前后两次口试成绩，控制班没有显著差异，但实验班的差异具有统计意义：实验班好于控制班，其差异达到边缘显著（.06）。该项实验研究的初步结论是：在低水平学生中采用了15周的电影教学法，以输入为主、无显性语法教学，该方法与任务教学法相比，尽管没有延迟测试，都使学生在接受性和产出性技能方面有更快的进步。在无严格实验室控制的情况下，难以给出得到如此结果的确切原因，但 Verspoor 团队认为主要原因是学生对意义输入进行了动态加工。从动态视角可以论证，虽然教师提供了相同输入，但从学生角度来说，他们接受的输入是不同的。由于学生的资源有限，他们不可能在同一时间注意到电影的全部内容和所有的语言形式，因此每重复一次，注意的焦点就会改变；多次重复使学生对输入的不同方面进行加工，加工的广度和深度也因此逐步提高。

2. 加速融合法

加速融合法最先由 Maxwell（2001）设计，用于教授儿童初学者的法语、英语、西班牙语和汉语。教学单位是故事，教师边讲故事，边用手势。手势通常与词相对应，有时也和少量语法构式相对应，例如性别标记、词序、复数、动词不定式标记等。除了这极少数的语法手势外，没有其他显性语法教学。学习初期，教学重点主要是听说，6 个月后再教授读写。

Rousse-Malpat & Verspoor（2018）认为，Maxwell 设计的教学方案符合动态使用论的基本原则：强调学生在学习故事时，可以反复接触目标语言的形式－使用－意义匹配；从教师话语中，学生能够学会形式－使用－意义匹配的正确发音；故事里包含对话，这些对话均是在社会、文化语境中恰当使用的话语。由于教学环境不同，加速融合法只用目标语言，不用母语。越南属于外语环境，课外外语输入少，教师本身外语熟练程度也不够理想。另外一个原因是，Maxwell 用的故事语言简单，每个单词、每句话都有手势匹配，所有学生不仅可以听到教师说的话，还可以看到教师做的动作。这样言语和动作之间就形成了高强度联系，还帮助学生记住形式－使用－意义的匹配。受过训练的老师成为输入的供给者，同时学生可以带光盘回家练习课文中的手势和歌曲。

故事通常是儿童童话，或者是描述中学生生活，或者是与家庭、旅游、朋友相关。主题大都与真实世界相关。每节课的进展速度由不同班级情况而定。教师使用手势辅助故事讲解，每个故事重复几遍。首先，教师要用手势复习单词和短语，然后介绍新的故事内容，所有故事都由小片段组成，同时要有重复。学生围着老师坐成半圈，这样师生之间有目光交流。之后学生分成 3~4 个小组，再根据故事主题开展活动。

这里没有显性语法教学。换句话说，学生不学习语法规则，但需要关注语法。他们采用归纳法，同时采用三个层次错误分析增加语言的准确性：

第 4 章　概念教学法和动态使用论

第一个层次：不解释语法，只提供有意义输入，重复习惯表达法。在这个层次上，教师要求学生识别错误，但不要求他们纠正错误。

第二个层次：通过多次重复习惯表达法，语法规则逐步内化为自动行为。此时教师要求学习者识别并纠正错误。

第三个层次：一旦语法规则已经成为自动化行为，教师可以任意请学生发现错误、纠正错误，并说出规则。

语法错误分析是加速融合法的关键原则之一。语法错误分析必须根据学习者的需要，从来不是为纠错而纠错。即便纠错，教师也要采取几个步骤。例如她会问学生，你刚才说的是 "she goes to bathroom" or "she goes to the bathroom"？然后配合手势，最后引导全部学生注意黑板上写下的句子，问学生："有人注意到这里有错吗？"

当学生完成书面作业时，教师给出正确答案。如学习者有问题，可直接询问教师。教师将根据归纳语法的层次回答学生有关语法的问题。

加速融合法的具体教学步骤如下：

第一步：学生围着教师半圈而坐，教师对全班提问。学生练习手势，回答有关意义的问题。学生重复语块，回答问题。这些活动开展的节奏快，活泼、有趣，手势与问题多样。有时一个学生回答问题，然后由小组重复。

第二步：教师继续运用手势讲故事，故事被分成小段。围绕词汇和意义设计活动。例如教师要求学生互相重复故事，然后再续编自己的故事。

第三步：学生分成小组，围绕故事片段的意义，练习手势。活动包括猜词和填空练习，或者是与故事相关的唱歌和跳舞。前 6 个月学生主要讲故事、重复语块和练习手势，直至几乎能够背诵故事，能够在父母面前表演。6 个月后再学习书面语言。

第四步：每节课后，学生与教师见面，用法语说出课堂上所学内容。如果学生能够完成，教师给予奖励，或者给予额外分数。

第五步：学生可以在家用光盘学习，用手势重复课文中还未学会的词汇。

目前已有四项研究从交际能力和语言准确性两个方面探索加速融合法的有效性。这四项研究都不是在沉浸式课程进行，两项在加拿大开展，两项在荷兰开展。

Mady et al.（2009）在加拿大比较了 12 组 8 年级学生法语水平和他们对法语学习的看法。6 组学生接受加速融合法教学（实验组），另外 6 组学生接受非加速融合法教学（对照组），教学持续了两年。结果显示，实验组和对照组学生的法语水平和对法语学习的看法没有显著差异。尽管法语水平测试并未显现出具有统计意义的差异，但参与加速融合法教学的学生在课堂上说法语的机会更多，同时对说法语信心更足。遗憾的是，论文未清楚报告非加速融合法的具体步骤和所用测试的内容。

Bourdages & Vignola（2009）比较了加拿大两组三年级学生的法语水平。一组学生接受加速融合法教学，另一组学生接受非加速融合法教学。收集的数据为学生访谈。研究结果表明，两组学生未在语言水平和准确性上呈现出差异。尽管如此，接受加速融合法教学的学生表示出更愿意用法语交际的意愿，尽管句子可能不完整，但他们更愿意冒险。

Rousse-Malpat et al.（2012）比较了接受加速融合法和半交际法（包括课文、听力练习、显性语法教学和活动）教学的两组中学生（12 岁）的学习成效。教师课堂上大部分时间都用荷兰语进行教学，尤其是用荷兰语解释语法。研究者跟踪 107 名中学生 6 个月后发现，接受加速融合法的学生在自由写作测试中的成绩显著高于接受非加速融合法教学学生的成绩。进一步分析接受加速融合法 12 名学生的 6 篇作文发现，他们能够写的句子更长、更早使用定语从句、使用的时态更多样化。在前 4 篇作文中他们的错误数量较多，但到后期，错误数量大幅度降低，但词汇拼写错误的数量仍保持不变。

Rousse-Malpat & Verspoor（2012）持续跟踪调查了上一项研究中的 78 名学生（即上一项研究中的一个组）21 个月。在 9 个月和 21 个月时，这 78 名学生分别参加了应用语言学中心设计的口语水平整体性测试。他们的整体成绩好于对照组学生。进一步分析其中 15 个学生的口语测试表现后发现，他们在语言准确性（指现在时、否定式和语法中的性）方面与接受传统教学方法的学生相比没有显著差异。

总体上说，在荷兰进行的两项研究呈现的结果好于在加拿大的研究。原因是多方面的：一个原因是，在荷兰的非加速融合法教学未达到交际教学法的要求，学生得不到足够的目标语输入，而加速融合法教学使得教师能够用目标语言；第二个原因可能是，荷兰学生参加了自由产出测试。当然，这些结果还需要进一步验证。目前 Rousse-Malpat 正在跟踪比较研究 308 名学生在两种不同条件下的三年学习情况。她的研究初期结果与前面的研究非常一致。当然这些在自然生态教室中发生的研究，每个班只被观察了一次，不可能对系统教学的输入和互动做出准确结论。目前尚不清楚加速融合法有效性的成因。Vespoor & Hong（2013）指出导致这种方法有效性的因素不可能只有一种，而是多种因素的组合，例如，接受额外的目标语言输入，与动态使用法的理论基础（参见 4.2.1 节）一致——形式 - 意义的构式在多次重复使用中固化。然而，加速融合法要求教师从第一天起就使用目标语言，由此可以设想，没有目标语言的输入不可能取得现有效果。

4.2.3 思考与评价

动态使用论目前还未形成系统理论。我们有必要对该理论的核心理念和实践进行认真思考与评价，考量该理论可能给我国的外语教学带来的启示。下文集中讨论三个问题：（1）输入质量和数量；（2）输入与输出的关系；（3）重复加工的作用。

1. 输入质量和数量

动态使用论将输入质量和数量作为二语习得的关键。从质量的角度来看，动态使用论强调输入要具有交际的真实性和意义性。这与交际教学法的基本原则一致，并未体现新意。只不过电影教学法和加速融合法选择学习者喜欢的电影作为输入材料，有自己的独特性。电影的优势在于有图像、有声音、有人物、有情景、有字幕。这样，学生对输入进行加工时可以调用多种感官，既可以听到声音，又可以看到动态的情景和人物，还可以看到文字。电影本身有着丰富、生动的情节，容易吸引学习者的注意力。从心理学角度分析，视听材料比单一听或读的材料更能调动学习者的多种感官。

　　从输入数量的角度来看，动态使用论只是强调了对相同输入的多次重复。这种单一重复的不足之处非常明显。一部电影所能呈现的形式 – 使用 – 意义覆盖面窄，语篇类型也有限，大大限制了学习者交际能力的全面发展。

2. 输入与输出关系

　　动态使用论将输入数量和质量作为二语习得关键的做法有值得借鉴之处，但电影教学法在越南大学生一学期的实验中，就一部《灰姑娘》的英文电影分段反复8次，可以推测，学生在教师的帮助下，能够掌握这部电影中出现的大部分形式 – 使用 – 意义匹配。这和我国传统的精读课非常相似。尽管输入材料有限，但反复阅读，仔细分析，书中每个词、每个短语、每个句子直至整篇课文都能被学生理解、掌握。这样的教学结果，学生能够掌握大量的"死知识"，但到真实交际场景中，可能不能活用已有的知识。这个缺陷早就被我国精读课所证明。只不过电影教学法的输入比我国精读课本中的课文更丰富、更生动，因此接受输入的效果可能更好，但对输入的深度加工，不可能自动转换成有效的输出。这里的输出不是指重复获得的输出，而是能将输入"活用"在新场景中输出，即能够将加工过的输入变成活用的输出能力。因此，我们对电影教学法能够培养学习者运用外语进行有效表达的能力表示怀疑。

　　依据母语学习的经验，动态使用论将输出延迟，甚至认为输出对二语习得没有直接作用。我们认为用这种照搬母语习得的方法来审视二语习得有明显不妥。儿童从出生时听到输入到能够产生输出，确实有一段"沉默"时间，但这段沉默时间不是语言习得的必备条件，学习母语出现沉默期主要是儿童刚出生时发音器官不够成熟。而学习二语时，一般学习者已经掌握了母语，换句话说，学习者已具备了输入和输出的生理和认知条件。人为将输入和输出割裂，延迟输出，不符合一般学习规律。

3. 重复的作用

动态使用论强调重复在二语学习中的作用。由于人的注意力有限，即便对同一输入材料加工多次，因每次注意点不相同，收获也不尽相同。因此，要对同样的输入进行全面加工，必须要有多次重复。事实上，重复在中国传统教育理论中一直受到充分的重视。俗话说："熟读唐诗 300 首，不会作诗也会吟"；"书读百遍，其义自见"。这是人们的生活常识，即学习一种新知识，需要一定的重复。如用学术语言来表述，就是增加"练习频次"。然而在 20 世纪 60 年代，语言习得先天论大行其道，行为主义心理学受到猛烈抨击。"练习频次"作为行为主义的核心概念，自然遭到冷遇，甚至被人们遗忘（周丹丹，2006）。21 世纪初，语言习得先天论受到普遍批评，练习频次的不可或缺作用重新引起学界的重视。

动态使用论在说明重复作用时，将问题简单化。事实上，二语习得过程很复杂。增加输入频次只是学习语言所需具备的条件之一，其他因素如输入强度、凸显度、新颖度以及接受输入的时间分布等都能影响输入的效果；此外，频次效果还受到学习者个体差异的影响，如语言水平、学习者年龄和学习风格等。以年龄差异为例，不同年龄段的学习者对重复的反应有明显差异（文秋芳，2003a）。例如，3~5 岁的儿童重复听同一个故事不会感到厌烦。有时儿童还会主动要求成人讲同一个故事，甚至到了成人讲前一句，儿童能够把下一句说出来的时候，他们仍旧对这个故事保持浓厚的兴趣。但随着年龄增长，人们对重复相同材料的忍受力会明显降低。

4.2.4 小结

动态使用论的支持者进行了多项教学实验，提出了系列教学理念，但作为一个新教学理论还缺乏完整性和系统性，难以用于课程教学。动态使用论要求输入具有情景真实性和意义，这符合交际派的理念。动态使用论认为输入在二语习得中的作用要大于输出，这一论断符合 Krashen（1981）提出的自然法（Natural Approach）教学原则。动态使用论主张练习频次的重要性，这符合常识，但常识还需要更多的科学思考，频次对二语学习效果的影响比常识要复杂得多。中国学者需要对基于使用的语言学进行更深入全面的学习，结合课程论、二语习得理论，借鉴动态使用论的精华，提出适合中国国情的外语教育理论，再经过理论－实践双向互动，不断修改，不断完善。

第 5 章
任务教学法

Long（2015）认为有两种任务教学法：一种是大写的 Task-Based Language Teaching（下文简称 TBLT）；另一种是小写的 task-based language teaching。目前国内学者未对这两者给予清晰界定，也未给出对应的中文译文。根据两种方法的内涵，我们将前者译成"职业外语任务教学法"，后者译成"通用外语任务教学法"。本书对二者不做区分。本章着重介绍 TBLT 的产生背景、理论基础、应用案例和代表人物。

5.1 产生背景

TBLT 是二语或外语教学理论和实践的教育框架。本质上，TBLT 是交际派家族的一员（Ellis，2003），信奉交际教学法的基本原则，如交际性任务对于语言学习很重要，交际任务的完成能够促进语言学习等。该法主张任务是贯彻这些原则的载体，语言教学内容应该基于任务，而不是按语言形式或功能来安排教学顺序。当下很少有人质疑运用任务作为推动二语课堂真实交际的载体。

基于实证研究，TBLT 将基于意义的交际任务作为核心单位，用来界定语言学习需求、确定课程目标、设计课堂活动和评估语言能力。TBLT 最早出现在 20 世纪 80 年代，雏形是交际语言教学项目（Communicational Language Teaching Project）（Prabhu，1987）。到 20 世纪 80 年代中期，有些二语习得研究者开始以任务为研究对象，初步的研究结果表明以任务为教学单位，可以取得更好的教学效果。这一研究结果有力推动了 TBLT 的使用。自此，研究者和教师对 TBLT 的兴趣日益浓厚，TBLT 也逐步发展成为国外受到关注最多的语言教学法，在众多教学实践中成效显著，影响深远（马拯，2017）。对"任务"本身的研究也成为语言教学研究的主要焦点（Ellis，2012）。TBLT 是"强式"交际法（"strong" form of communicative language teaching）（Howatt，1984）的典型代表，目的是使学习者"通过用语言完成任务的方式学习语言"（using English to learn it）（Ellis，2012：196）。

进入 21 世纪，中国加入世界贸易组织，标志着我国对外开放进入全新的发展阶段。外语教育不再是精英教育，而是国民素质教育的重要组成部分。掌握外语是国家开放的需要，是对外交流的需要，是中国与世界深度融合、共享机遇、合作共赢的需要。2001 年，我国教育部印发《基础课程改革纲要（试行）》，大力推进基础教育课程改革，为基础教育实践指明了方向。在此基础上，教育部制定《全日制义务教育英语课程标准（实验稿）》（2001），后修订为《义务教育英语课程标准（2011 年版）》（2011）。两版课程标准的"教学建议"均明确指出倡导任务型教学途径，通过创设接近实际生活的各种语境，培养学生用英语做事情的能力。

TBLT 被视为改革我国传统外语教学的一剂良方（魏永红，2004），它遵循互动性原则、语言材料真实性原则、过程性原则、促进性原则、课堂语言学习和课外语言学习相关性这五大原则，被广泛运用于中国外语教学中，逐步成为研究的焦点（陈丽萍，2016）。TBLT 关注语言运用，强调真实意义上的交际，为学习者提供交流互动、意义协商的机会，将培养学习者语言运用能力置于语言学习的首位，促使我国外语教师反思传统的以输入为主的外语学习文化，关注以输出为主的外语学习文化（魏永红，2004）。各学段的外语教师纷纷进行教学改革，涌现出一批有代表性的著作，如龚亚夫和罗少茜（2003）编著的《任务型语言教学》，魏永红（2004）的专著《任务型外语教学研究：认知心理学视角》等。

5.2　理论基础和基本概念

Long（2015）指出，TBLT 的哲学基础包括九项核心教学理念：整体教育（l'education integrale）；做中学（learning by doing）；个体自由（individual freedom）；理性思维（rationality）；解放（emancipation）；学生中心（learner-centeredness）；平等师生关系（egalitarian teacher-student relationships）；参与性民主（participatory democracy）；互助（mutual aid）和合作（cooperation）。整体教育中一项重要的原则是全人教育（educating the whole person），主张"完整的（integrated）、全人的（whole person）以及身心统一的（mind-and-body）教育"（Long, 2015：66）。

TBLT的理论依据包括语言习得理论、社会建构理论和课程理论（龚亚夫、罗少茜，2003）。根据语言习得规律，了解语言知识并不意味着掌握语言。要想正确使用语言，必须有大量的语言输入，并要有交流的机会，在使用中习得语言。TBLT提倡"做中学"。学生通过完成教师布置的任务来学习语言（students learn language through doing pedagogic tasks），即语言学习的脑力劳动与实施目标语交际任务的实际体验相结合（Long, 2015：68）。龚亚夫和罗少茜（2003：16）在谈到TBLT时说：

> 任务型语言教学的倡导者认为，掌握语言的最佳途径是让学生做事情，即完成各种任务。当学习者积极地参与用目的语进行交际的尝试时，语言也被掌握了。当学习者所进行的任务使他们当前的语言能力发挥至极点时，习得也扩展到最佳程度。在任务型语言教学活动中，学生注意力集中在语言所表达的意义上，努力用自己所掌握的语言结构和词汇来表达自己的意思，交换信息。这时他们的主要目的是完成一个任务，并想方设法如何把这个任务完成好。

社会建构主义认为，知识由学习者根据自身经验建构（Berry, 2008），语言存在于社会交往之中。因此，学习不是知识由教师向学生的传递，而是由学生基于原有的知识经验在互动中生成意义、建构知识结构。学生在完成交际任务的过程中参与意义协商，在合作互动中学习，对语言形式和意义有深度加工。学习者在参与社会交际活动时获得语言和文化知识（文秋芳，2010），学习在互动中发生。通过意义建构行为，学习者通过与已知建立联系来构建新知和理解（Shepard,

2013），学习进步体现在大脑内部知识体系的变化（文秋芳，2010）。

TBLT 秉承"以学生中心"的理念。"以学生中心"重视学生的主体作用，学生通过参与教师设计的任务，成为语言学习的主体，是知识的主动构建者，而非知识的被动接受者。Long（2015）倡导的 TBLT 不仅注重学生需求分析，主张外语教学要符合学生未来的交际需求，还注重个性化教学，主张外语教学要符合语言学习规律，符合学生当前的水平。

龚亚夫和罗少茜（2003）运用 van Lier 的 3A 课程观解释 TBLT 的理论依据。3A 是指 Awareness（意识）、Autonomy（自主）和 Authenticity（真实）。意识是指教师把学生未知的与已知、生活经历联系起来，让学生有意识地关注所学内容，并意识到自己在做什么、为什么这样做。自主是指学生自主选择、自我调整、自己决定完成任务的方式等。真实是指完成"真实"的任务以及学生的"真实行动"，包括真实情境、真实目的和真实交流。

Ellis（2003）认为"任务"必须满足下列条件：（1）任务应该聚焦"意义"，即学习者主要关注理解和产出"意义"，而非语言形式；（2）任务应该包括"缺口"，即具有交流信息、表达观点或推理的需求；（3）学习者应该主要运用自身的语言和非语言资源完成活动，即为了完成任务，学习者可以从任务提供的输入材料中"借鉴"，但无需学习新的语言；（4）除了语言运用外，任务还须有清晰界定的目标，即语言是达成目标的手段，语言本身并不是目标。换句话说，学习者在完成任务的过程中主要不是关注语言运用是否准确，而是关注任务规定的目标是否达成。任务教学法的倡导者 Long 认为，真正的任务是真实世界中存在的任务（real-world task），即学习者在课外真实交际场景中用二语完成的任务。例如，撰写实验报告、参加学术讲座等学术任务，或者是在旅游城市的酒店接待顾客等与相关职业关联密切的任务（Long，2015：6）。

任务类型多种多样，根据不同的分类标准可以分出不同的任务类型。如 Willis（1996）基于对教学材料中常见任务的分析，将任务类型分为：列举（listing）、排序与分类（ordering and sorting）、比较（comparing）、解决问题（problem-solving）、分享个人经验（sharing personal experience）和创造性任务（creative task）。Prabhu（1987）

依据交际内容，将任务类型分为信息差（information-gap）、观点差（opinion-gap）和推理差（reasoning-gap）任务。Ellis & Shintani（2014）根据是否规定使用某种语法结构，把任务分为聚焦型任务（focused task）和非聚焦型任务（unfocused task）。聚焦型任务也满足任务的上述四个条件，即要求学习者在交流的过程中使用特定的语法结构，目标语言形式隐含在任务中，而非聚焦型任务对语言形式无要求。他们还将任务分为输入型（input-based）和输出型（output-based）任务。输出型任务也称产出型任务，特别是指口语类任务，也不排除写作类任务；输入型任务是指听力或阅读任务。

TBLT是由意义驱动的，有明确的交际目标，完成任务后有清晰的结果。TBLT提倡意义第一，形式第二；要求学习者依靠自身拥有的资源完成任务，在这一过程中，教师不需要教授新语言项目。虽然这不排除学习者从任务本身提供的输入中选择语言项目来完成任务，但是，通过这种途径获得的输入有一定偶然性，缺少教师专业、系统的指导。

依据不同人对"任务"的定义，任务已经成为许多不同教学流派语言教学主流技巧的一部分，但对任务的设计与运用的标准不尽相同。Richards & Rodgers（2008：237）举出了一些任务的实例。例如，要求学生围绕"报纸媒介"这一主题完成下列任务：（1）审编一份报纸，确定报纸栏目，并建议三个新增栏目；（2）从分类版上找到合适的例子学习，准备一份招工广告；（3）学习报纸娱乐版，准备他们自己的周末娱乐计划。再比如要求学生基于"电视媒介"这一主题完成下列任务：（1）边听天气预报，边做笔记，然后准备一份天气地图，根据未来天气变化情况，在地图上做出标记；（2）观看信息广告，识别并列出"促销"词汇，然后运用这些词汇设计一份类似广告；（3）观看未看过的一部肥皂剧中的片段，列出剧中的人物，并说明人物之间的关系。

任务教学大纲一直是个颇具争议的话题。Ellis & Shintani（2014）认为，无论如何争论，教学大纲总要决定教什么，然后要对选择的教学内容进行排序。就大纲结构而言，Ellis（2003）区分了两种大纲：（1）基于非聚集型任务的大纲（即对学习者使用的语言无限制）；（2）基于聚焦型任务的大纲（即隐性规定学习者使用何种语言项目）。对于第二种大纲，设计者既要考虑任务，又要考虑语言项目。需要强调的是，语言项目内嵌在任务中，不属于显性教学内容。Ellis建议还可以采用模块式，即有的模块基于任务，有的模块基于语言项目。虽有学者对此进行理论阐述，但完整的任务教学大纲至今未问世。

就任务主题（thematic content）和任务类型（task type）而言，大纲设计者该如何选择呢？如果课程目的是提高学生的二语通用能力，Ellis & Shintani（2014）建议可根据三个因素来选择：（1）主题熟悉度（topic familiarity）；（2）趣味性（intrinsic interest）；（3）主题相关性（topic relevance）。

有关任务的顺序，Ellis（2003）建议可考虑下列四个方面：（1）输入形式和语言难易度（即输入是语言还是非语言，语言复杂度，主题熟悉度，情景信息丰富度）；（2）完成任务的条件（是完成单项任务，还是同时完成双项任务）；（3）加工难度（是传递信息，还是需要给出观点和理由）；（4）任务结果（是完成封闭性任务，还是完成开放性任务）。

就教学材料编写流程而言，Ellis（2003）提出TBLT的教学材料编写流程分为三个阶段（见图5-1）。第一阶段，编写者考虑任务和语言两方面需求。任务方面包括任务类型、主题/话题和任务排序标准；语言方面包括形式和功能。第二阶段，编写任务大纲，其中有非聚焦型任务和聚焦型任务两类。第三阶段，依据大纲编写教学材料和任务实施方案。尽管图5-1展示的编写流程清晰，但至今未见过纯粹依据任务大纲编写的教材。

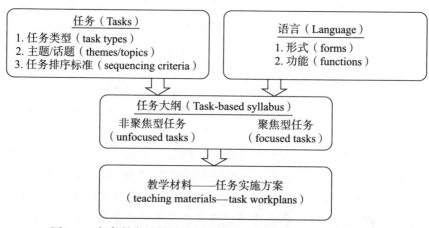

图5-1　任务教学法材料编写流程图（依据Ellis，2003：206）

5.3 应用案例

5.3.1 大学技能类课程

任务教学法的教学设计一般分为任务前、任务中和任务后阶段。任务前阶段是准备阶段；任务中阶段是实施阶段；任务后阶段是汇报和练习阶段（Ellis & Shintani，2014：142）。唐美华（2020：66-67）展示了基于 Ellis & Shintani（2014）任务教学法的教学步骤所进行的教学设计，所用材料为《现代大学英语（精读）4》第五单元课文 A《因为缺水》（"For Want of a Drink"）。教师预先设定的任务主题为：学生是某大学的校报记者，针对我国水资源的现状以及大学生如何保护和节约水资源，对同学进行采访。

任务前阶段包括任务示范、语言教学、图式构建和任务规划。教师先播放一段央视国际频道记者采访大学生关于水资源利用的英文视频；再介绍完成任务所需的词汇和短语，如 water supplies、under irrigation、the law of conservation of mass 等；然后以提问和视频的形式使学生了解我国"缺水"现状；最后学生小组讨论采访计划、采访内容、步骤、角色和分工，以及计划运用的语言形式等。

在任务中阶段，学生以小组为单位，在限定时间内（2 课时）完成任务。在此过程中，教师既是"监控者"，也是"协助者"，在学生遇到困难时，及时开展相关语言教学，提供文字、图表等参考资料。

在任务后阶段，两组同学在全班演示采访任务；各小组选派代表向全班报告采访结果；最后教师对重要词汇、语法、句型等知识点归纳提炼，引导学生重点学习，通过完成练习加深记忆，熟练运用。

5.3.2 大学知识类课程

陈丽萍（2016）完整地展示了基于任务教学法的美国文化课程的教学设计，每次课分为课前、课中和课后三部分。本节以她书中"美国价值观"的一次课（陈丽萍，2016：70-73）为例，展示任务教学法在大学知识类课程教学中的应用。

　　课前，学生需完成两项任务：（1）教材中的"猜一猜"练习；（2）阅读相关章节，并回答6个问题。问题示例如下："What is American dream?""What are some examples of the American pioneering spirit?"

　　课中，学生需完成五个主题的讨论：（1）美国差异性的表征；（2）美国民主在生活中的体现；（3）美国人先驱精神的体现；（4）美国人的典型行为和价值观；（5）清教和清教主义。每个主题都设置若干问题，分为问答和判断正误两类。有些问题和课前的问题一致。问题示例如下："What is pioneering spirit in your eyes?""What is the most important characteristic of the US?"判断正误题目示例如下："Americans are usually positive about change, true or false?""Some Americans buy stuff just because they like comparing themselves with neighbors, true or false?"学生分享答案后，教师引导学生对于重点内容进行讨论，并辅以必要的讲解，指出要点。针对语言难点，教师给出相应词块，要求学生记忆。

　　课后，学生需完成三项任务：（1）讨论"美国梦"和"人人生而平等"的原则；（2）教材中的"阅读后"练习；（3）给定话题写作，话题为"Do you think wealth and possessions make a person important? If not, what does?"

　　此类任务教学法在大学外语教学中比较常见，教师不是"照本宣科"，而是以问题引领学生探究答案，发挥学生的主体作用，调动学生的积极性，培养学生的自主学习和合作学习能力，对学生存在的问题给予有针对性的指导。

5.3.3　高中英语教学

　　自任务教学法被写入《英语课程标准》后，小学、初中和高中英语教师纷纷进行教学改革，培养学生的综合语言运用能力。龚亚夫和罗少茜（2003）提供了多个英语课堂教学任务设计案例。本节以《任务型教学法》（龚亚夫、罗少茜，2003：155–163）一书中的高中英语课堂教学任务为例，展示任务教学法在高中英语教学中的应用。

该单元的教学设计分为热身、阅读前和阅读后三部分，所用材料的主题为"难忘的经历"。热身活动为看图讨论。教师展示四幅图片（张衡和地动仪；霍华德·卡特（Howard Carter）、卡尔纳冯伯爵（Lord Carnarvon）和图坦卡蒙法老的金面具；泰坦尼克号和冰山；北京和2008年奥运会），并提出两个问题："Do you know who or what they are? What made them unforgettable?"。

阅读文章的标题为"拯救"（"The Rescue"），讲述了 Flora 和 Jeff 在洪水突然来临之际惊心动魄的逃生故事。阅读前设置三个讨论问题，如"Most natural disasters happen to us suddenly. What would you do in the following situations when they are coming?"该问题下设置了四个自然灾难（洪水、地震、台风和火灾）的情境，例如，"You're sleeping in the bedroom when the earthquake happens."。学生按照 First... Next... Then... Finally... 的步骤讨论。

阅读后任务共有五项：（1）猜单词所指。从课文中选出四个句子，要求学生猜出画线部分指代什么。例如，"And there she saw a big mass of water that was quickly advancing."。（2）再次阅读文章，并回答问题。问题示例如下："Why is Jeff looking for the chimney?"。（3）填写表格，并复述故事。表格里列出 First... Next... Then... Finally...，学生按照此顺序讲述。（4）猜词义。教师给出示例 earthquake，说明它由两部分组成，earth+quake，第一部分 earth 是名词，表示"地"，第二部分 quake 是前面名词发出的动作，表示"摇晃"，两部分构成一个词，即"地震"。（5）阅读与写作。学生先阅读短句，讨论文章描述的是什么样的假期故事，然后根据提示写出 20 个学生难忘假期的短句，将这些句子合理排列构成小故事，最后是用连词和关系代词进行假期故事写作。

5.4 代表人物

5.4.1 国外代表人物[1]

经过近 40 年的发展，TBLT 研究领域涌现出大批研究者，研究硕果累累。自 2017 年起，国际任务教学法研究协会（International Association for Tasked-Based Language Teaching，简称 IATBLT）设置"杰出成就奖"（Distinguished Achievement Award）和"杰出教学奖"（Distinguished Practitioner Award），以此表彰在 TBLT 研究和教学领域作出突出和持续贡献的学者（参见表 5–1），其获奖标准之一是在 TBLT 领域贡献出有启发性和／或有价值的研究和学术成果。本节简要介绍 Michael Long、Peter Skehan 和 Martin Bygate 对 TBLT 的贡献。

表 5–1 TBLT 杰出成就奖获奖名单

奖项	获得者
2017 年 TBLT 杰出成就奖	Michael Long, Peter Skehan
2019 年 TBLT 杰出成就奖	Martin Bygate
2021 年 TBLT 杰出成就奖	Rod Ellis
2022 年 TBLT 杰出教学奖	Jane Willis

Michael Long 是二语习得领域最重要的人物之一，也是最早在二语习得背景下探讨"任务"研究与教学的人物之一。Long 为任务概念的出现作出了无可比拟的贡献。他将任务的概念作为语言教育和二语习得的核心要素，使 TBLT 发展成为系统的研究领域和教育理论。Long 首创的需求分析（needs analysis）、在交际中注意形式（focus-on-form）等概念，现在已成为 TBLT 领域的重要组成部分。他曾影响并毫无保留地指导了许多在 TBLT 领域工作的学者，并积极推动该领域的发展。他的足迹遍布世界各地，在各类学术会上做主旨发言，举办研讨会，一直为各种背景下和各个层面的 TBLT 研究提供正式和非正式的指导。Long 通过 TBLT 领域的重要出版物传播 TBLT 的思想，最近与 John Norris 提议建立一个合作研究共同体（collaborative research network）来研究

---

[1] 本小节的主要内容来自任务教学法两个官方网站 iatblt 和 tblt。

任务复杂性。Long 在 2015 年出版了《二语习得与任务教学法》(*Second Language Acquisition and Task-Based Language Teaching*) 一书 (详见本书 10.3 节)。

Peter Skehan 是另一位在 TBLT 领域作出杰出贡献的学者。自 20 世纪 90 年代初始,他对 TBLT 领域产生了持续影响。他对任务的概念化和定义,对任务复杂性的操作和评估框架,都是他在 TBLT 领域作出了杰出的、极具影响力的贡献的最好例证。Skehan 的有限注意能力模型 (limited attentional capacity model) 不仅是评估任务复杂性的领先模型,而且是研究和理解语言处理的领先模型。Skehan 指导并鼓励了数百名学生将任务和 TBLT 作为他们的研究重点,他的许多博士生现在都是 TBLT 领域的知名研究人员和学者。Skehan 继续在英国发挥积极作用,通过英国应用语言学协会语言学习与教学特别兴趣小组会议 (BAAL LLT SIG)、伦敦二语习得研究论坛 (L-SLARF) 会议和其他学术会议,激励未来的 TBLT 研究人员和以 TBLT 为主导的教师,支持 TBLT 研究,在全球舞台上提高 TBLT 的知名度。

Martin Bygate 多年来一直坚定不移地支持 TBLT,在 TBLT 学术研究领域作出了巨大贡献。他的创新性研究"任务重复"(task repetition) 广为人知,他与 Virginia Samuda 的合著激发了许多教师在实践中实施 TBLT。Bygate 对 TBLT 作出了多项"宏观"(big picture) 的贡献,这些贡献不仅对我们的思维提出了挑战,而且引发了重要讨论。他是 John Benjamins 出版社 TBLT 系列的三位创始编辑之一,他的著作对该领域产生了巨大的影响。2009 年至今,TBLT 系列已出版了 14 卷。在 Bygate 亲自编撰或与他人共同编撰书籍的过程中,他深谋远虑,带领团队确定需要讨论的重要主题,选择并详细介绍关键的观点,构建 TBLT 的表述,以促进我们对真正关键问题的理解。Bygate 是一名资深教授和教育工作者,指导并影响了许多语言教师和教育研究人员,鼓励他们将研究重点放在语言教学、教师教育和教育政策方面。Bygate 担任《应用语言学》(*Applied Linguistics*) 的联合主编,以及国际应用语言学协会 (International Association of Applied Linguistics, AILA) 的主席。在这两个职位上,他提高了人们对 TBLT 的认识和关注——TBLT 是应用语言学学科中思维、研究和行动的一个重要交汇点。

Bygate 一直积极参与 TBLT 领域的活动。他是 21 世纪初成立的"任务型语言教学联盟"（Consortium on Task-Based Language Teaching）的创始成员之一，在协调组织 TBLT 两年一次的会议上发挥了关键作用。2009 年，他牵头组织了在兰卡斯特大学（Lancaster University）举行的 TBLT 会议。2015 年，国际任务型语言教学协会成立。Bygate 是该协会的创始成员，并担任董事会的当然成员（ex officio board member），直至 2019 年。2019 年的"杰出贡献奖"是对 Bygate 多年来从事 TBLT 研究和实践并作出重要贡献的认可和颂扬。

5.4.2 国内代表人物

近 20 年来，国内从事 TBLT 研究的外语教师日渐增多，也涌现出大批研究者。其中北京师范大学的罗少茜教授是该领域的代表性人物之一。罗少茜教授现为北京师范大学外国语言文学学院英文系教授，她于 2003 年至 2007 年在香港中文大学攻读博士学位，师从 Peter Skehan 教授，并于 2007 年获应用语言学博士学位。任务型语言教学和评价是罗少茜教授感兴趣的研究领域之一。2003 年，她和龚亚夫老师合作编著《任务型语言教学》一书，并于 2006 年出版了该书的修订版；2008 年，主持教育部人文社会科学科研项目"中国环境下英语学习中任务的作用"；2009 年，出版《任务型语言测试中的任务难度研究》。自 2000 年始，罗少茜教授及其团队陆续发表高质量期刊论文 20 余篇（参见表 5-2）。

表 5-2　罗少茜团队在相关期刊上发表的 TBLT 相关论文

序号	作者	发表时间	论文题目
1	龚亚夫、罗少茜	2003	课程理论、社会建构主义理论与任务型语言教学
2	罗少茜	2006	从学生的视角看影响任务难度的因素
3	罗少茜	2007	Re-examining Factors that Affect Task Difficulty in TBLA
5	罗少茜	2008	英语教学中的任务设计
4	罗少茜	2008	从认知角度看影响语言测试任务难度的因素

（续表）

序号	作者	发表时间	论文题目
5	罗少茜、Peter Skehan	2008	任务型评价中的任务难度因素
6	邢加新	2009	任务教学法面临的争议及困境探讨
7	罗少茜	2009	任务型课堂教学中任务前阶段的各种教学活动
8	罗少茜	2010	影响任务型语言教学中任务难度的社会文化因素
9	易保树、罗少茜	2011	任务与练习平衡发展的课堂模式
10	罗少茜、徐鑫	2011	初中任务型英语教材使用情况的调查与分析
11	邢加新、罗少茜	2014	《外语环境下的任务型语言教学：研究与实施》介评
12	邢加新	2015	《任务表现的加工视角》评介
13	邢加新、罗少茜	2016	任务复杂度对中国英语学习者语言产出影响的元分析研究
14	张玉美、罗少茜	2018	汉语作为第二语言课堂中教师实施任务型语言教学的信念与实践（英文）
15	罗少茜、张玉美	2018	运用阅读圈任务评价学生的英语学科核心素养
16	罗少茜、邢加新、赵海永	2018	基于任务的英语词汇教学
17	邢加新	2019	任务复杂度与二语产出研究述评
18	邢加新	2019	任务复杂度对非英语专业大学生口语产出的影响研究
19	罗少茜、张玉美	2020	阅读圈任务在英语学科核心素养教学与评价中的应用
20	罗少茜、张玉美	2021	任务型语言教学在中国：理论、实践与研究

5.5 小结

我国学者在任务教学法实践和研究领域取得了一定的成果（参见

马拯，2017），但在具体实践中，不是所有的任务都一定是真实生活中需要完成的任务，也可以是跟读、听写等（龚亚夫、罗少茜，2003）。Ellis（2009）强调TBLT并非只有一种形式，也不应被视为传统的聚焦形式教学法（focus on form）的替代品，而是可以和传统教学法并用，相互补充。但是，作为一种教学理论，TBLT的关键是要实施以任务为教学内容的教学大纲，而我国至今少有遵循"交际任务"大纲编写的外语教材。从这个意义上说，目前在国内采用TBLT可能缺乏应有的前提。此外，TBLT源于美国，学生身处浸入式语言环境，学习二语（英语）的过程与学习母语类似，学生在交际的过程中学习语言，TBLT的效果良好。在中国，学生身处汉语语言环境，学习外语（英语）大多在课堂中进行。由于班级人数和课堂时间的限制，以及传统师生关系的影响，老师被当作课堂的权威，在中国课堂上实施TBLT不一定能达到应有的效果。

Richards & Rodgers（2008）在《语言教学流派》一书中指出，TBLT只是一种理想，其任务类型、任务顺序、任务评价，特别是其优于其他教学法的基本假设并未得到充分证明。

第6章
内容教学法

内容教学法（Content-Based Language Teaching，下文简称 CBLT），也被称为内容依托法（Content-Based Instruction，简称 CBI），与该名称相似的还有内容语言融合教学法（Content and Language Integrated Learning，简称 CLIL）。CBI 源于 1965 年加拿大沉浸式语言教育项目。CLIL 最初由 Marsh（1994）提出，用来指欧洲多语环境下旨在提高学生外语水平的教学方法。Tedick & Cammarata（2012：S34）曾指出，将内容与语言教学相结合的方法达 216 种之多，所用术语也不尽相同，本书将之统称为 CBLT。

CBLT 围绕着学生要获得的内容或信息来组织教学，而不是依据语言或其他语言教学大纲。"内容"曾是语言教学界和大众媒介的流行词。1998 年 *New York Times* 的专栏作家和语言学专家 Safire 曾在专栏中写道：如果英语语言中有任何热词现在能够引起人们的广泛关注，甚至能够在日常和学术话语中跨越千禧年，这个词就是"内容"（content）。本章着重介绍 CBLT 的产生背景、理论基础、应用案例和研究团队。

6.1 产生背景

CBLT 有两个主要来源。第一个来源与母语教学有关。20 世纪 70 年代中期，英国政府要求学校各门课程都要重视英语教学，不能只由语言教师来承担英语教学的责任。这个政策对美国教育也产生了影响，他们提出"每个教师都是英语教师"的口号。遗憾的是，该提议并未取得预期效果。尽管如此，不同课程内容中还是包含了语言练习，同时也强调语言教师和其他课程教师开展良好合作的重要性。例如20世纪70年代，新加坡出版了科学、数学和语言相结合的适用于小学阶段的教学材料。

第二个来源是20世纪60年代中期在加拿大魁北克创建的沉浸式语言教育项目，即在正常课程教学中将外语作为教学语言。换言之，外语是课程内容的媒介，而不是教学对象。例如法语本族语小学生所学一切课程的媒介语言是英语。学生参加沉浸式课程的学习目标是：（1）提升英语水平；（2）对说英语者和英语文化形成积极态度；（3）拥有与自己年龄和能力相匹配的法语能力；（4）获得课程所需的知识和技能。加拿大的沉浸式语言教育项目同样也为英语本族语者提供学习法语的机会。

自此，不同类型的沉浸式项目在北美到处开花，涉及的语言有法语、德语、日语和汉语。澳大利亚为移民设计的类似项目属于首次尝试。该项目将意念、功能、语法和词汇有机结合，学习主题覆盖移民所需处理的各种真实问题，例如到移民局办理手续、寻找住处、购物、找工作，等等。专门用途英语也属于内容型教学法的范畴。设立这类课程的目的是让学习者（例如工程师、技术员、护士）将语言作为手段获得某个领域的知识。

20世纪90年代初，CBLT在欧洲最为盛行。1993年11月1日欧盟正式成立。1995年3月26日，《申根协定》正式生效，欧盟成员国之间无国界，欧洲国家之间的相互依赖性显著增强。欧洲是典型的多语环境，经济一体化需要人们的多语能力。因此在欧洲，一方面家庭培养孩子至少具有一种外语能力，增强未来竞争力；另一方面，各国政府也看到语言教育可为本国带来的社会、经济优势。欧盟力图通过语言教育增强欧盟的包容性、人员流动性和经济一体性，于是教育政策制定者就力图将语言教育和其他课程的学习融为一体，以此加快语言学习的速度（Juan-Garau & Salazar-Noguera, 2015）。例如学生的母语是意大利语，要学习的外语是英语，如采用内容教学法教学，就是用英语教授化学、物理、历史等课程，这样既学习了英语，又学习了化学等课程知识。

CBLT 明确要求依托有意义的内容进行语言教学，具备传统语言教学方法所不具备的优势。20 世纪 90 年代中期 CBLT 被介绍到国内（王士先，1994），之后陆续有教师在外语教学中尝试应用 CBLT（例如曹贤文，2005；刘祥福、蔡芸，1997），以解决以技能为导向的外语教学中的问题。此后诸多学者对此进行了大量的教学思考和探索（常俊跃、赵永青，2020）。

长期以来，我国英语专业教育中语言与内容教学分离，单纯语言技能训练过多，专业内容课程不足，学科内容课程系统性差，高低年级内容课程安排失衡及其导致的学生知识面偏窄、知识结构欠缺、思辨能力偏弱、综合素质发展不充分等问题非常突出（常俊跃，2022）。为了解决上述问题，大连外国语大学常俊跃教授带领团队进行 CBI 的本土化探索，构建内容－语言融合（Content-Language Integration，简称 CLI）教学法。经过十几年的改革探索，大连外国语大学团队成功构建了英语专业内容与语言融合教学的课程体系，系统地开发了相关国家的历史、地理、社会文化、跨文化交际课程及教材，推动了教学手段和教学方法的改革，取得了比较突出的教学效果，也促进了教师的发展和教学研究的开展，取得了丰富的教学研究成果。2021 年，该团队又成功获得教育部新文科建设项目的支持，启动了国别区域学专业建设探索（常俊跃，2022）。

2018 年，我国教育部出台的《外国语言文学类教学质量国家标准》中明确指出，要"融合语言学习与知识学习"。《英语专业本科教学质量国家标准》（2018）在"教学要求"中指出，要"以内容为依托，注重语言技能训练和专业知识教学的融合"。CBLT 理念的提出有助于外语教育跳出单纯关注语言教学的窠臼，对外语专业、公共外语、中小学外语乃至各类教育教学机构的外语教育教学改革具有重要的启示意义（常俊跃、赵永青，2020）。

6.2　理论基础和原则

CBLT 是"以正在学习的外语为媒介教授非语言课程内容的教学方

法"(Lyster,2017:87),即围绕教授内容(学科知识)来组织外语教学的方法。CBLT信奉社会–认知的二语/外语学习观(Lyster,2007),认为学习既是认知过程,也是社会过程。认知理论的学习观主张"学习发生在个体内部。人脑好比信息处理器,它将外界输入转化为摄入,作为陈述性知识储存起来,再经过不断练习,逐步转化为程序性知识,其间学习者形成假设,通过外界反馈检验假设、修订假设,使自身的语言体系不断完善"(文秋芳,2010:6)。社会建构主义的学习观认为互动(师生、生生)在课堂学习中起重要作用(Lyster,2007),知识由学习者根据自身经验建构(Berry,2008),语言存在于社会交往之中。CBLT促使学生使用目标语言与教师对话、与同学对话、与内容知识对话,目标语言不仅是交流工具,也是认知工具(Lyster,2007)。

CBLT的基本原则如下:(1)语言作为获取信息的手段而非学习目标时,二语学习的效果会更好;(2)内容型教学更能满足学生学习第二语言的需求(Richards & Rodgers,2008)。CBLT是语言和课程知识"二合一"的教学方法,通过恰当的语言活动,将目标语言嵌入有趣的内容中,增加了学生应用目标语言的机会,既拓展了学习语言的经历,又增强了有目的交际的动机(Juan-Garau & Salazar-Noguera,2015)。

Lyster(2017)指出,CBLT根据内容和语言所占的比例,形成一个两端分别为语言驱动和内容驱动的连续统(参见图6-1)。通过融合主题内容提高目标语言的外语课程属于语言驱动课程,这类课程不以评估内容知识为主要目标。另一种CBLT是学生除学习外语课程外,还学习1~2门以目标语言讲授的知识类课程。中国外语专业本科高年级阶段的文化概况类课程就属于此种类型。沉浸式双语教学属于内容驱动的CBLT,它以目标语言为媒介讲授大部分科目。欧洲以英语为目的语的双语类项目就属于此种类型。

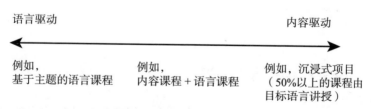

图6-1 CBLT的应用范围

正如图 6-2 所示，内容教学法在注意阶段聚焦内容，后续的意识活动和指导性实践主要关注语言，最后的自主性实践又回到起点时所要注意的内容。

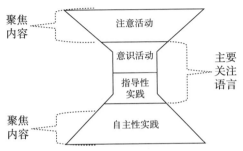

图 6-2　内容教学法的教学流程演示图（Lowen & Sato，2017：99）

6.3　应用案例

常俊跃（2014）介绍了大连外国语大学自 2007 年始系统地开展内容依托课程体系改革，指出改革的目的是扩展学生的专业知识，开阔学生的视野，提升学生的专业素养。他们开展 CBLT 的具体做法是：（1）内容与语言在课程层面的融合。依托英语学科的文学、语言学，以及相关国家的社会文化内容构建英语专业的核心课程体系，将传统上以技能类课程（听、说、读、写、译及综合）为主体的课程体系改革为以主题内容为依托的语言技能课程和以专业内容为依托的文学、语言学、文化课程，改变传统单一的语言技能课程结构，扩展学生的专业知识面，提高学生的英语语言能力。（2）内容与语言在教学方法层面的融合。教师在教授课程的过程中实施内容与语言融合教学，以英语为媒介系统地传授专业知识，学生借助英语获取专业知识，在扩展专业知识的同时提高学生的英语语言能力。

虽然 CBLT 在不同国家、不同学段（小学、中学、大学）、不同课程中开展的情况不尽相同，但由此产生的内容与语言接口的教学问题具有很大的共性。常俊跃（2014）的研究表明，CBLT 取得了良好的教学效果，学生的英语语言能力和专业知识得到了较快的发展。Lyster（2017）指出，与参与非沉浸式项目的学生相比，参与法语沉浸式项目学生的法语水平明显更高，且母语和学科知识的发展并没有受到影响，他们的交际能力更高，但产出能力（语法准确性、词汇多样性和语用适切性）并没有达到预期。因此，语言教师在采用 CBLT 时需重点关注目标语言，引导学生在以意义交流为主的语境下不忘关注语言形式（Lyster，2007）。

CBLT 以学科知识的学习为依托，培养学习者的语言技能。袁平华、俞理明（2008：60–61）以美国文化导论课"美国文明"为例，展示了采用内容教学法进行 2 学时教学的设计范例。该课程设计以学科知识（美国参加第一次世界大战的相关内容）为主，语言知识为辅。语言输入材料为外国原版教材、录音带、电视节目和网上资源。课堂教学设计中按照"Six-T"原则将内容和语言学习有机结合。"Six-T"是指主题（theme）、课文（text）、话题（topic）、线索（thread）、任务（task）和过渡（transition）。表 6–1 展示了按照"Six-T"原则进行的内容教学法教学设计案例。美国参加第一次世界大战是课程的主题，也是课程设计的起点；三个话题（第一次世界大战的起因、美国如何卷入第一次世界大战和美国参加战争）支撑主题，与之相关的课文、文本和音像资料是学生获得学科知识的载体；具体的学习任务包括听、说、读、写各项技能的训练。线索和过渡手段使课程设计连贯而流畅。在此过程中，教师鼓励学生尽可能使用英语交流，但不明确讲解词汇、语法、句型，其目的是通过具体任务促进学科知识的内化，提高语言能力。

表 6–1　按"Six-T"原则进行的内容教学法教学设计案例（改编自袁平华、俞理明，2008：61）

主题	美国参加第一次世界大战		
话题	1 第一次世界大战的起因	2 美国如何卷入第一次世界大战	3 美国参加战争
任务	阅读"一战"的文章（读） 讨论战争的起因（说）	听学生代表汇报、记笔记（听） 回答问题（说）	听讲座、记笔记（听） 概要写作（写）
课文	教师准备的文章	学生准备的材料	教师准备的材料

我国引进 CBLT 后，进行了本土化外语专业课程教学探索。CBLT 不仅是语言教学手段，也是学生知识结构构建及能力素质培养的手段（常俊跃、赵永青，2020）。大连外国语大学自 2006 年起进行了系统的英语专业课程体系改革，仅保留了英语语音、英语写作等少量技能类课程，增设了内容语言融合课程，如美国社会与文化、美国自然人文地理、美国历史文化、英国社会与文化、英国自然人文地理、英国历史文化、澳新加社会与文化、欧洲文化、希腊罗马神话、中国文化、跨文化交际、英语短篇小说、英语长篇小说、英语散文、英语诗歌、英语戏剧、英语词汇学、英语语言学、语言与文化、语言与社会、语言与语用等核心课程及系列选修课程。这些课程均是依托学科知识内容提高学生的语言能力，同时帮助他们获取专业知识、学习能力和思辨技能，可以说，CBLT 超越单纯对语言教学的关注，成为关注知识、能力、素质培养的全人教育（常俊跃、赵永青，2020）。

6.4 研究团队

由于教学背景、内容、语言、学习和文化各不相同，CLIL 教学模式也不尽相同（Tedick & Cammarata, 2012）。CBLT 的表现形式多样，国外具有代表性的有欧洲的 CLIL 研究、美国的 CBI 研究和加拿大的沉浸式教学研究，国内在 CBI 方面比较有建树的是大连外国语大学常俊跃教授带领的团队以及香港大学教育学院团队。本节主要介绍常俊跃教授及其团队的研究成果。

2006 年，常俊跃教授带领团队申报了校级项目；2007 年获得国家社会科学基金项目"英语专业基础阶段内容依托式课程改革研究"（常俊跃、董海楠，2008）；2012 年又成功申报了国家社会科学基金项目"内容教学法理论指导下英语专业整体课程体系改革研究"。他们以项目为抓手，依据 CBLT 理念重构了英语专业课程体系，还为英语专业一、二年级编写了 CBLT 系列教材 11 本，由北京大学出版社出版。两个项目实施了将近 10 年，教学改革取得明显成效，教师的教学研究能力得以提高，发表系列研究论文多篇。据统计，2006 年以来，常俊跃教授及其团队成员发表了 30 余篇相关的教学研究论文（表 6-2 展现了部分发表在核心期刊上的论文），成功申报了 20 多个校级和省级研究项目，获得 3 个国家社会科学基金项目。其中 4 项教学研究成果获得校级教学成果一等奖，2 项获得省级教学成果一等奖，1 项获得国家级教学成果二等奖（常俊跃，2014）。

表 6-2　常俊跃团队在核心期刊上发表的 CBLT 相关论文

序号	作者	发表时间	论文题目
1	常俊跃、董海楠	2008	英语专业基础阶段内容依托教学问题的实证研究
2	常俊跃、赵秀艳、李莉莉	2008	英语专业低年级阶段系统开展内容依托教学的可行性探讨
3	常俊跃、刘莉	2009	"内容依托"教学模式及对大学双语教学的启示
4	常俊跃、刘晓蕖、邓耀臣	2009	内容依托式教学改革对英语专业学生阅读理解能力发展的影响分析
5	刘莉	2012	内容依托教学评估问题刍议
6	高璐璐、常俊跃	2013	英语专业基础阶段内容依托教学对学生英语书面表达能力发展的影响分析
7	赵秀艳、夏洋、常俊跃	2014	英语专业基础阶段内容依托教学课程体系改革的实践效果研究
8	常俊跃	2014	英语专业内容依托课程体系改革的影响及其启示
9	高璐璐、常俊跃	2014	运用内容依托教学法理论　改进英语专业口译教学
10	常俊跃、赵永青	2020	内容语言融合教育理念（CLI）的提出、内涵及意义——从内容依托教学到内容语言融合教育

此外，在探索 CBLT 的过程中，常俊跃教授带领团队不断反思、不断总结，逐步发现 CBLT 的缺陷，即只重视内容，不重视语言形式的学习，因此他们逐步产生了内容-语言融合的新教学理念，积极开展教学实验来逐步完善 CLI。在此过程中，该团队出版了多部专著，如《英语

专业复合型人才培养课程教学研究》（常俊跃，2012）、《英语专业基础阶段内容依托教学改革研究》（常俊跃，2015）、《大连外国语大学英语教育的传统、探索与创新》（常俊跃，2017）和《基于内容语言融合教育理念的英语专业整体课程体系及教学改革探索》（常俊跃，2020）。

6.5 小结

　　内容教学法的原则和理念可以用来教授不同层次的学生。目前比较通行的模式有5种："主题语言教学""侧重学科知识""语言–学科知识平行""语言教师–学科教师合作""语言技能–学科知识融合"。内容教学法严格说来没有具体的教学方法，只是一套理念。自20世纪80年代以来，内容教学法广泛应用于多种情景中：从早期的专门用途英语课程到沉浸课程，现在已经应用到中小学外语课程、大学外语课程、商务外语和职业外语课程中。对该方法最大的批评是，语言教师没有受到过专门学科的训练，因此承担学科知识教学力不从心，若采用团队教学，又可能既降低了语言教学的质量，又妨碍了学生对学科知识的成功掌握。

第 7 章
项目教学法

项目教学法（Project-Based Learning，下文简称 PBL）也称项目依托式教学法（常俊跃等，2019）和项目学习法。本章着重介绍 PBL 的产生背景、理论基础、应用案例和代表人物及研究团队。

7.1 产生背景

PBL 最初由效率专家 Snedden 提出，用于美国职业学校的课堂。后来，Dewey 的学生 Kilpatrick 将其发展并推广使用（van Lier，2006：xi）。PBL 是指使用真实的、现实世界的项目（能高度激励学生，并使之参与其中的问题或者任务），以合作解决问题的形式教授学生学业知识（Bender，2012）。项目（project work）以学生为中心（Fried-Booth，2002：6），通常持续较长时间（如几周），包括需个人完成或合作完成的任务，例如制定研究计划，确定研究问题，开展实证研究或者文献搜索，收集、分析并口头或书面报告研究数据等（Beckett，2002）。

20 世纪 70 年代，PBL 引起应用语言学界的注意，被应用于二语 / 外语教学。随后，PBL 在大学的语言课堂和其他学科的课堂中越来越受欢迎，并被广泛采用（Gibbes & Carson，2014）。张文忠（2010）梳理了国外 30 年 PBL 实践，发现其在二语 / 外语教学中具有潜力和优势。Stoller（2006：23–24）认为，PBL 之所以成为有效的教学方法，是因为 PBL 满足以下 10 个条件：（1）过程和结果并重；

（2）（至少部分地）由学生决定，鼓励学生成为项目的主导；（3）持续一段时间（而非仅仅一堂课）；（4）鼓励各种技能的自然融合；（5）具有语言学习与内容学习双重目标；（6）学生既需小组合作，也需独立探索；（7）学生对自己的学习负责，从目的语资源中收集、加工并汇报信息；（8）师生承担新的角色和责任；（9）最终成品可测可量；（10）学生反思整个学习过程和结果。

在进入21世纪前，我国外语界已经开始关注PBL。例如，早在1998年，南京大学外国语学院英语专业增设"综合素质实践课"，开展跨年级、跨班级的模拟实践活动（文秋芳、宋文伟，1999）。活动采用PBL，包括必选项目和自选项目。2000年，《高等学校英语专业英语教学大纲》要求教师采用"发现式、研究式"学习方法，间接承认了PBL理念在英语教学中的地位（张文忠，2010）。自此，南京大学、苏州大学、北京大学、南开大学、复旦大学等多所高校在英语教学改革的推动下开展了一门或多门课程的PBL本土化实践，申请了国家社会科学基金项目（如复旦大学蔡基刚教授团队的"中国大学生学术英语能力及素养等级量表建设和培养路径研究"；北京大学张薇教授团队的"基于网络的大学英语研究性评价模式"；南开大学张文忠教授团队的"依托项目外语教学模式及本土化研究"；等等），探索PBL在高校英语专业（如文秋芳、宋文伟，1999；张文忠，2012）、大学英语（如顾佩娅、朱敏华，2002；张薇，2006）、学术英语（如蔡基刚，2019b）、研究生学术英语（如蔡基刚，2017）等课程中的应用，取得了明显效果。

7.2　理论基础

PBL以学习者为中心，要求他们借助外界（如教师、专家或者同伴）帮助，利用信息资源（互联网、图书馆或社区）来完成项目，其理论基础是建构主义学习理论。该理论认为学习不是由教师把知识简单地传递给学生，而是由学生自己或者学生与教师共同建构意义和知识的过程（Weinstein，2009）。学生积极参与解决问题和批判思考，他们在原有知识的基础上建构新的知识，将其应用在新的情境中。因此，学习过程一方面是对新信息意义的建构，另一方面是对原有经验的改造和重组。

张文忠（2012）从 8 个方面解读项目教学法的外语教学观，涵盖师生角色、教学内容、教学方法等 8 个方面：（1）教学是"教和学"；（2）教学是"教人学"；（3）教学是"教学生学"；（4）教学是"教所需学"；（5）教学是"教人会学"；（6）教学未必"教致使学"；（7）教学是"教之学"；（8）教学是"教者，学也"。在师生角色方面，教师是引导者和推动者；学生是学习的主体，学生的能动性得到最大限度的发挥；教师教的活动与学的活动互动。在教学内容方面，以项目研究带动专业学习，培养学生的创新能力和研究能力。在教学方法方面，学生在教师指导下探究事物本源，自主安排项目的目标、内容、方法、进度和项目成果形式等。项目教学法为学生提供了经历和体验知识生产过程的机会，"学生以学为本，学用结合，寓学于研，以研促学"（张文忠，2012：50）。具体而言，项目教学法倡导的理念可以概括为（张文忠，2012：50）：

> 以兴趣为驱动力，以研究训练为取向，以真实项目为语言学习和运用的依托，以大量的可理解语言输入促发大量的语言输出。既注重过程又注重最后的产出，鼓励学习者自主，强调学习者的语言体验和学用结合。要求学习者反思学习过程与产出，通过较长时间跨度的项目研究和成果陈述活动，将学生的语言能力训练、学科内容学习、思辨能力和创新能力培养真正融合起来。

7.3 应用案例

笔者曾将项目教学法应用于英语专业的"希腊神话赏析"（以下简称"神话"）课程中。该课程为北京某大学英语专业一年级学生（第二学期）开设的专业选修课，采用英文授课。课程共 16 周，每周 2 学时，共 32 学时。使用教材为《希腊罗马神话欣赏》（王磊著，上海外语教育出版社，2008 年 10 月修订版）。教学对象为北京某大学英语专业 2013

级（大一年级）的 60 名学生，其中，男生 22 名，女生 38 名。

项目研究从 2014 年 3 月初开始实施，至 2014 年 6 月底结束，持续时间为一学期。在此期间，教师采用两个项目：项目一为小组主题汇报（口头）；项目二为小论文写作。两个项目占总评成绩的 45%，其中，口头汇报占 15%，学期小论文写作占 30%。教师在第一周介绍项目实施方案及评估方式。学生通过抽签方式分为 15 组，每组 4 名同学。小组成员经过商定，选定神话课程中的神祇和英雄人物作为汇报主题（参见表 7-1），这些主题与每周上课的内容一致。小组的 4 名同学需有明确分工，需从四个方面准备汇报内容：(1) 神或英雄的总体介绍；(2) 家族史；(3) 主要标志、主要特征、最钟爱的植物或者动物；(4) 相关神话传说。每人的汇报时间为 3 分钟，共 12 分钟。在小组准备期间，可以就遇到的问题向教师请教。汇报完毕后，教师进行点评。

表 7-1　小组主题汇报时间及内容

组别	汇报时间	汇报内容
1	第 2 周	Zeus and his love stories
2	第 3 周	Artemis and Apollo
3	第 4 周	Athena and Prometheus
4	第 5 周	Dionysus and Midas
5	第 6 周	Demeter, Persephone, and Hades
6	第 7 周	Venus, Atlanta, and Pygmalion
7	第 8 周	Cupid and Psyche
8	第 9 周	Pyramus & Thisbe and Echo & Narcissus
9	第 10 周	Perseus and Medusa
10	第 11 周	Jason and the Golden Fleece
11	第 12 周	Heracles
12	第 13 周	Cadmus
13	第 14 周	Oedipus Rex
14	第 15 周	Theseus
15	第 16 周	The Trojan War

小论文写作包括以下 8 个步骤：论文写作介绍、自选题目、修改题目、提交提纲、修改提纲、撰写论文、同伴互改和提交论文。教师在

第 8 周时介绍学期论文的要求与写法，包括如何选题，如何拟定论文题目，如何查找资料，以及论文写作包含哪些部分。学生在第 9 周提交自选题目；教师在第 10 周进行反馈；学生根据反馈修改题目，并在第 11 周提交论文提纲。教师在第 12 周对提纲进行反馈，学生修改提纲，开始论文的撰写。学生在第 14 周完成论文后交与同伴互改，于第 16 周交论文（参见图 7-1）。

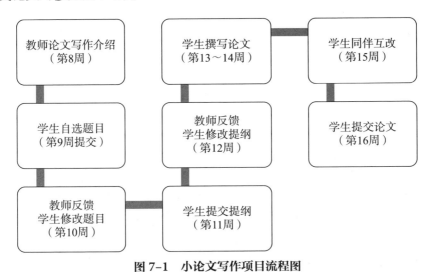

图 7-1 小论文写作项目流程图

经过一个学期的课程学习，绝大部分学生认为他们在"神话"课上有收获，总体上对课程满意。96.4% 的学生（54/56）认为自己有收获（20 人）或者非常有收获（34 人），92.9% 的学生（52/56）对课程满意（33 人）或者非常满意（19 人）。在"神话"课程中使用项目学习法受到多数同学的认可。学生对项目学习法的整体评价较高，85.7% 的学生（48/56）对此方法持肯定态度。大多数学生认为通过项目学习，他们用英文做口头汇报的能力和学术能力得到了锻炼与提高。在自评项目"教学法对能力发展的影响"时，所有参与调查的 56 名学生均表示在下列各类能力方面有一些提高或者有较大提高：搜寻、加工、处理、交流信息能力，分析、应对、解决问题能力，同伴之间的合作、沟通能力，以及学术论文写作能力。除此之外，自主学习能力、批判性思维能力和文献查找、PowerPoint 制作能力均有不同程度的提高（参见表 7-2）。

表 7-2　项目学习法对学生能力发展的影响

能力发展/提高程度	有较大提高（%）	有一些提高（%）	合计
搜寻、加工、处理、交流信息	44.6	55.4	100
分析、应对、解决问题	39.3	60.7	100
同伴之间的合作、沟通	51.8	48.2	100
学术论文写作	64.3	35.7	100
用英文做课堂报告	35.7	62.5	98.2
自主学习	44.6	50	96.4
文献查找	41.1	50	91.1
批判性思维	32.1	55.4	87.5
PowerPoint 制作	23.2	57.1	80.3

两个项目（口头汇报和小论文写作）均要求学生课下和小组成员共同讨论，分析自己的项目主题，提出完成项目的方案，并有明确的分工。学生借助互联网等手段查阅资料，收集项目相关信息，对资料、信息进行整合，这些均要求学生具有自主学习能力，并批判性地审视自己所能获得的文献。有 4 名同学在回答开放式问题时提到需要自主学习的方法指导，并给口头汇报更多的课堂时间，说明同学们有自学的愿望，并愿意有更多的时间展示自己。此外，在"神话"课程中，学生平生第一次接触学术论文的撰写，在这一过程中，教师随时给予指导，并多次对口头汇报和小论文题目、提纲进行反馈。教师的角色由传统意义上的完全知识传授者转变为"促学者"（facilitator）和"指导者"（instructional coach）。在项目学习中，学生自己动手，在做中学，这也是这种方法受到认可的原因。

对开放式问答题目的回答也证实了上述分析，学生提到项目学习法具有以下优势：（1）有助于提高自主学习能力和思辨能力（25 人）；（2）增强了同学之间的交流、沟通、协调和合作能力（15 人）；（3）锻炼了学生对材料文献的研究、整理、分析和分类能力（7 人）。

在回答教学中有哪些喜欢的活动时，有 19 名同学提到喜欢小组课堂口头汇报。学生们指出，"我最喜欢课前小组汇报，有助于同学们理解"（S01）；"喜欢学生自主探究、团队合作，进行汇报演示"（S13）；"小组活动是我最喜欢的教学活动"（S15）；"小组汇报提高了学生的表达能力"（S16）；"喜欢通过小组报告进行自主学习的方式，让故事讲述更清楚"（S21）。小组汇报给学生提供表达自己的机会，能激发学习热情，而小组成员起到了脚手架的作用，在合作中共同提升语言能力。

项目学习比传统的教师灌输更有优势。学生的测试成绩表明，有半数以上（52.6%）的同学对神话基础知识掌握较牢，答对题目 80% 以上，91.6% 的同学达到及格水平。测试成绩印证了学生自我评价，不同的数据来源证明学生经过课程的学习，掌握了神话的基本知识。"神话"课程全程英文授课，而神话故事中众多人名、地名给学习者造成很大的障碍。教师将项目与授课结合，学生的口头汇报内容与每周的上课内容一致，在有限的时间内将最为重要的知识点囊括其中。汇报的同学对自己的汇报内容熟知，听讲的同学也会额外关注同学的汇报，从而加深了印象。在开放式问答题中，13 名学生提到轻松活泼的课堂氛围带动学生的兴趣，学生积极性高，参与度高；16 名学生提到口头汇报有助于对所学内容的理解和记忆；另外还有 8 名学生提到准备汇报使自己有明确的学习目标，加上教师的点评与讲解，使神与神之间的关系更为清晰，同学们更易于掌握知识点。

7.4 代表人物及研究团队

PBL 研究专家 Gulbahar H. Beckett 是美国辛辛那提大学（University of Cincinnati）教育学院社会语言学和应用语言学教授，致力于 PBL 和内容教学法等研究，自 2002 年始已发表多篇 PBL 期刊论文，撰写出版相关专著的部分章节（参见表 7-3），并多次在国际、美国国内的学术会议上报告 PBL 的最新研究成果。她与同事 Paul C. Miller 合作编写《二语和外语教育中的项目教学法：过去、现在与未来》（*Project-Based Second and Foreign Language Education: Past, Present and Future*），该书中设计的 PBL 课程与教学实践将学习者作为学习的主体，所收录的文章具有"开创性"（groundbreaking）意义（van Lier，2006：xiv）。

表7-3　Gulbahar H. Beckett 教授的部分 PBL 研究成果

序号	时间	成果形式	题目／书名
1	2002	期刊论文	Teacher and student evaluations of project-based instruction
2	2005	期刊论文	Academic language and literacy socialization through project-based instruction: ESL student perspectives and issues
3	2005	期刊论文	The project framework: A tool for language, content, and skills integration
4	2006	编著（合撰）	Project-based second and foreign language education: Past, present and future
5	2006	图书章节	Project-based second and foreign language instruction: Theory, research, and practice
6	2006	图书章节	Beyond second language acquisition: Secondary school ESL teacher goals and actions for project-based instruction
7	2006	图书章节（合撰）	Assessing project-based second language and content learning
8	2012	会议论文集（合撰）	CincySTEM Urvan Initiative: Project-based Science Learning with Digital Backpack

在国内，南开大学等多所高校依托国家社会科学基金项目，开展了 PBL 的本土化实践，涌现出一批研究成果。表7-4 列出了南京大学、苏州大学、北京大学、南开大学、复旦大学五个高校团队发表的部分 PBL 相关期刊论文。

表7-4　国内 PBL 相关期刊论文

序号	作者	发表时间	论文题目
1	文秋芳、宋文伟	1999	综合素质实践课——从理论到实践
2	文秋芳	2002	英语专业创新人才培养体系的研究与实践
3	顾佩娅、朱敏华	2002	网上英语写作与项目教学法研究

（续表）

序号	作者	发表时间	论文题目
4	顾佩娅、方颖	2003	基于建构主义的计算机辅助项目教学实践
5	张薇	2006	英语数字素养的研究型评价模式
6	顾佩娅	2007	多媒体项目教学法的理论与实践
7	张文忠	2010	国外依托项目的二语/外语教学研究三十年
8	张文忠	2012	本土化依托项目外语教学的"教学"观
9	张薇	2013	基于数字读写项目的学术英语模块化课程构建与实践
10	张文忠	2015	iPBL——本土化的依托项目英语教学模式
11	夏赛辉、张文忠	2017	依托项目语言学习模式下的学习者努力研究
12	蔡基刚	2017	基于项目研究的学术论坛教学法在研究生英语教学中的作用
13	蔡基刚	2019	以项目驱动的学术英语混合式教学模式建构

南京大学外国语学院英语专业的"综合素质实践课"包括必选项目和自选项目（文秋芳、宋文伟，1999）。必选项目为"专题信息检索和处理"，要求学生选择一个专题，对该专题进行信息检索，获取有价值的相关信息，撰写专题报告。自选项目为英语辩论、戏剧表演、英文报纸/杂志编辑等10项。在实施过程中，学生是各个项目的主体，负责从确定项目主题到制定项目的详细进程，再到每个成员的分工，教师的作用仅限于指导、监控和评估。该课程是英语专业创新人才的培养手段之一，取得了良好的效果（文秋芳，2002）。

1999年，苏州大学与美国南方理工佐治亚州立大学合作开展网上英语写作合作教学项目（顾佩娅、朱敏华，2002），将网络技术与PBL融为一体，为学生创造了真实的社会交际环境。该项目以学生为中心，学生自选课题，小组内分工、合作，通过协商确定实施方案，解决遇到的难题，教师扮演"帮助者"的角色。研究表明，该项目能够激励学生的求知欲，促进写作以及发展综合交际能力。此后，苏州大学顾佩娅教授的团队开展计算机辅助项目教学模式研究（顾佩娅、方颖，2003）和多媒体项目教学改革实践（顾佩娅，2007），挖掘在培养社会发展急需的有综合语用能力的创新型外语人才方面的潜力，为PBL本土化提供了可行性方案。

为了实现大学英语推动中国高等教育国际化的目标（束定芳，2011），北京大学学术英语通选课"Doing English Digital"的课程也实行了教学改革（张薇，2013）。该课程目标包括：培养学生从互联网与电子数据库获取相关数字信息的能力，评判数字信息可靠性的能力，整合数字信息（包括文字、声音、图像等）的能力，在网络多媒体环境下用口头与书面英语交流研究结果的能力。课程采用PBL，以英语数字读写研究项目为驱动，构建数字读写学习社区。该社区由网络教学模块与基于社会性软件的网络学习社区组合而成，为学生开展项目活动提供平台。课程要求学生选定一个与本专业相关的课题，以此作为"项目"，利用互联网和数字资源数据库搜集、分析、整合信息，用英语分别完成口头与书面研究报告。

南开大学于2009年前后组建PBL研究和实践团队，开展PBL本土化的教学实践，尝试构建本土化的研究式学习模式iPBL（张文忠，2015）（参见图7-3）。该模式以培养学生创新能力为核心目标，以"课程项目化、项目课程化"为总原则，开设有别于传统语言课程的特色平台课程——"English Through Projects"（"英语研究式学习"），将课程和项目合二为一，即将课程教学目标、内容和评估融入项目之中，用固定和集中的课程形式推进项目的开展，促进学习。"该课程鼓励学生在教师指导下，基于兴趣自主选择研究项目，在类似科学研究的过程中主动学习并应用英语专业知识和技能，发展创新能力"（张文忠，2015：16）。iPBL创新训练由真实目的驱动，语言使用强度较大，能够盘活已学语言知识，训练学生的语言技能。

复旦大学自2011年开始开设本科学术英语（科技）课程，并从2016年开始开设"研究生国际期刊论文写作与发表"课程，采用基于项目的学术英语混合教学模式，即P（projects）C（cases）T（texts）混合教学模式（蔡基刚，2019b）。学术英语旨在训练学生的学术技能，培养学术素养和学术能力（蔡基刚，2015）（参见表7-5）。基于项目的学术英语混合教学模式达到了学术英语的教学目标，取得了较好的教学效果。学生的语言输入和输出量都超过了通用英语教学，文献阅读能力和学术英语写作能力，尤其是正式语体的表达能力，均有较为明显的提高；同时通过课程学习，他们科研方法和科研能力、批判性思维能力、创新能力都有所提高，初步具备了学术规范和防范剽窃意识。可喜的是，课程结束后个别学生的科研论文还在 SCI 专业期刊论文上发表（蔡基刚，2019b）。

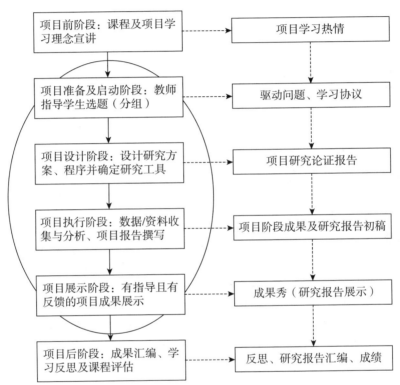

图 7-3　张文忠团队创建的 PBL 本土化教学模式（张文忠，2015：18）

表 7-5　学术英语内涵（改编自蔡基刚，2015：88；蔡基刚，2017：19）

学术技能	学术素养	学术能力
• 听讲座/听课、记笔记 • 阅读专业文献 • 撰写文献综述、学术论文、摘要 • 宣读论文、参加学术讨论	• 搜索信息进行自主学习和独立研究 • 分析和综合信息，提出并解决问题 • 遵守学术规范和伦理 • 通过团队合作开展学术研究	• 批判思维能力 • 交流沟通能力 • 团队合作能力 • 创新革新能力 • 跨文化交际能力

采用 PBL 开展学术英语的全国各高校积极为学生创造"学以致用"的机会，举办基于项目研究的学术论坛。其中比较有特色的校本论坛有第二军医大学"医学人文英语论坛"、上海对外经贸大学"学术英语经贸论坛"、中国石油大学"学术英语石油论坛"和北京工业大学"学术英语论坛"。这些论坛已经举办不止一届，是学生在学术上走向世界的"军演"，不仅使学生亲身经历学术论坛的流程，掌握学术会议论文写作要领，而且还有助于提升学生参与国际交流的自信心和意识（蔡基刚，2017）。特别值得一提的是，上海高校大学英语教学指导委员会自 2015 年起开始组织一年一届的"大学生国际学术研讨会"（以下简称"研讨会"），至今已经举办五届。每届研讨会均在不同大学举办，旨在打造大学生自己的国际学术盛会，为大学生提供拓展国际视野、培养国际交往能力、提升国际竞争力的舞台。每届研讨会都有一个跨学科的主题，以英语为主要工作语言，参会大学生需要用英语撰写不少于 1,500 词的科研小论文或 500 词左右的科研计划（包括研究背景介绍、相关文献回顾、研究方法介绍、一手数据的报告、发现的讨论）（蔡基刚，2019a）。研讨会的参与规模逐年扩大，从第四届开始，研讨会采用互联网直播的方式，以上海为主会场，向全国其他 8 个分会场同步转播。2019 年举办的第五届研讨会共在 17 个省（市）设立分会场，近 7,000 名本科生和研究生参加；同济大学主会场第一次将论坛做成多语模式，首次尝试以英语为主，以德、法、意、西班牙语等外语为辅的多语模式。此外，上海高校大学英语教学指导委员会和中国学术英语教学研究会自 2018 年起联合组织"大学生 5 分钟科研英语演讲大赛"（Five Minute Research Presentation，简称"5MRP"）（蔡基刚，2020），要求大学生用英语向没有专业背景知识的听众介绍自己撰写的一篇科研论文/科研计划/科研想法（蔡基刚，2019a）。这两项活动都是对基于项目的学术英语教学的检验。

7.5 小结

Fried-Booth（2002）指出，学生在项目的不同阶段可能会完成多种任务，这些任务要求学生运用多种技能以及语言。在完成项目的过程中，学习者不但语言能力有所提高，学习了相关知识内容和实际生活技能，而且培养了学习兴趣，激发了学习动机。李珂（2010）对大学英语课堂的研究发现，PBL可以激发学生学习英语的热情和主动性，从而达到提高英语实际应用能力的目的。其他学者（如高艳，2010）也指出，PBL是课堂教学的辅助形式，有利于培养学生综合应用能力，提高学生综合素质。除此之外，常俊跃等（2019）对项目依托式英语国家研究性课程的研究发现，PBL对学生的语言知识及相关学科知识学习有帮助，有助于提高学生英语语言综合运用能力、跨文化交际能力、获取和更新专业知识的学习能力，运用本专业知识进行思辨、创新和参与科学研究的能力。由此可见，PBL可以弥补课堂教学的不足。学生通过解决复杂的问题，发展高级认知能力，培养自主和合作学习能力、探究学习与创新能力。

第 8 章
续　　论

广东外语外贸大学（下简称"广外"）外国语言学及应用语言学研究中心王初明教授构建了续论（Xu-argument）（王初明，2012，2016a）。本章着重介绍续论的产生背景、理论基础、应用案例和研究团队。

8.1　产生背景

从 20 世纪 90 年代后期起，王初明教授带领团队构建"写长法"（Length Approach）理论（王初明，2005），组织教学实验，召开学术研讨会，在国内产生广泛影响。该理论提出的背景是，中国学生虽然学习外语多年，但外语水平上不去，"会用英语者少"。王初明从中国国情——听说机会不足、读写环境稍好——出发，在听、说、读、写中选择了"写"为突破口，避免了中国学生担心不正确的语音会损害自我形象而"羞于"开口的情感障碍，"以写促学"（Write to Learn），（王初明，2017）。研究表明，通过写作，学生已有的英语知识不断得到巩固并内化，并促进了其他各项英语技能的发展（王初明等，2000）。王初明教授又根据学生怕写、教师怕改的"两怕"困境，创建了一套新评价体系。在量与质中，选择以量为先，以量促质；在表扬与纠错中，选择以表扬为主，以奖赏激发兴趣，以鼓励促进学习（文秋芳，2005）。

"写长法"与当时的教学法和二语习得理论相比，创新点明显。例如，Krashen（1985）的输入假说强调听读领先，Long（1991）的互动假说突出面对面交流，Swain（1985）的输出假说彰显"说"的功能，而"写长法"突出"写"的作用。通过写长作文，学生增强了写作信心，乐于在课外写作，他们认为写长作文有助于提高英语水平，可带动听、说、读能力的提高（王初明等，2000）。但是，在实践过程中，"写长法"的不足也逐渐显现。例如，"写长法"强调输出内容的创新性，但未系统地提供恰当输入；强调语言流畅表达，但未对语言精准性给予足够关注；强调大胆写，但缺乏篇章层面的充分训练（王初明，2017）。

为克服"写长法"的不足，王初明及其团队在理论创新的道路上继续前行，提出"以续促学"（learning by extension）的续论。典型的"续"出现在对话过程中，指对话双方使用语言去补全、拓展和创造说话内容（王初明，2016a）。互动中的"续"带来自然的拉平效应（王初明，2017），能激活几乎所有促学语言的主要因素。实证研究也表明，含"续"的语言学习任务能够促学语言，功效十分显著（Wang, C. & Wang, M., 2015；姜琳、陈锦，2015；王初明，2015）。续论认为，语言是通过"续"学会的（王初明，2016a）。从"以写促学"到"以续促学"，再到"续"论，王初明教授的团队深入探讨语言学习的本质机制，不断提炼、升华理论，同时不断创新"续"的形式，从"续写"到"续说、续译、续改"，这些"续"活动是将输入与输出有机融合的手段，从而提高外语学习效率。有关续论的研究成果已经陆续在国际期刊上发表（如 Wang, C. & Wang, M., 2015），引起国外学者的高度关注，与国际学界有效接轨。

8.2 理论基础

续论所持的语言习得观是基于使用的语言习得观（王初明，2016a），认为高效习得语言毋需先天的语言习得机制，有"续"便能实现语言学习的高效率（王初明，2017）。基于使用的语言习得观认为语言是通过交际使用习得的，语言习得以范例（exemplar）为基础，语言知识来自语言使用体验（魏梅，2020），语言使用总是发生在语境中。

基于使用的语言习得观以多个享有共同理念的语言学理论为基础，

包括认知语言学、涌现论（emergentism）、建构主义、复杂动态系统理论（Tyler & Ortega，2018）。Tyler & Ortega（2018）认为语言和语言学习遵循五个密切联系的原则，分别是：（1）意义在语言和语言学习占据中心地位；（2）意义根植于外部世界，通过具身体验习得；（3）语言和语言学习发生在语境化的社会互动中；（4）语言学习与其他学习一样，共享同一普遍认知机制，输入（特别是输入频率）驱动语言习得；（5）语言和语言学习具有可变性，处于动态变化中。

基于使用的语言习得观与 Chomsky 的普遍语法理论形成鲜明对比（王初明，2011）。普遍语法理论假设人脑中天生存在一系列使人能够学会语言的条件和规则，人脑中独特的语言习得机制使语言习得成为可能。基于使用的语言习得观反对将语言能力视为独立的认知能力，认为习得语言与学习其他知识和技能并无二致，都是借助人类的通用认知能力。

续论的创始人王初明教授在多篇论文、多个场合指出，有效的语言习得植根于互动。基于使用的语言学流派认为语言是通过互动体验和大量接触学会的（王初明，2017）。续论认为语言是通过"续"学会的，语言习得高效率是通过"续"实现的（王初明，2019b）。互动由"续"保持，无"续"则无互动，互动促学实则是以"续"促学，这也是续论的一个较为突出的贡献——它推进了互动研究（王初明，2018）。"'续'既是互动的源头，又是强化互动的机制"（王初明，2019b：2）。

8.3 应用案例

续写、续译、续说均是基于续论开发的续作，主要表现形式为读后续写、读后续译、读后续说和听后续说，为提高外语教学和学习效率开辟了新路径。本节以读后续写的教学案例展示续论在英语教学中的应用，以期为从事续论研究的教师和学者提供借鉴。

读后续写是结合阅读理解进行写作练习的一种方法（王初明，2012），是采用续论教学的常见方法。读后续写将读写结合，突破了以做理解题为主的单项阅读训练和以写命题作文为主的单项写作训练。本节介绍在读后续写中的应用案例：多轮续写。

读后续写的核心理念是"创造性模仿"，指"续"是将内容创造与语言模仿紧密结合，即内容要创造，语言要模仿（王初明，2014）。读后续写通常的做法是从外语读物中截留一篇结尾缺失的材料，让学习者读后写全内容（王初明，2012）。学习者通过续写与阅读材料对话，在互动过程中创造新内容。当语言表达遇阻时，借用阅读材料中的词语，模仿阅读材料的语言风格（王初明，2019a）。

与人际间对话不同，读后续写中的"对话"属于个体内互动，体现为阅读理解与续写之间的交互，发生在学习者大脑内部。学习者借助大脑中已有的语言及相关背景知识理解阅读材料，然后通过续写创造性地拓展所理解的内容。在这一过程中，语言产出和语言理解协同，学习者在产出内容的过程中以前文为样板学用语言（王初明，2018）。读后续写具有9项促学优势：（1）释放想象力，培养创新思维能力；（2）理解与产出紧密结合；（3）与阅读材料及其作者互动；（4）创造性地模仿和使用语言；（5）在接触语篇中使用语言；（6）阅读材料有助于学习者自我纠错；（7）适用于不同水平的外语学习者；（8）对外语学习和教学几无负面作用；（9）杜绝抄袭（王初明，2012）。

读后续写的操作并不复杂。图8-1展示了故事/小说多轮读后续写的流程。学生阅读第一节材料，根据已知情节对后续情节进行预测，续写故事。完成之后，学生阅读第二节，将自己的续写与之比较，体会续作与原作在内容和语言上的差异，并从中总结经验，获得反馈。后面的操作以此类推。在布置读后续写任务时，教师需注意以下三点：（1）第一节阅读材料略长，目的是使学生了解足够的背景信息和作者的写作风格；（2）设置阅读理解题以检测学习者对材料的理解，针对材料中的难点，教师可以给予适当的帮助；（3）在对比续作与原作时，教师可以提醒学生在比较内容后，额外关注原作的用词、词语搭配、精彩表达等，并鼓励学生模仿原作风格，甚至使用原作的词句表达。

本部分引用 Zhang, S. & Zhang, L.（2021）实验中的多轮续写案例。这个案例所用的阅读材料为2016年外语教学与研究出版社出版的小说《金银岛》(*Treasure Island*)，该小说由 John Escott 改编，适合高中一年级和二年级学生阅读。小说总共有15章，研究者根据情节和长度将其

第 8 章 续论

分为 19 章,每章平均约 700 词。《金银岛》主要叙述过去发生的事,因此,书中的自然场景为使用过去时态的背景。

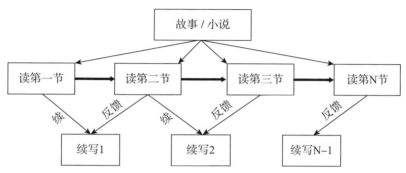

图 8-1　多轮续写流程(王初明,2019a:43)

　　实验参与者为 17 岁的高中男生,英语水平较低。首先,学习者阅读第 1 章,阅读时遇到生词可以查字典,也可以向研究者求助。同时,研究者鼓励参与者划出他认为有用的单词、短语或句式。阅读完成后,学习者要回答 5 个与阅读材料相关的正误判断题,例如,"Dr. Livesey likes the old seaman's song."(Livesey 医生喜欢老水手的歌。),其目的是确保学习者充分理解了这部分内容。

　　然后,这名高中英语学习者开始续写第 1 章,要求续写不少于 150 个单词(越长越好)。续写时,他可以随时参考第 1 章的内容。第一轮读后续写完成后,他再阅读第 2 章,续写第 2 章,以此类推,直至完成 19 轮读后续写。所有读后续写在暑假完成,通常情况下,他每天完成一章,其中阅读任务大约需要 30 分钟,写作任务大约需要一小时。

　　研究结果表明,续论指导下的多轮续写能够提高 EFL 学习者的总体成绩和外语学能,学习者对过去时的掌握也有显著改善(Zhang, S. & Zhang, L.,2021)。在所有测试的任务中,阅读理解方面的提升最为明显。对学习者的观察发现,在完成前两轮读后续写的过程中,学习者不停地抱怨,甚至一度想退出实验。研究者许诺给予学习者实验报酬,他才答应继续参与实验。然而,这种状况在第三轮和第四轮续写时有所改善,怨言和负面情绪逐渐减少。在第五和第七轮时,研究者注意到学习者已经完全投入到读写任务中。接下来的续写任务完成顺利,这名学习者完全被故事所吸引，甚至主动想去找到原版书了解故事的结局。为了使实验顺利完成，在每轮续写后，研究者被迫将原版和改编版藏起来。有时，学习者主动与研究者分享他续写的故事。这说明，他的学习动机和完成续写任务的主动性有所提升。更为人吃惊的是，在续写任务即将完成时，学习者告诉研究者（也是他的母亲），他不再害怕写作，因为他感觉写作时，文字自然从笔尖流出，而以前他极少与父母分享外语学习的感悟。这表明，他的外语学习自我效能感提高，并且对外语学习有了更为积极的态度。学习者参加学校的后续英语测试结果也表明他学习的主动性和成绩都有所提高——在实验前，他的英语成绩在班级里是倒数几名，而现在英语成绩名列前茅。

8.4 研究团队

续论的创建者王初明教授任职于广外教育部人文社科重点研究基地外国语言学及应用语言学研究中心，他所带领的研究团队（包括英语教学团队和对外汉语教学团队）先后承担了28项国家级、省、部级课题，在完成课题的基础上协同创新，最终凝练出续论，据此研发了高效促学外语的续作方法，同时开展一系列教学实验，促学效果得到反复印证，为提高外语教学效率开辟了新路径。2018年，王初明教授带领团队完成的"创立'续理论'高效学外语"项目获得国家级教学成果奖二等奖。2020年，王教授于2015年发表在SSCI期刊《应用语言学》(*Applied Linguistics*)的论文"Effect of Alignment on L2 Written Production"荣获"第八届高等学校科学研究优秀成果奖（人文社会科学）语言学类二等奖"。同年，华南理工大学杨梅教授主持的"基于续论的外语教学法理论构建与应用研究"获批2020年国家社科基金年度项目。

"续论的提出，延伸了互动促学论，拓宽了语言学习研究领域，因其操作性强，还可用于改善外语学习和教学，并可为语言教学研究提供大量课题"（王初明，2020：1）。续论研究在国内产生了强大的学术影响，自2000年始，王初明教授及其团队发表高质量期刊论文40余篇（参见表8-1）。截至2022年10月27日，王初明等（2000）合撰的论

第 8 章　续论

文在中国知网的下载量近 13,000 次，被引 2,039 次。续论研究团队的研究多集中在以写促学或读后续写（如王初明，2005；王敏、王初明，2014 等），近年来出现了读后续译（如许琪，2016）、读后续说（如张秀芹、王迎丽，2020）等研究。续论研究也从研究中国的英语教学延伸至汉语教学（如王启、王凤兰，2016）。

表 8-1　王初明团队在相关期刊上发表的续论相关论文

序号	作者	发表时间	论文题目
1	王初明、牛瑞英、郑小湘	2000	以写促学——一项英语写作教学改革的试验
2	王初明	2003	补缺假设与外语学习
3	王初明	2005	以写促学中的词汇学习
4	王初明	2005	外语写长法
5	王初明	2006	从补缺假说看外语听说读写
6	王初明	2006	运用写长法应当注意什么
7	王初明	2007	论外语学习的语境
8	王初明	2008	语言学习与交互
9	王初明	2009	学相伴　用相随——外语学习的学伴用随原则
10	王初明	2010	互动协同与外语教学
11	王初明	2011	外语电化教学促学的机理
12	王初明	2011	外语教学三大情结与语言习得有效路径
13	王初明	2012	读后续写——提高外语学习效率的一种有效方法
14	王初明、亓鲁霞	2013	读后续写题型研究
15	王初明	2013	哪类练习促学外语
16	王敏、王初明	2014	读后续写的协同效应
17	王初明	2014	内容要创造　语言要模仿——有效外语教学和学习的基本思路
18	王初明	2015	读后续写何以有效促学
19	王初明	2015	构式和构式语境与第二语言学习
20	姜琳、陈锦	2015	读后续写对英语写作语言准确性、复杂性和流利性发展的影响

（续表）

序号	作者	发表时间	论文题目
21	王初明	2016	"学伴用随"教学模式的核心理念
22	王初明	2016	以"续"促学
23	许琪	2016	读后续译的协同效应及促学效果
24	王启、王凤兰	2016	汉语二语读后续写的协同效应
25	姜琳、涂孟玮	2016	读后续写对二语词汇学习的作用研究
26	王初明	2017	从"以写促学"到"以续促学"
27	王初明	2018	如何提高读后续写中的互动强度
28	刘丽、王初明	2018	续论与对外汉语动结式的学习
29	王初明	2018	续译——提高翻译水平的有效方法
30	许琪、董秀清	2018	基于微信平台的大学英语视听续说教学方法研究
31	王启、王初明	2019	以续促学英语关系从句
32	王启	2019	读后续写协同效应对汉语二语学习的影响
33	王初明	2019	运用续作应当注意什么？
34	姜琳、陈燕、詹剑灵	2019	读后续写中的母语思维研究
35	张秀芹、武丽芳、张倩	2019	续写任务中输入模式和语言水平对英语词汇习得影响研究
36	徐富平、王初明	2020	复诊续写任务促学医学汉语词汇的效应
37	王启、曹琴	2020	二语读后续写中的结构启动——以英语被动句产出为例
38	辛声、李丽霞	2020	读后续写任务的文本复杂度协同及其对准确度的影响
39	张素敏、赵静	2020	"多轮续写"对学习者目标语词类主观性的作用研究

（续表）

序号	作者	发表时间	论文题目
40	张秀芹、王迎丽	2020	读后续说任务中语言水平对学习者输出及协同效果的影响
41	张琳、秦婷	2020	读后续写对英语专业学生写作焦虑和写作能力的影响研究
42	黄洁、肖娴	2021	汉英"续译"的协同效应研究
43	王初明	2021	续论高效促学外语的内在逻辑

续论研究不仅局限于期刊论文，还有大量的硕士学位论文以此为题，将相关研究推向纵深。笔者搜索中国知网发现，2013—2020年，广外有26名硕士生以续写、续译、续说为题完成硕士学位论文（参见表8-2）。这些研究与期刊论文的研究内容大体一致，多集中于读后续写的不同侧面。

表 8-2　广外续论相关的硕士学位论文

序号	作者	完成时间	硕士学位论文题目
1	陈君	2013	读后续写运用了哪些语言能力？
2	薛慧航	2013	浅析"读后续写"中趣味性对协同的影响
3	庞颖欣	2014	读后续写任务中同伴互动模式对协同效果的影响
4	何泰琴	2015	"写长法"运用于汉语写作训练的研究——以印尼泗水中文世界学生为例
5	彭进芳	2015	读后续写中语言难度的影响
6	韩叶	2016	读后续写在对外汉语一对一教学中的应用与实践
7	涂孟玮	2016	读写任务对二语词汇学习的影响研究
8	徐欣	2016	合作写作对读后续写任务中文本衔接性的影响
9	王亚桥	2016	读后续写在汉语二语写作教学中的应用
10	曾莉云	2016	读后续写对汉语二语学习者空间短语结构习得的影响研究
11	陈奕敏	2016	读后续写任务中范文对中国英语学习者写作表现的作用研究
12	陈燕	2017	读后续写任务中母语思维探究
13	彭红英	2017	读后续写对二语写作连贯性的影响

（续表）

序号	作者	完成时间	硕士学位论文题目
14	徐凡凡	2017	"以读促写"教学案例研究——以泰国坤敬公立华侨学校为例
15	翁美玲	2018	读后续写对写作自我效能感和写作表现的影响
16	邹欢欢	2018	评分员在不同阅卷模式下的行为对比研究——以读后续写任务为例
17	张赛尔	2018	"读后续写"对议论文写作在结构、内容和语言方面的影响
18	毛志成	2018	二语写作中的准确性：读后续写与书面纠正性反馈的对比研究
19	罗英璇	2018	读后续说任务中的互动强度、协同效应与二语口语产出
20	林蓓	2019	"续"对听写成绩的影响
21	范丽群	2019	图文续说对汉语口语习得的协同效应研究——以印尼巴厘岛文桥三语学校为例
22	曹琴	2019	中国学习者英语读后续写中的结构启动
23	蔡钰婷	2019	停顿视角下读后续写中的协同行为
24	吴维肖	2020	任务复杂度对中国大学生读后续写任务中语言表现和协同的影响
25	刘诗薇	2020	读后续写任务中注意强化对虚拟语气学习的影响
26	赖伟鹏	2020	"续译"对口译学员汉英视译流利度的影响

续论研究团队不断壮大，其学术影响力不断扩大。2019年12月28日，广外外国语言学及应用语言学研究中心"续论研究室"揭牌。2019年12月29日，"续论研讨会"成功举办，来自国内的50余名续论研究专家、外语教师及硕博士研究生参加了此次研讨会。在研讨会上，王初明教授表示，"续论研究室"的成立旨在凝聚团队力量，助力产出高显示度的研究成果，增强续论的国际与学科辐射力。他建议后续研究可从生态语言学、系统功能语言学、人工智能、教育技术等方面展开，以进一步丰富续论的理论内涵与教学实践。中国第二语言习得研究会会长、中国海洋大学杨连瑞教授在发言中建议，每年举行一次续论研讨会，进一步提升续论在国内外学界的学术影响力。

续论研究的学术影响还体现在续论指导下的混合式教学模式已被多

所高校采用。2020年7月,《中国大学生英语写作能力报告（2020）》（下简称《报告》）由外语教学与研究出版社与《中国电化教育》杂志社联合发布。依据教学场景,《报告》将众多高校基于iWrite所形成的混合式教学模式归纳总结为四类。其中,注重互动语境的"续写"模式强调创造互动语境,通过"续"实现输出（写）与输入（读）的拉平,适用于英语专业与大学英语读写教学、记叙文与说明文教学。

随着"续论研究室"的成立,续论研究在王初明教授及其团队的努力下定会产生丰硕的成果,推动外语教育教学的发展,进一步服务国家战略和社会需求,让广大外语学习者从中受益。

8.5　小结

"续"将输出与内容不完整的输入整合,其中,输入形式包括视（看图像）、听、读,输出形式包括说、写、译。"续"可以形成不下20种组合,如视（看图像）后续说/写/译、听后续说/写/译、读后续说/写/译、视听后续说/写/译、视听读后续说/写/译（王初明,2019b）。续论研究取得了丰硕成果,在国内外产生了重要的学术影响。续论应用范围也不断扩大,从高等教育到中、小学基础教育领域,从英语教学到其他外语教学领域。值得一提的是,因其效果显著,续写题型已在我国高考英语中试用。

第 9 章
产出导向法

　　文秋芳教授带领的中国外语与教育研究团队经过十多年打磨，在理论和实践双向互动中，构建了"产出导向法"（Production-Oriented Approach，简称 POA）理论体系（文秋芳，2015，2018b）。本章着重介绍 POA 的产生背景、理论基础、应用案例和研究团队。

9.1　产生背景

　　POA 产生的背景是，长期以来外语教育教学界采用的主流教学法和教学理念大多从外国引进，未能较好地解决我国外语教育存在的"学用分离"和"文道分离"两个根本问题，即"输入与输出分离"以及"语言技能训练与人格塑造分离"问题。

　　我国大学外语教学综合课的教学方式大致分为两类："课文中心"和"任务中心"（Wen，2017）。"课文中心"教学更为普遍，其历史长，影响广，可以进一步分为"自下而上"和"自上而下"两种。"自下而上"指教学顺序从小单位的语言形式到大单位的语言形式，即教学通常始于孤立的单词讲解，然后教师带领学生逐段阅读课文，重点讲解相关词汇、语法和长难句，再全篇理解课文，最后完成课后练习。"自上而下"指教学从整篇文章的意义出发，而不是从单词、句子的语言形式出发；教学通常始于热身活动，然后教师带领学生略读和扫读，分析课文结构，讲解课文内容，其间穿插讲解少量单词和难句，最后完成课后练习。

　　"自下而上"课文教学重视输入的语言形式，"自上而下"课文教学重视输入的意义，但两者都未对输出给予足够的关注，使得教学有输入，无有效输出，输入与输出脱节。本书第 5 章介绍的任务教学法以任务为中心，虽然重视输出，但强调学习者依靠自身已有的资源完成"任务"，忽略有针对性的输入，仍旧是输入和输出脱节。这两类教学中存在的问题即为"学用分离"。

在外语教学中，是把外语作为纯语言交际工具来教授，还是把外语教学作为育人的载体，目前仍旧是个争论不休的问题。例如，2019 年 7 月 17 日《中国科学报》上刊发了一篇文章，题目是《中国人学习英语的目的是什么？》，该文指出：

> 英语不是用来打基础学习的，不是用来对付能力等级考试的，不是用来开展人文素质教育的。它是工具，用来学习世界上最新的自然科学和人文社会知识，用来有效开展科技、经济和科研国际交流，用来讲好中国和世界故事的工具。这才是中国人学习英语的目的。（蔡基刚，2019c）

作者有些说法是对的，学习外语确实不是为了建立稳固的语言知识基础，更不是为了考试过关。但作者一味强调英语的工具性，不赞同英文教育的人文性，忽视了英语作为话语的价值。外语教育是通识教育的组成部分，既具工具性，也具人文性（文旭，2018）。"高等外语教育是高等教育的重要组成部分，覆盖全、规模大、责任重"（吴岩，2019：3）。国家新时代发展要求外语教育站位更高，承担中国与世界各国的交流互鉴、参与全球治理体系建设更大的责任（郭英剑，2020）。学校正规的外语课程有着明确的育人功能，学生接受高等教育的主要渠道是通过各门课程的学习。如果我们的教学只强调语言自身的规律和语言技能训练，而不考虑大学生的全面发展，这样的外语教学不能算是合格的外语教育，充其量只能等同于技能培训。

POA 是"学用一体、文道相融、教师主导"的外语教学理论与实践体系，其主要目标就是解决上述"输入与输出分离"问题，以提高外语教育效率；解决"语言技能训练与人的培养分离"问题，以文载道，立德树人，培养合格的社会主义建设者和接班人。POA 以用外语产出为导向，为学生增加学以致用的机会，注重语言教学的育人功能，突出教师的主导作用，在培养学生的说、写和译表达性技能的同时，将人的发展作为外语教育的终极目标，服务国家战略和社会需求。

9.2 理论基础

POA 理论体系包括三部分：教学理念、教学假设和以教师为主导、师生共建的教学流程（参见图 9-1）。教学理念包括"学习中心说"（Learning-centered Principle）、"学用一体说"（Learning-using Integrated Principle）、"文化交流说"（Culture-Exchange Principle）和"关键能力说"（Key-Competency Principle）；教学假设涵盖"输出驱动"（Output-driven Hypothesis）、"输入促成"（Input-enabled Hypothesis）、"选择学习"（Selective Learning Hypothesis）和"以评为（wéi）学"[1]（Assessing-being-learning Hypothesis）；教学流程由驱动（motivating）、促成（enabling）和评价（assessing）若干循环构成（文秋芳，2015，2018b），在整个过程中教师要恰当地发挥主导作用，同时要充分调动学生的主观能动性。这三部分的关系是：教学理念起着指南针的作用，决定教学假设和教学流程的方向和行动目标；教学假设受教学理念制约，同时也是决定教学流程的理论依据，是教学流程检验的对象；教学流程一方面要充分体现教学理念和教学假设，另一方面作为实践为检验教学假设的有效性提供实证依据。

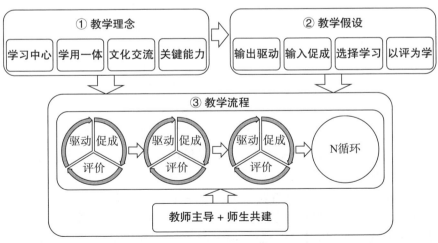

图 9-1 "产出导向法"理论体系（文秋芳，2018b：393）

---

1 也称为评即学假设。

POA 是具有中国特色的中国外语教育理论，其创始人文秋芳（2017a）指出，POA 的中国特色理论依据主要来源于三个方面：（1）毛泽东的《实践论》和《矛盾论》（简称《两论》）；（2）我国传统教育经典《学记》；（3）西方课程论和二语习得理论的精华。《两论》为 POA 提供了哲学基础，《学记》与西方相关理论为 POA 提供了教学原则。POA 理论继承了古代《学记》中优良的教育传统，借鉴了国外外语教学理论，体现了唯物辩证法基本理念（文秋芳，2017a）。

《两论》是中国化的马克思主义哲学理论，POA 与《两论》有哲学渊源。例如，《实践论》强调"实践是检验真理的唯一标准"，《矛盾论》主张具体情况具体分析，解决问题需要抓主要矛盾及矛盾的主要方面等。在《两论》思想潜移默化的影响下，POA 的整个发展贯穿了课堂教学实践，同时特别强调 POA 的实施要因地制宜、因人而异；在教学中始终要突出重点，抓住关键问题，扭住"牛鼻子"不放，不要被次要问题缠住，无谓地耗费时间和精力。

《学记》是我国最古老的教育专著，POA 的基本教学理念和教学原则与《学记》的主张一脉相承，特别是《学记》中对教师主导作用的界定与解释。"大学之法，禁于未发之谓豫，当其可之谓时，不陵节而施之谓孙，相观而善之谓摩。此四者，教之所由兴也。"（高时良，2006）这里提出了教学成功的四条原则，简称为"豫时孙摩"。"豫"要求教师防患于未然，及时采取有效措施防止学生出现不良行为的可能；"时"要求教师把握"可教"时机，教授符合学生水平的内容；"孙"要求教师遵照循序渐进的原则，按照由难到易、由浅入深、由简到繁的顺序，层层递进，呈现教学内容；"摩"要求教师为学生提供相互学习彼此长处的机会。这四条原则的实施都必须由教师主导。"豫"需要教师对学生可能出现的问题有敏锐的观察力和高度的敏感性；"时"需要教师对学生水平有精准把握，提供的学习内容要具有适度挑战性；"孙"不仅要求教师了解学情，而且需要对所教内容有透彻理解，这样才能恰当匹配学生水平和教学材料的教授顺序；"摩"成效的好坏，关键是学生要能够认识彼此之间的长处，而这种识别"善""恶"的能力需要教师刻意培养。

经典课程论由 Tyler（1949）提出，学界对此虽有不同声音，但其

第9章 产出导向法

精髓仍旧对当今的课程教学有着指导意义。课程四要素（课程目标、课程内容、课程手段和评测体系）简单明了，易懂、易记，是每门课程、每个单元、每节课不可或缺的四个方面，是评价教学和教师备课的基本框架。二语习得理论是指导语言教学的专门理论。从输入到输出，从接受性技能到产出性技能，从不熟练到熟练，从不流利到流利，正确性、流利度和复杂度的提高，二语习得研究产生了系列成果。这些成果可以助力语言教学有效性的提高。POA 构建者融合了两种理论，加强 POA 的理论性和操作性。

Ellis & Shintani（2014）指出，西方学界从事语言教师教育和语言教师一般不关注二语习得研究结果，大多数二语习得研究者也声称他们的研究对语言教学有启示，但不能直接为教学服务。两个群体各自为营，互不关注对方的关切和研究成果，因此二语习得研究成果不能为外语教学有效利用。为弥合两者之间的鸿沟，有些学者试图在他们之间搭桥。例如，Ellis & Shintani（2014）提出从内、外部两种视角来理解语言教育（language pedagogy）（参见图 9-2）。

```
(1) SLA research ⟶ language pedagogy
(2) Language pedagogy ⟶ SLA research
```

图 9-2　内外部视角沟通的两条路径（Ellis & Shintani, 2014: 321）

外部视角（external view）习惯使用术语包括方法（methods）、大纲设计（syllabus design）、教学材料（instructional materials）、课堂活动（classroom activities）、教学方法的技巧和程序（methodological techniques and procedures）等；内部视角常用的术语包括互动事件（interactional events）、输入（input）、输出（output）、注意（noticing）、附带学习（incidental learning）、有意学习（intentional learning）、纠正性反馈（corrective feedback）等。Ellis & Shintani（2014）建议采用两条路径来联通语言教育与二语习得两个领域（参见图9-2）。第一条是，让教师熟悉二语习得研究成果，然后由他们自己运用到语言教学中去；第二条路径是，从语言教育手册出发，由二语习得研究专家考察书中多种教学建议与现有二语习得理论的吻合度。Ellis & Shintani（2014）

选择了第二条路径，专门以此撰写了著作《透过二语习得研究探究语言教育》(*Exploring Language Pedagogy Through Second Language Acquisition Research*)（参见本书 10.1 节）。

笔者认为所谓"外部视角"指的是课程论视角，"内部视角"指的是二语习得理论视角。课程论关注课程的教学目标、教学内容、教学手段、评测方法（Tyler，1949）；二语习得关注学习者学习语言的过程，力图探究学习发生的机制。二语课堂教学既需要课程论帮助制定课程教学的总体框架，又需要二语习得理论为微观教学环节提供理论基础，两者应该有机融合。而 Ellis & Shintani（2014）提出的上述两条路径不能从根本上解决问题。无论是从外部理论到内部理论，还是从内部理论到外部理论，两者之间都有明显鸿沟，互相之间缺乏有机联系。

9.3　教学实践与研究

目前，国内多所学校已开展产出导向法教学实践的尝试。实践证明，POA 具有一定成效（张文娟，2017a，2017b）。除中国英语教学外，POA 还应用于对外汉语教学（桂靖、季薇，2018）和非通用语教学，如罗马尼亚语（董希骁，2019）和僧伽罗语（江潇潇，2019）等。英语课程一般以单元为教学单位，本节以外语技能类课程一个单元的教学案例为例，展示产出导向法在英语教学中的应用，回顾产出导向法研究进展，以期为从事产出导向法研究的教师和学者提供借鉴。

9.3.1　英语教学案例

本案例所使用的教学材料是外语教学与研究出版社 2018 年出版的《新一代大学英语》（基础篇）（下文简称《新一代》）综合教程第一册第二单元，主题为"神奇的语言"（"The Magic of Words"）。所选用的文本材料为课文 1 "疯狂的英语"（"English Is a Crazy Language"）和课文 2 "致汉语的公开信"（"An Open Letter to the Chinese Language"）。单元教学围绕教学目标设计，POA 的教学目标一般具化为产出目标（文秋芳，2017b）。下文将先介绍单元产出目标，然后展示整个单元的教学计划。

1. 单元产出目标

教学材料是任何课程的重要载体（Tomlinson，2012），在大学英语课程中更是如此。教师根据教学材料、学情、教情和校情设定教学目标（文秋芳，2017b）。设定目标前，教师需要进行前期分析，研读教材，这样做的目的是要了解"我现在有什么"，做到"心中有书"；然后分析学情、校情、教情，即学生的情况和特点，以及教学情况和教师特点，熟知"我的学生需要什么"，做到"心中有生"；最后设定产出总目标，并将其分解为若干个子目标，一次课完成一个子目标。在备课时，教师需要对产出目标进行预测性评价，从驱动性、可教性、细分性和逻辑性四个方面评价产出目标恰当性。首先，总目标需要具有驱动性和可教性，并可以进行细分；子目标需要具有驱动性和可教性，且各子目标间具有逻辑性。这个过程需要实践教师勤问"什么样的目标才有效"，做到"心中有谱"。本节主要介绍目标设计的前期主要准备工作：研读教材、调整产出目标和目标分解。

1）研读教材

在初次使用某一部教材前，教师需要花一部分时间了解教材的编写理念与特色，力求抓住教材的精髓，避免"穿新鞋走老路"。例如，《新一代》出版前言指出，"该教程体现'学习中心''学用一体'和'全人教育'的新教学理念，以'输出驱动''输入促成'和'选择性学习'的外语教学假设为指导……培养学生用英语解决问题的能力……教材的特色之一是'产出任务先导'，以产出任务作为教学的起点和终点。"由此不难看出，POA 关注学生的语言产出能力（Wen，2016；文秋芳，2015），将其作为显性终极目标（文秋芳，2017b）。因此，设计恰当的产出目标是教师备课的出发点。

在设定产出目标时，教师一般需通读教学材料，"考虑教材所提供的资源，充分挖掘教材"（束定芳，2014：58），特别是将产出活动熟稔于心。《新一代》的教学材料包括学生用书、教师用书、综合训练和网络平台的共享材料。学生用书的产出活动是设定产出目标的主要依据，这些活动稍做改编后可以用作单元的产出活动。网络平台的微课主要用于"驱动"环节，教师可依据具体情况采用笔头或口头驱动形式。教师用书和综合训练产出活动多以口头产出为主，是课堂教学的有益补充，教师视学生实际情况加以选择，作为课上促成手段。

2）调整产出目标

教学目标通常具化为产出活动（文秋芳，2017b），教材中 iProduce 部分的单元活动（unit project）既是大产出活动也是产出总目标。产出目标和教学材料是互动关系，一方面产出目标决定所选择的教学材料；另一方面产出目标的设定也不能脱离教学材料和具体的教学情况。教材或者教师用书上所列出的总体目标和子目标仅是建议，教师可以根据具体情况，对教学目标进行调整或增删。

教材中提供的产出活动是口头报告汉语的特征及学习汉语的建议（参见表9-1）。根据产出导向法"选择学习"和"输入促成"假设（文秋芳，2015），完成这一目标仅有课文2一部分内容可用，课文1与汉语特征和学汉语的建议无关，不适合作为促成材料。当材料与目标不完全匹配时，教师可以选择保留原有目标，自行补充新材料；也可以根据现有材料调整产出目标。

表9-1　教学材料及其使用

材料/活动	内容	功用
阅读材料	• 课文1 English is a crazy language • 课文2 An open letter to the Chinese language	产出目标设定的主要依据
视频材料	• 视频1 Ways to learn a new language • 视频2 My experience of learning Chinese	用于"促成"环节
产出场景（调整前）	• You are invited to give a presentation to some overseas students who are learning Chinese in your university. Your presentation is about the features of the Chinese language and some suggestions on how to learn it well.	/

第 9 章　产出导向法

（续表）

材料/活动	内容	功用
产出场景（调整后）	• You are a first-year university student in Beijing. To practice your English, you join a language partner exchange program in your university, regularly meeting up with other language learners to help each other out in dealing with problems and difficulties in learning a non-native language. Through this program you meet some overseas students who just came to China two months ago. They are learning Chinese in your university. Recently, you found your language partners have been very frustrated. They found Chinese very hard to learn. What suggestions would you give them?	用于"驱动"环节
产出活动（调整前）	Unit Project: Features of the Chinese Language Suppose you are going to give a 10-minute presentation about the Chinese language to some overseas students who are learning Chinese in your university. Your presentation shall focus on the features of the Chinese language and suggestions on how to learn it well.	/
产出活动（调整后）	You are invited to give a 10-minute presentation to some overseas students who are learning Chinese in your university. <u>Your presentation is to describe the difficulties you have met in learning English, especially the effort you put into learning it and the frustrations you encountered, and suggestions on how to learn a non-native language well.</u>	学生产品用于"评价"环节

在确定总目标时，我们考虑到具体的课时安排，对教材的总产出目标进行了调整（参见表9-1），最终将单元总目标定为：学生在学完本单元后进行10分钟英语汇报，受众为本校学习外语的留学生，场合为大学校园中的经验交流会，具体包括两方面内容：（1）学习英语遇到的困难（重点说明努力与挫折）；（2）学习一门外语的建议。为了完成这一目标，学生需要了解英语的特征（即英语的难点），以此为切入点，引出主题。

109

3）目标分解

单元产出总目标是 10 分钟英语汇报，这一目标乍看遥不可及，令学生望而却步。仔细分析，总目标所包括的两个方面均可以作为独立的子目标。目标分解后，学生可以分步达成总目标，每次完成 300 词左右的小任务。步步为营、各个击破，能够降低完成目标的难度和焦虑感。

根据教学内容，这些子目标均可以细化成若干个课堂上可操作的二级子目标（参见表 9-2）。根据课时安排和教学目标，我们设置了 3 个写作类的产出活动。学生课上在教师的引领下学习完成子目标所需的内容、语言和结构，课下限时完成 3 个产出活动。这样，每次课都有一个具体的、可操作的子目标，每次课后完成 1 个产出活动。

表 9-2 产出目标分解及产出活动

单元总目标	单元子目标	单元子目标分解	产出活动
口头报告：学习英语的困难及学习汉语的建议	描述英语特征	英语词汇特征（课文1） 英语句法特征（补充材料）	写作1
	说明学习英语的困难	学习英语所做出的努力（课文2） 学习英语遇到的挫折（课文2+1）	
	提出学习外语的建议	时间投入（课文2+视频1） 浸入式学习（课文2+视频1+2） 练习/学习频率（视频1+2） 记忆方法（视频1+2）	写作2
	学习英语的困难以及学外语的建议	/	写作3（口头汇报讲稿）

2. 单元学时计划

为了完成上述目标，我们所选用的文本材料为课文 1 和课文 2，视频材料为视频 1 和视频 2，分 3 次课（3×90 分钟）完成整个单元的教学。表 9-3 列出了单元的学时计划。详细的驱动、促成和评价活动参见下文。

表 9-3　单元学时计划

课次	课上活动	课后活动
第一次 （90 分钟）	驱动 • 呈现交际场景 • 学生尝试产出 促成 • 课文 2 第 4 段和第 7 段 • 课文 1	产出活动 1：写作（300 词） 我的英语学习经历（重点说明在学英语过程中遇到的困难）
第二次 （90 分钟）	评价产出活动 1 促成 • 课文 1 和课文 2 • 视频 1 和视频 2	产出活动 2：写作（300 词） 学好一门外语的几点建议
第三次 （45 分钟）	评价产出活动 2 促成 • 论证结构	产出活动 3：口头报告 学习英语的困难以及学外语的建议
第四次 （45 分钟）	评价产出活动 3	无

在上述基于 6 学时的单元设计中，第一次课计划完成驱动和基于课文 2、课文 1 的促成活动，课下完成写作或者口语任务：My experience of learning English。第二次课先要对产出进行评价，用时 20～25 分钟，然后是针对学习语言建议的促成，主要是两个视频和课文 1 与 2 中的一些重点段落，课下完成写作任务：Suggestions on learning a foreign language well。第三次课只用 1 个学时来完成，后 1 个学时开启下一个单元的学习。在第一个学时中，教师需要完成两个任务：一是对任务 2 的评价；二是对单元总产出任务的结构或内容促成。学生课下完成总产出任务，虽然是口语活动，学生也可以先写出发言稿，在下一次课用一个学时对学生的产出进行评价。实际上，对任务 1、2、3 的评价均是进一步教学的机会，因为产出导向法中的评价不仅仅是看学生产品本身的质量，更要关注产出目标的完成情况，在发现问题后，进一步设置教学活动。

3. 驱动环节简介

1）交际场景

POA 主张采用具有潜在交际价值的产出活动驱动学生的表达欲望，所设置的交际场景包括目的、对象、场合和话题四个要素（文秋芳，2019a）。在这一环节，我们所呈现的交际场景和任务如下：

> You are a first-year university student in Beijing. To practice your English, you join a language partner exchange program in your university, regularly meeting up with other language learners to help each other out in dealing with problems and difficulties in learning a non-native language. Through this program you meet some overseas students who just came to China two months ago. They are learning Chinese in your university. Recently, you found your language partners have been very frustrated because Chinese is very hard for them to learn. You plan to give a 10-minute presentation on a foreign language learning forum in your university. Your presentation is to describe the difficulties you have met in learning English, especially the effort you put into learning it and the frustrations you encountered, and suggestions on how to learn a non-native language well.

完成这一产出任务的目的是为参加"外语学习论坛"撰写发言稿；产出场合是大学校园的英语论坛；对象是外国留学生；话题是"学习英语的困难和学习外语的建议"。

2）驱动步骤

驱动包括三个步骤：（1）教师呈现交际场景，此处的注意事项是产出活动具有潜在交际价值；（2）学生尝试完成交际活动，发现现有的知识水平不足以完成活动，从而产生学习欲望；（3）教师说明单元产出总目标和需要完成的产出任务，目的是使学生知道自己的努力方向（文秋芳，2015）。

在这一环节，教师向学生展示了上述交际场景和产出任务。教师给学生每人发一张白纸，要求他们尝试完成产出任务，时间为 6 分钟。6

分钟后，教师让学生写下完成任务在内容、语言、结构或者其他方面的困难，设定自己本单元的学习目标。学生尝试后，教师再呈现如下单元产出任务：

> You want to use your experience of learning English as an example to persuade them not to give up by sharing some tips on how to learn a foreign language well on a foreign language learning forum. Give a 5-minute presentation to these overseas students. Your presentation is to describe the difficulties you have met in learning English, especially the effort you put into learning it and the frustrations you encountered, and suggestions on how to learn a non-native language well.

3）学生产出困难诊断

学生尝试产出时，教师在教室内来回走动，观察学生的产出情况。学生对"学习外语"这个话题很熟悉。教师发现他们在语言和结构方面的困难大于内容方面的困难，这与教师事先预测的学生产出困难相一致。针对子目标1，学生的主要挑战是语言缺口——描述自己努力和挫折的词汇匮乏。针对子目标2，学生的主要困难是内容和语言缺口——提不出学习外语的建议，以及学习语言建议的相关词汇。针对子目标3，学生的主要难题是如何安排段落结构。

4. 促成环节简介

检验促成活动是否有效的三个原则是精准性、渐进性和多样性（文秋芳，2017b）。这三个原则也是设计促成活动的原则（邱琳，2019a）。精准性是指促成要对接产出目标，应对产出困难，即要有针对性地为学生完成产出任务搭建内容、语言、结构方面的支架，从词组、句子、篇章各层面进行语言和内容方面的形式-意义配对的促成，应对学生可能遇到的困难。渐进性是指设置循序渐进活动，搭建支架；循序渐进是指从认知和语言方面逐步提高难度，并随着学生产出能力的提升逐步撤离支架。多样性是指形式多样和内容多样（详见邱琳，2019a）。

例如，针对子目标2，教师设计了5个内容和语言促成活动，活动模态有视频和文本等多样模态输入，以及口头和笔头的多样模态输出；活动形式从填空到口语练习，从拼写练习到口头解释词组，遵循从词组到句子再到篇章的渐进式活动（参见表9-4）。

表9-4 子目标2促成活动举例

目标	维度	促成活动	活动形式
目标2	内容	学好外语的建议	观看视频、填空 口语练习：学习外语的方法和建议
	语言	Set aside plenty of time; Be in the immersion environment; Maintain frequency of practice; Use mnemonics to create associations immersion; mnemonics; scriptorium; shadowing	拼写练习 影子练习 口头解释词组

在促成环节，教师以系列小目标为指南，选择能够实现相应小目标的输入材料，同时还要将输入材料转换成系列促成活动。这些促成活动好比是由低到高的台阶，帮助学生沿着台阶而上，顺利实现既定的小目标，数个小目标集合起来就完成了总目标（文秋芳，2017b）。

5. 评价环节简介

评价是产出导向法的特色之一。在这之前，几乎很少教学方法显性地将评价纳入完整教学流程，凸显评价在教学中的重要位置。评价是"教与学中不可或缺的重要部分"（Berry，2008：5），与教和学密切相关。然而，教育领域中长期存在的普遍现象却是评价与教和学相脱离（李清华、曾用强，2008），即评教分离和评学分离。前者表现为"教师往往把全部精力放在教授新课的前期环节上，对后期的评价或无暇顾及，或完全不重视"（文秋芳，2016a：42），导致"只教不评"；后者表现为教师没有把评价纳入学习过程，将其作为学生进一步学习的契机，导致"只评未学"。

为提高产出导向法中学生产品的评价效果和效率，文秋芳（2016a）创设了师生合作评价，通过评价突破教学难点、强化教学重点，提高教和学的效率和效果，为评教结合和评学融合提供了新思路。师生合作评价流程包括课前准备、课中实施和课后修改三个部分，每部分均分为四个步骤（参见图9-3）。课前准备主要是针对教师而言，以确定评价焦点为核心开展，包括确定评价焦点、设定评价目标、选择和批改典型样本。课中实施由教师与学生共同参与，以样本中的典型问题为主线开展，包括发现问题、教师讲解、修改样本和完成练习。课后修改主要是针对学生而言，学生课后根据课中评价焦点修改作文初稿，学生自评、同伴互评和机器评价均围绕这一目标进行，最后提交修改稿，反思修改过程，教师对学生的修改过程进行监控（孙曙光，2020b）。

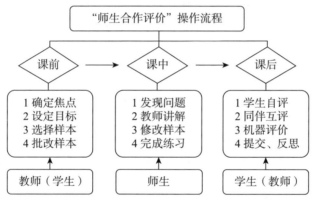

图9-3　"师生合作评价"操作流程（孙曙光，2020b）

评价环节的操作案例参见本书的12.4节，以及论文《"师生合作评价"课堂反思性实践研究》（孙曙光，2017）、《"师生合作评价"的辩证研究》（孙曙光，2019a）和《"产出导向法"中师生合作评价原则例析》（孙曙光，2020a）。

9.3.2　教学研究

自2015年问世以来，产出导向法便受到外语教师的关注，采用此方法的教学实践不断增加，相关教学研究逐年递增。在中国知网上通过高级检索方式，以篇名和关键词作为检索条件，以"产出导向法"为主题词，不设时间段进行精确检索，共检索出文章1,980篇。产出导向法相关研究具有数量逐年递增和研究内容多样的特点。2017—2021年，每年发文章数量都达到三位数（见图9-4），以期刊论文（1,152篇）和硕博论文（233篇）为主，其中核心和CSSCI来源期刊文章为79篇。

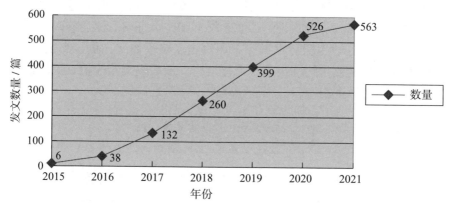

图9-4　产出导向法研究文章时间数量分布

对产出导向法研究内容多样，主要集中在教学有效性研究、教学流程研究和教学材料研究。众多研究成果的涌现显示出产出导向法取得明显成效，正逐渐被越来越多的外语教师所认同，值得大范围推广。在教学有效性研究方面，张文娟（2016，2017a，2017b）开展了系列教学试验，验证了产出导向法应用于大学英语教学的可行性和有效性。这一研究结果也得到了其他研究者在英语（如张伶俐，2017a）和对外汉语课堂实践（如刘露蔓等，2020）的印证。这些教学实践研究有助于广大教师了解该教学法的全貌。

有关教学流程的设计研究将产出导向法推向纵深，如鲁文霞、朱勇（2021）对驱动环节的设计研究，张文娟（2015）、曹巧珍（2017）、邱琳（2017a，2019b，2020）等人的促成环节设计研究，孙曙光（2017，2019b，2020a，2020b）对评价环节的设计研究，使各环节设计更加精细化，并具有高度的可操作性。同时，产出导向法在非英语语种（如王丹丹，2019）和EAP（如陈浩、文秋芳，2020）、ESP课堂（如董文娟，

第 9 章 产出导向法

2020）应用研究逐渐增多，证明了该方法在中国外语教育中的广泛适用性。

教学材料研究分为教材编写、使用和改编三类。常小玲（2017）对教材编写过程进行深入研究，提出"教学理论—行动研究双轮驱动"的编写模式。文秋芳（2017b）提出产出导向法教学材料使用与评价框架，从教学材料使用者的视角提出使用理念、准备过程和使用有效性标准。产出导向法教学材料研究还包括：输入材料的选择与转换（邱琳，2017b）、产出目标达成性评价（毕争，2017）和针对不同英语水平学生选择相应的材料（张伶俐，2017b）。产出导向法指导下的外语教学教材改编也取得了一系列成果，如对外汉语教材改编（桂靖、季薇，2018）和僧伽罗语教材改编（江潇潇，2019）等。

文秋芳（2015，2018b）对产出导向法教学流程的任务和要求做过阐述，并提出了每个环节的评价标准（文秋芳，2017b）；邱琳（2019a）和孙曙光（2019a）分别对促成和评价环节进行了辩证研究。这些成果对产出导向法精细化设计有积极作用，但存在的问题是，文章只说明了值得提倡的做法，却未指出产出导向法应避免哪些做法，以及教师在实践过程中应注意哪些问题。外语教学与研究出版社举办过多期产出导向法研修班，每期研修班的学员们都会提出很多疑问。由此可见，教师实施产出导向法还存在不少误区和困难，仅凭阅读已发表的论文还不能完全解决实际问题。鉴于此，针对产出导向法教学流程中驱动、促成和评价三个环节，产出导向法团队组织了三篇专栏文章（文秋芳、孙曙光，2020；邱琳，2020；孙曙光，2020a），发表在《外语教育研究前沿》2020 年第 2 期，旨在回答"什么是""是什么""应该注意什么"三个问题，并辅以案例对教学流程进行深度解读，旨在进一步帮助一线教师解决操作难题。这几篇文章重点解释了教师在实施产出导向法教学流程各环节时，在理念层面上产生的疑惑或误解，指出了他们在操作层面上碰到的困难，同时提出了应对困难的策略。

产出导向法团队的最新研究成果还包括"产出导向法理论与实践研究丛书"，共 7 部专著，由产出导向法研究团队 7 名核心成员撰写（参见表 9-5）。文秋芳撰写的《产出导向法：中国外语教育理论创新探索》一书主要阐述了产出导向法的过去、现在和将来，力图向读者展现产出导向法理论逐步完善的全貌和未来发展。张文娟撰写的《产出导向法理论应用探索的行动研究》尝试将产出导向法理论运用于大学英语教学实践，采用主动行动研究方法，分阶段探索产出导向法的应用路径。邱琳撰写的《产出导向法促成活动设计》聚焦产出导向法促成环节，解读促成的理论原则，展现促成实践方案，检验促成教学效果。孙曙光撰写的《产出导向法中师生合作评价》聚焦产出导向法评价环节，阐释师生合作评价的实施原则，并呈现具体案例。毕争撰写的《产出导向法教材使用》以《新一代大学英语》教材为例，展示了三位大学英语教师使用产出导向法教学材料的过程和效果，并探讨如何在课堂教学中有效地使用产出导向法教学材料。陈浩撰写的《产出导向法指导下的名词化教学研究》将产出导向法理论运用于学术英语的写作预备课程中，展现如何在产出导向法教学方法指导下落实名词化教学的内容，为如何教名词化提供教学操作流程和路径。张伶俐撰写的《产出导向法在理工院校大学英语教学中的应用》基于《新一代大学英语》，将产出导向法理论体系应用于大学英语教学中；通过开展两轮（四年）实证研究，多角度地探讨了产出导向法理论的可行性和有效性。

表9-5 "产出导向法理论与实践研究丛书"

序号	中文书名	英文书名	作者
1	产出导向法：中国外语教育理论创新探索	Production-Oriented Approach: Developing a Theory of Foreign Language Education with Chinese Features	文秋芳
2	产出导向法理论应用探索的行动研究	Applying the Production-Oriented Approach to Practice: An Action Research Study	张文娟
3	产出导向法促成活动设计	Designing Enabling Activities in the Production-Oriented Approach	邱琳
4	产出导向法中师生合作评价	Teacher-Student Collaborative Assessment in the Production-Oriented Approach	孙曙光

（续表）

序号	中文书名	英文书名	作者
5	产出导向法教材使用	The Use of the Teaching Materials for the Production-Oriented Approach	毕争
6	产出导向法指导下的名词化教学研究	POA-based Instruction of Nominalization in Academic Writing	陈浩
7	产出导向法在理工院校大学英语教学中的应用	The Application of the POA to College English Teaching at a University of Science and Engineering	张伶俐

需要特别指出的是，产出导向法还在不断完善中，希望有意愿尝试产出导向法的教师通过自己的实践发现新问题，提出解决问题的新方案，共同为丰富和优化产出导向法而努力。

9.4 研究团队

POA 的创建者文秋芳教授任职于北京外国语大学教育部人文社科重点研究基地中国外语与教育研究中心，她所带领的 POA 研究团队包括实体团队和虚拟团队。截至 2020 年，POA 实体团队共有三个：英语教学团队、对外汉语教学团队和非英语语种教学团队，其中英语教学团队建立最早，也最成熟。POA 虚拟团队又称 POA 虚拟共同体（Virtual Professional Learning Community: Production-Oriented Approach，简称 VPLC-POA），第一期共同体成员由来自全国约 100 所高校的 130 余名教师组成，第二期共同体成员由近 400 名教师组成，所教授的语种涵盖英、日、德、法、汉等。2022 年 2 月，第二期虚拟共同体入选教育部首批虚拟教研室建设试点，名为"多语种教学改革虚拟教研室"。POA 虚拟共同体利用网络平台在云端开展，又称 POA 云共同体（参见文秋芳，2022）。下面将分别介绍实体团队和虚拟共同体对 POA 的研究和推广。

9.4.1 实体团队

1. 英语教学

自 2013 年以来，文秋芳教授指导的五名博士生和一名博士后出站人员自愿加入了 POA 教研团队。五名博士生均选择了与 POA 相关研究作为博士学位论文选题。她们形成了互帮互助的学习共同体，经过 3~5 年的刻苦学习和课堂教学实践研究，成功完成了自己的博士学位论文，从中观层面丰富和完善了 POA 理论。她们为全国高校外语教师组织了多期研修班，受到全国英语教师的广泛关注；时而也受邀为非英语语种教师举办 POA 讲座。

自 2008 年以来，文秋芳教授和 POA 英语教学团队发表期刊论文 30 余篇，其中绝大多数刊发在 CSSCI 来源期刊上。值得一提的是，文教授撰写的英文论文"The production-oriented approach to teaching university students English in China"（Wen，2016）发表在 *Language Teaching* 期刊上，为这一立足于中国本土的理论走向世界奠定了基础。2020 年，《中国应用语言学》（英）期刊组织 POA 专辑，共收录英语教学团队的 7 篇论文，向国内外同行介绍和推广 POA 的最新研究进展。团队的研究成果《"产出导向法"研究：提高大学生英语应用能力的理论与实践创新》于 2017 年获得北京外国语大学教学成果一等奖，2018 年获得北京市高等教育教学成果一等奖。

2. 对外汉语教学

自 2016 年起，借助北京外国语大学许国璋语言高等研究院这一平台，北京外国语大学中国语言文学学院朱勇老师带领的团队参与了对外汉语教学的 POA 研究。2018 年，他们获得学校科研经费支持，组建了青年创新团队，尝试将 POA 运用到对外汉语教学中。他们首先根据 POA 理念，对原有教材的一个单元进行改编，然后开展教学实验，并结合教材改编和教学实验撰写相关论文，陆续在《世界汉语教学》《语言教学与研究》上发表（桂靖、季薇，2018；季薇等，2020；朱勇、白雪，2019）。此外，这个团队以 POA 理论为指导编写对外汉语教学新教材，已于 2020 年出版。同时他们赴国外（如意大利、西班牙、匈牙利、韩国等）多家孔子学院举办工作坊和研修班，演示 POA 在对外汉语教学中的应用。

作为 POA 团队负责人，文秋芳教授于 2018 年在《世界汉语教学》第 3 期上发表了《"产出导向法"与对外汉语教学》。截至 2022 年 10 月 26 日，该文被引用 686 次，下载 13,518 次。2019 年 5 月，她应邀去意大利那不勒斯孔子学院、罗马孔子学院和佛罗伦萨孔子学院举办了"产出导向法与对外汉语教学"讲座，引起听众的强烈反响。

3. 非英语语种教学

截至 2020 年，北京外国语大学获教育部批准开设的语种达 101 个，覆盖了所有与我国建交国的官方语言。据部分非英语语种教师反映，有些语种教材 20 多年都未曾更新，教学内容陈旧，教学方法落后；有些新建专业，一无教材、二无教学大纲。2016 年，借助许国璋语言高等研究院这一平台，文秋芳教授专门向非英语种的教师讲解了 POA 理论体系及其应用路径，并把发表的所有 POA 论文发在微信群里，供大家学习。经过大约一年的努力，团队教学与研究成果获得北京外国语大学教学成果一等奖。6 位老师撰写了教学研究论文，覆盖 6 个语种（罗马尼亚语、僧伽罗语、马来语、朝鲜语、德语、印度尼西亚语），其中 5 篇论文发表在《外语与外语教学》2019 年第 1 期（董希骁，2019；江潇潇，2019；邵颖，2019；汪波，2019；詹霞，2019），1 篇发表在《外语教育研究前沿》2019 年第 2 期（王丹丹，2019）。该团队还在继续努力，一方面依据 POA 原则编写教材，另一方面将编写的材料在课堂上试用。同时他们还为全国非英语语种教师举办研修班，宣传推广 POA 的应用。

9.4.2 虚拟共同体

中国外语与教育研究中心和外语教学与研究出版社已在 2020 年 1 月启动组织 POA 虚拟专业学习共同体（以下简称"POA 虚拟共同

体"），充分利用 5G 网络技术和成熟的网络会议平台，在全国范围内推广 POA 的研究与应用。

　　POA 虚拟共同体是以产出导向法教学和研究为主题开展的跨城跨校新型教师发展模式，以线上活动为主，线下活动为辅。线上活动以定期腾讯会议为统领，以日常的微信群交流为支撑；线下活动为面对面的学术研究成果交流大会。该组织的设立目标有二：一是推动 POA 理论与实践体系创新，提升中国外语教学理论的国际学术影响力；二是促进学术交流和科研团队建设，探索信息技术背景下外语教师专业发展的新模式。

　　第一期 POA 虚拟共同体由促研团队和研究团队组成。促研团队由文秋芳教授带领的英语实体教学团队成员构成，包括张文娟、张伶俐、张虹、邱琳、陈浩、毕争和孙曙光 7 个促研员。第二期 POA 虚拟共同体促研员队伍扩大至 21 人。研究团队分为 7 个大组，由 7 个促研员带领组织活动。组织活动分为两个层次：第一个层次由促研组负责人组织全体成员大会；第二个层次由促研组成员分头组织大组活动。每年组织 10～12 次活动，以两年为一个周期。活动内容为教案设计、文献阅读、研究选题、研究方法、论文范例、写作框架、撰写草稿等。每次活动后成员提交反思日志，随时提出研究中出现的问题和困难，由促研组成员定期集中帮助解决。共同体计划每年举办一次研究成果交流大会，成员可面对面当场讨论或提出建议，相互学习，取长补短。

9.5　小结

　　张文娟（2016，2017a，2017b）开展了系列教学试验，验证了 POA 应用于大学英语教学的可行性和有效性。这一研究结果也得到了其他研究的印证（如张伶俐，2017a）。基于 POA 编写的《新一代大学英语》教材（王守仁、文秋芳，2015）已在全国多所高校应用，现已取得初步成效。同时，POA 团队与国际学者多次对话，得到国际同行的认可（Cumming, 2017; Ellis, 2017; Matsuda, 2017; Polio, 2017）。除中国英语教学外，POA 还应用于对外汉语教学（桂靖、季薇，2018；

朱勇、白雪，2019）和非英语语种教学，如德语（詹霞，2019）、罗马尼亚语（董希骁，2019）、朝鲜语（汪波，2019）、僧伽罗语（江潇潇，2019）、马来语（邵颖，2019）等。

  产出导向法和续论（详见第 8 章）是我国学者为解决我国外语教育中的"真"问题而自创的理论。面对外语教育中的现实问题，我们不仅要提出解决问题的方案，更要到实践中去检验提出的方案是否有效。否则，"理论再完善也只能是博物馆的陈列品"（文秋芳，2020a：189）。目前，有关这两种教学理论的研究取得了阶段性的进展，未来发展还需更多的外语教师参与其中，为优化和完善中国特色外语教育理论贡献宝贵的经验和智慧。

第 10 章
外语教育理论主要论著

本章筛选了 2012—2020 年间出版的 6 部国内外外语教育理论论著，先介绍每部论著的主要内容，然后对其进行简要评述，以期为我国外语教师提升外语教育理论和实践水平提供参考。

10.1 《透过二语习得研究探究语言教育》

R. Ellis 和 N. Shintani 合著的《透过二语习得研究探究语言教育》（*Exploring Language Pedagogy Through Second Language Acquisition Research*）于 2014 年由 Routledge 出版社出版。该书全面、细致地探讨了语言教育与二语习得研究之间的关系。本节先简述全书的主要内容，然后评析该书的主要特点。

10.1.1 主要内容

全书由五部分组成。第一部分（前言及第一章）介绍本书的写作目的——运用二语习得理论和研究成果审视语言教育问题，以及教授型二语习得的发展历程；第二部分（第二至六章）、第三部分（第七至十章）和第四部分（第十一章）分别从外部视角、内部视角和学习者差异的视角论述语言教育与二语习得研究的关系；第五部分（第十二章）为结论，指出"以教促学"（teaching for learning），进一步阐明透过二语习得的研究成果探究语言教育的意义。

第一章　教授型二语习得。本章先从行为主义和心灵主义二语学习观入手，追溯二语习得的发展历程，然后介绍二语习得研究的重点，即中介语理论、输入与互动、输出的作用、意识的作用、显性与隐性二语知识、社会派二语习得、教学（聚焦意义和聚焦形式）与二语习得、语言学习中的个体差异，在此基础上总结出二语课堂教学的 11 项原则：（1）教学需要保证学习者通过学习能够拥有丰富的程式语储备和语法规则能力；（2）教学需要确保学习者聚焦意义；（3）教学需要确保学习者也要聚焦形式；（4）教学的主要目标是提高隐性知识，但不忽视显性知识；（5）教学需要考虑习得顺序和习得过程；（6）有效的二语教学需要大量的二语输入；（7）有效的二语教学也需要二语输出的机会；（8）互动对提高二语水平至关重要；（9）教学需要考虑学习者个体差异；（10）教学需要考虑学习者在学习语言过程中世界观的发展；（11）评价学习者的二语水平既要考察控制性产出（controlled production），也要考察开放性产出（free production）。

第二章　教学法构念与二语学习理论。教学法（method）构念在语言教学中占有中心地位。本章首先区分了教学路径（approach）、教学法（method）和教学手段（technique），并分析了二语教学中教学法的实践问题和理论问题，然后以听说法和交际教学法为例，向读者展示如何从理论（第一章提出的语言教学 11 项原则）和实证研究两个方面评价教学法。作者最后指出，虽然在理论层面上，交际教学法要明显优于听说法，但并没有实证研究证据表明交际教学法优于传统的注重形式教学法。

第三章　语言教学大纲与二语习得。本章首先探讨了语法教学大纲、词汇教学大纲和意念教学大纲，并以这三种语言教学大纲为例，区分了综合型（synthetic syllabus）和分析型教学大纲（analytic syllabus），然后从二语学习者错误、不同语言项目的习得顺序（order of acquisition）、同一语言项目的习得过程（sequence of acquisition）、语言功能习得、程式语（formulaic sequence）五个方面论述二语学习者中介语发展过程。中介语发展具有以下特征：（1）学习者错误一部分受母语迁移的影响，但大部分是语言发展的必经阶段；（2）学习者习得语素的顺序相对固定；（3）学习者对某个特定语言项目的习得是渐进的，并遵循特定的发展阶段;(4)学习者对语言功能的习得也呈现出特定的顺序和模式;(5)程式语被当作整体习得。即使中介语发展显示出特定的模式,但二语教学仍能够有效帮助学习者快速度过某一阶段。

第四章 显性教学与二语习得。显性教学包括讲解和练习两个要素,讲解分为演绎型讲解和归纳型讲解。本章聚焦显性教学的主流教学法——"讲解—练习—产出"(present-practice-produce,简称 3P 教学法),得出以下结论:(1)显性教学有助于学习者获得语法的显性知识;(2)显性教学加练习(为学习者提供在交际任务中使用目标语言结构的机会)有助于学习者获得隐性知识;(3)显性教学的效果取决于教学后学习者是否有机会接触并使用目标语言结构;(4)元语言知识可能对年龄稍长的学习者有帮助;(5)要求学习者在完成交际任务的同时做出语法解释有助于内化;(6)只有控制性练习(controlled practice)的显性教学效果有限;(7)某些语法项目可教性更强,显性教学的效果取决于语法项目自身特点;(8)显性教学时长对二语学习的影响尚未可知。

第五章 理解型和产出型教学法。本章聚焦理解型(comprehension-based instruction)和产出型教学法(production-based instruction),二者的主要区别在于是否必须有产出活动。作者分别以 VanPattern 的加工教学法(processing instruction)和 3P 教学法为例,探究理解型和产出型教学法的理论基础和具体实践中的实现方式,指出教师手册中凸显产出型教学法,忽略理解型教学法,但二语习得理论和实证研究表明理解型教学法应该在教学中占有一席之地。

第六章 任务教学法(TBLT)。TBLT 继语法翻译法、听说法和 3P 教学法之后提出,旨在通过使学习者参与聚焦意义的交际活动来培养交际能力,得到许多二语习得研究者和教师教育者的支持。本章从定义"任务"入手,然后介绍任务类型、TBLT 教学大纲的制定与实施。TBLT 的二语习得理论基础主要包括:Long 和 Lyster 主张的在互动中聚焦形式,Skhan 的二语学习认知理论,Robinson 的认知假设。这三者具有共性理念,即在交流意义的语境下注意到形式是二语习得的必要条件。最后,作者指出学界对 TBLT 的批评。批评的声音来自研究者、教师教育者和教材编写者,集中表现为以下六个问题:(1)TBLT 忽略语法教学;(2)TBLT 未提供习得"新语言项目"的机会;(3)TBLT 忽视了语法以外的其他方面，如语音、词汇等；（4）TBLT 限制了教师的作用；（5）学习者产出有限，任务只能带来贫瘠的语言使用（impoverished language）；（6）任务不适用于初级学习者和外语学习者。但作者认为这些批评并不成立，均是源于对 TBLT 的误解。

第七章　输入型教学。输入是二语习得研究中的重要术语，但在教师手册中少有提及。本章首先介绍了教师手册中与输入相关的构念——真实材料、教师话语和广泛阅读，然后论述了输入在二语习得理论中的作用，附带学习假说、频次假设、输入假设和注意假设是输入作用的理论基础。在实证研究方面，作者聚焦教师话语、简化输入、广泛阅读和注意与二语习得的关系，得出有关输入的十个结论：（1）输入对于二语学习必不可少；（2）许多通过输入习得的语言属于附带习得；（3）出现频次高的语言项目易于被习得；（4）习得的前提是提供可理解性输入；（5）被注意到的语言项目易于被习得；（6）理解层面的意识不是习得的必要条件，但意识有助于语言项目进入长期记忆；（7）学习者接触的许多输入都是简化输入；（8）教师话语与学习者水平相匹配，具有多变性；（9）简化输入有助于理解和习得；（10）通过改编凸显某些语言项目的简化输入有助于习得。

第八章　互动型教学。互动是教学的必要条件，在教师手册中占有重要地位。教师手册中有关互动的探讨主要集中在四个方面：（1）口语教学；（2）学习者参与；（3）小组活动；（4）课堂组织。作者指出，在语言教学中，互动被视为增加学生参与度、提高流利度和组织教学的手段，但教师手册却极少关注互动如何促进（或者阻碍）语言学习。在理论层面，本章从认知-互动视角和社会文化理论视角阐述互动对二语习得的作用。认知-互动视角的互动假说和可理解性输出假设认为，互动既提供输入，又提供输出机会，有助于附带语言习得。社会文化理论的中介、最近发展区、内化、支架和言语化等概念为互动在二语习得中的作用提供了理论基础——学习在互动中发生。支持互动型教学的学者假定：（1）课堂环境下的互动需要为学生创造大量"说话"的机会；（2）学习者参与的互动越多越好；（3）互动能够提高口语流利度；（4）课堂小组活动能够提高学生参与度。作者建议教师们要意识到，**所有教学本质上就是互动**。

第九章　二语课堂中的母语使用。学界对是否在二语教学中使用母语观点不一。支持者认为，母语能够帮助传达二语的意义、维持纪律、解释任务、解释语法项目、训练翻译技能、减少焦虑等；反对者认为，母语的使用容易给学习者输入错误观念，如认为当有"真实"交际意图时，可以使用母语；母语使用会使学习者习惯母语思维，而非二语思维。母语在二语学习中的作用不易厘清。心理语言学视角关注母语如何影响学习者的中介语发展，社会心理学视角关注母语使用如何促进二语学习。前者认为母语的迁移作用不总是负向的，也有正向迁移；后者将母语看作是资源，是支架，能够促进二语学习。作者在结论中指出，教师手册、许多教学法和教育评论家建议教师和学生应该尽可能使用二语。

第十章　修正性反馈。本章开篇便引用Hendrickson（1978）关于修正性反馈的经典文献，提出有关纠错反馈的五个核心问题，即：（1）是否应该纠正学习者的错误？（2）应该何时纠正？（3）应该纠正哪些错误？（4）应该如何纠正这些错误？（5）谁来纠正这些错误？作者围绕这五个问题展开讨论，并得出以下结论：（1）需要纠正学习者的口头错误，但需要注意策略，避免给学习者带来负面情绪；（2）在聚焦交际、以口语流利表达为主的活动中，需要在活动后纠错；（3）书面修正性反馈可以在作文终稿后实施，但需要求学生根据反馈做相应修改；（4）教师在纠错时需要有所选择，避免过度纠错；（5）纠正学生口头、书面错误的常用策略时培养学生修正错误的能力；（6）教师可以给予提示，帮助学生发现错误，但尽可能由学生来改正错误。二语习得理论对修正性反馈所持观点不一，普遍语法认为纠错无益于习得；认知-互动主义认为口头修正性反馈有助于习得，特别是在以交际为主的活动后；社会文化理论认为修正性反馈是学习的中介，有助于语言发展。在实证研究方面，作者以三个问题为切入点：修正性反馈是否有助于二语习得？哪种修正性反馈最有效？学习者自我修正是否有利于二语习得？本章最后总结出开展修正性反馈的九项原则，指出教师不应该对纠错有所顾虑，纠错的优点多于缺点。

第十一章　语言教学中的学习者差异。本章首先介绍了语言学习中学习者个体差异因素，包括智力、语言学能、工作记忆、性格、学习风格、动机、语言焦虑、学习者信念、学习策略和交际意愿，然后从教学匹配（instruction matching）、个性化（individualization）和学习者训练（learner training）三个方面阐述了语言教学中应对个体差异的方法。在二语习得实证研究层面，本章着重讨论学习者起始年龄、语言学能、动机和学习策略等个体差异因素对语言学习的影响。最后作者提出语言教学中应对个体差异的五项原则：（1）区分附带二语习得和有意二语习得中学习者个体因素的不同作用；（2）不仅关注学习者个体因素对习得结果的影响，更要聚焦对习得过程的影响；（3）采用折中策略应对学习者语言学能差异；（4）通过课堂互动提升学习动机；（5）注重提高学习者自我调节的策略训练。

第十二章 以教促学。教学的目的是促进学习者有效学习。语言教育与二语习得两个领域的连结有两条路径：一是教师先熟悉二语习得研究成果，然后将之运用到语言教育教学中去；二是从教师手册出发，以众所公认的语言教育要素为切入点，由二语习得研究专家考察教师手册中教学建议与现有二语习得理论的吻合度。本书选择了第二条路径探究二语习得研究如何给养语言教育。作者认为，在理论层面，语言教育和二语习得互相影响，互为给养，考察二者的接口对教师教学有着重要影响，有助于教师更新技术理论知识，为己所用（参见图 10-1）。

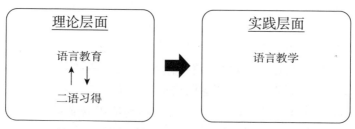

图 10-1　语言教育、二语习得和语言教学的接口

10.1.2　简要评述

该书从二语教学的重要问题入手，通过二语习得理论和实证研究反哺语言教学，为教师手册中二语教学设计提供了理论基础和研究证据。具体而言，该书具有以下两个显著特点。

第 10 章　外语教育理论主要论著

第一，选取视角独特，令人耳目一新。作者指出，西方学界语言教师教育从业者和语言教师一般不关注二语习得研究结果，大多数二语习得研究者声称他们的研究对语言教学有启示，但不能直接为教学服务。两个群体各自为政，各行其是，互不关注对方的关切和研究成果，致使二语习得研究成果不能为外语教学有效利用。为弥合二者之间的鸿沟，作者提出从内、外部两种视角来理解语言教育和二语习得的关系。外部视角习惯使用的术语包括教学方法、教学大纲、教学材料、课堂活动、教学方法的技巧和程序等，内部视角常用的术语包括输入、输出、互动、附带学习、有意学习、修正性反馈等。笔者认为所谓"外部视角"指的是课程论视角，"内部视角"指的是二语习得理论视角。课程论关注课程的教学目标、教学内容、教学手段和评测方法（Tyler，1949），二语习得关注学习者学习语言的过程，力图探究学习的发生机制。二语课堂教学设计与实施既需要课程论知识，帮助制定课程教学的总体框架，又需要二语习得理论为微观教学环节提供理论基础，两者应该有机融合。

第二，全书结构统一、脉络清晰，易于理解。该书的主体章节以大致相同的框架编排，首先是引言，包括概念介绍和章节主要内容，然后是某一主题在教育教学文献中的论述，这一主题在二语习得研究中的理论基础和实证研究，最后是结语。在此过程中，部分章节中间穿插作者的评论（some concluding comments）或小结（summary）。章节后设有讨论题，供读者深入思考和讨论。仅以第十章"修正性反馈"为例（249–282 页），作者在引言中简要介绍什么是修正性反馈，并说明该章节的主要内容。然后围绕五个核心问题阐明语言教学中的修正性反馈，但作者并未满足对现有文献的介绍，而是加入自己的评论分析，总结出有关修正性反馈的六条结论。修正性反馈在二语习得理论中占有重要地位，研究结果颇丰。作者在介绍理论基础和实证研究后提出修正性反馈研究的框架，指出修正性反馈研究包括修正性反馈的不同类型；学习者个人因素对修正性反馈效果的影响；环境对修正性反馈效果的影响；学习者如何参与修正性反馈；修正性反馈对学习的效果。最后是章节的总结和讨论题。例如，教师手册建议鼓励学习者自行修改自己的错误，以此来代替教师批改，你是否同意这种做法？这种做法有什么问题吗？这些讨论题引导读者对本章的重点问题进行深入思考和讨论，加深认识，反思教学。

遗憾的是,该书提出的两条路径不能从根本上解决问题。无论是从外部理论到内部理论,还是从内部理论到外部理论,两者之间都有明显鸿沟,互相之间缺乏有机联系。

10.2 《第二语言教育中的社会文化理论导论:叙事视角(第二版)》

Swain、Kinnear 和 Steinman 的合著《第二语言教育中的社会文化理论导论:叙事视角(第二版)》(*Sociocultural Theory in Second Language Education: An Introduction Through Narratives (2nd Edition)*)于 2015 年由 Multilingual Matters 出版社出版。该书采用叙事研究的方法介绍社会文化理论中与二语教育相关的概念。本节先简述全书的主要内容,然后评析该书的主要特点。

10.2.1 主要内容

除前言和讨论外,全书主体部分共八章。前七章分别聚焦中介、最近发展区、言语活动、日常概念和科学概念、认知与情感的关系、活动理论和动态评价。第八章"由你发挥"把话语权交给读者,希望读者能够通过分析两例叙事,内化前七章的概念。

第一章 中介。中介是社会文化理论最核心的概念。中介包括文化产物、活动和概念(Lantolf & Thorne,2007),是个体参与社会活动、调节心智发展的重要手段(Lantolf & Poehner,2008)。文化产物包括物质产物(如纸、计算机等)和符号产物(如语言),其中语言是人类认识世界最重要的中介(Saljo,2010),被 Vygotsky 称为"工具的工具"(Vygotsky,1978:53)。Vygotsky 认为人类心智发展发生在两个层面:首先发生在社会层面(人际),然后发生在个体层面(人内)。"所有的高级认知功能均源自人与人之间的关系"(Vygotsky,1978:57)。本章叙事故事的主人公 Mona 在不同年龄段、不同地点采用不同的中介工具学习英语，如语法书、计算机、中国广播／电视播出的英语课程、磁带、母语、社交（在中国与父亲交流；在美国和加拿大与教授交流；与高水平英语者交流）。Mona 学习英语的经历表明，中介是复杂概念。文化产物与人类个体的关系是互惠的双边关系，二者在互动中完成共同发展。人的认知活动受多种物质或符号工具的调节。在调节的作用下，个体实现认知发展，个体与外界的关系也发生改变。

  第二章 最近发展区。最近发展区是社会文化理论中最为人熟知的概念，是指"儿童独立解决问题的实际发展水平与在成人指导下或在有能力的同伴合作中解决问题的潜在的发展水平之间的差距"（Vogotsky, 1978：85），反映了"个体在中介作用下呈现出的发展潜质"，是个体在外界帮助下所能达到的能力范围（张莲，2018：xiii-xiv）。在二语学习中，他人调节与最近发展区是紧密相连的，教师或者同伴起到他人调节和／或搭支架的作用，从而促进最近发展区的建构，进而促进语言的发展。同伴调节不是单向的，常常是相互合作的，即共同调节（Lantolf & Poehner, 2014）。通过共同调节，学习者最终达到自我调节。本书的作者将最近发展区看作是活动（activity），而非地带（place），并指出在最近发展区活动中，"专家"不一定是有生命的个体，也可以是文化产物。本章叙事故事的主人公是 Madame Tremblay，她是一位"浸入式"法语课程的老师。Madame Tremblay 精心布置教室（图表、识字卡、书籍、拼字游戏等），营造出法语学习的氛围，这是具有教育潜力的有形资源（tangible resource）。同样，Madame Tremblay 的手势、学生之间的语言游戏都具有教育潜力，为学习者创造了最近发展区。

  第三章 言语活动：个体言语和合作对话。言语活动（languaging）分为两种：与自己对话，与他人对话。前者被称为个体言语（private speech），后者被称为合作对话（collaborative dialogue）。个体言语是"自言自语"，是"用于调节自身心理活动的外显性言语形式"（文秋芳，2010：261）。合作对话是学习者通过使用语言来调节语言学习，使学习发生。二者均是调节认知的重要工具，都能够促进语言习得。本章个体言语叙事故事的主人公是 Jody，合作对话的主人公是 Sophie 和 Rachel。Jody 通过用粤语重复"东、南、西、北"三遍，发现"西"不是 south，而是 west。每次重复帮助 Jody 从记忆中提取信息，最终内化了"西"的含义。Sophie 和 Rachel 通过合作对话解决了法语词汇的阳性、阴性问题，二人最终查字典确认法语"menaces"（威胁）是阴性名词。说话双方通过合作对话参与解决问题和知识构建。语言符号调节认知和学习，言语活动不仅是内化机制，也是外化机制，有助于完善我们的思维和想法。当我们面临复杂问题时，个体言语和合作对话的言语活动能够使学习者专注解决问题，简化任务难度。

第四章 日常概念和科学概念：建立联系。Vygotsky 区分了日常概念（自发概念）和科学概念（Vygotsky，1986）。日常概念源于儿童/学习者日常活动，而科学概念产生于教学环境下有组织、有目的、系统的教学活动（Kozulin，1998），是"人类在科学领域实践经验的概括"（Karpov，2003：66），具有意识性、系统性（Swain et al.，2018）、全面性和概括性，"能够反映事物的本质"（文秋芳，2013：2）。学习科学概念可以调节认知发展（张莲，2018），学习者获得并内化科学概念，能够用它解决新问题，完成新任务（文秋芳，2013）。本章叙事故事的主人公是 Thaya，她是一名大学本科跨语言写作课程的学生。在非小说的记叙文写作课上，教师引入"平行结构"（parallelism）这一科学概念，在多语环境下的翻译中引入翻译相关的科学概念，学生通过理解科学概念，逐渐意识到跨语言写作中该如何取舍相关细节、对话，如何将自己在本土文化中的经历进行"再创造"，便于来自不同文化的读者理解。最后，作者进一步讨论在教学中引入科学概念的四个相关问题，即为什么要进行概念教学？概念教学教什么？何时进行概念教学？如何进行概念教学？这些问题目前尚无定论，值得研究者深入探索。可以确定的是，"科学概念的掌握是认知发展的重要标志"（张莲，2018：xv）。如果在讲授新概念时能够将外语与母语进行比较，则学生能够清晰了解两种语言的差异，建立外语概念化知识（文秋芳，2013）。

第五章 认知与情绪的关系。思维和情绪关系密切，情绪在思维发展过程中起着重要作用。社会文化理论中与情绪关系紧密的两个概念是调节和身份。"调节是中介的一种形式"（Lantolf & Thorne，2007：203）。人的认知活动受多种物质或符号工具的调节。在调节的作用下，个体实现认知发展，个体与外界的关系也发生改变。调节过程分为物体调节、他人调节和自我调节三个阶段（Lantolf & Thorne，2007）。在二语学习中，物体调节是指学习者利用教学材料、计算机、母语、学习软件等中介工具调节自己的行为；他人调节是指学习者在教师、同伴、父母等的指导帮助下或搭支架进行学习（文秋芳，2010）；自我调节是指学习者能够判断自己的语言使用是否正确、恰当（Lantolf & Poehner，2008）。自我调节是学习的最高境界。自我调节的过程即为内化的过程，成功的学习是从协作式心理间活动转向自主的心理内活动（Mitchell et al.，2013）。本章叙事故事的主人公是 Grace，她学习和使用语言的经历表明，负面情绪对语言学习不总是起反作用，有时也会发挥积极作用。正如作者所说，感到难堪不一定导致失败，有时难堪会激发斗志，使学习者更加努力。Grace 8 岁时未能正确说出 cucumber（黄瓜）引来全班同学的嘲笑，她感到无地自容，因此学会了每种蔬菜的名称。Grace 对自我身份的认知也发生变化，她认为有时自己是学习者、教师、姐姐、女儿、母亲和妻子，等等。我们都具有多重身份，有些身份是他人所赋予的；身份从来不是由一人决定，而是社会建构的。由于他人对她的"定性"，Grace 作为英语和希腊语的双语使用者好像并没有归属感，她对自己的认知是社会建构的。

第六章　活动理论。活动理论认为，活动是人类有目的的社会行为；对于不同的人来说，同一行动也许有着不同的目标；人们可以同时追求不同的目标；随着行动的推进，新目标会随之产生；活动系统中有多个互相联系的活动。Vygotsky（1978）构建了活动理论（参见图 10-2），主张主体（个人）和客体（社会、环境、机构、习俗、文化）之间通过中介工具不断互动，此为第一代活动理论。后来 Leont'ev（1981）发展了 Vygotsky 的思想，将所有的行动置于社会环境之中，此为第二代活动理论。Engeström（2001）在二者基础上构建了第三代活动系统理论，包括活动主体、客体、工具、规则、共同体和分工六个要素（参见图 10-3）。Engeström 主张活动系统的最小分析单位是两个相互交互的活动系统（中心活动系统与临近活动系统）；矛盾是活动变化的动力。本章叙事故事的主人公是 Sandra，她是一名二语教师，同时也是应用语言学专业的研究生，其中心活动系统是二语教师教学系统，临近活动系统是研究生学习系统。作者以 Sandra（教师）和 Marc（学生）

的邮件交流为例，采用多个活动理论的三角形解释二人的互动过程。当 Sandra 回复 Marc 的邮件时，矛盾存在于教师教学系统的规则和分工与研究生学习系统的客体（深入了解语言教学）之间，属于四级矛盾（Engeström，2015）。Sandra 对师生间的权力关系有了新的认识，尽管她对此仍有许多疑问。这些疑问和对问题的分析是 Sandra 拓展学习的起点——通过提问查找问题，寻求化解矛盾的途径和解决办法。

图 10-2 Vygotsky 的活动系统（Vygotsky，1978：40）

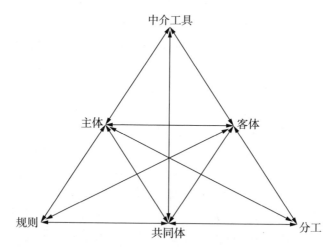

图 10-3 Engeström 的活动系统（Engeström，2001：135）

第七章 社会文化理论中的动态评价。动态评价（dynamic assessment）也被称为学习潜能评价（learning potential assessment）（Feuerstein et al.，1979），是指"在测试期间根据学习者的具体情况为之提供反馈以促进学习，并测量其发展空间"（Elliott et al.，2010：220），即测量学习者在被帮助或有指导情况下的独立活动水平。动态评价是基于合作对话的交互式评价，关注的是如何通过教师的合理调节深入了解学生的语言发展状态，进一步指导教学（Lantolf、秦丽莉，2018）。它将评价与教学干预结合起来，强调评价者和学习者之间的互动以及学习者在中介（他人调节）作用下所能达到的"潜质"（张莲，2018）。它与传统心理测量学评价的根本区别在于"实施评价时是否明确以改变学习者表现为目标"（Poehner & Lantolf，2005：3），是否用发展、动态的眼光看待学习者的能力。本章叙事故事的主人公 Yang 是在加拿大学习的中国留学生，他的语言测试经历表明：评价是社会文化活动；二语表现是由对话双方共建的。Yang 与另一名学生 Eun-mi 间的互动测试是合作对话，二人互相搭建支架，创建最近发展区。虽然是测试环境，但二人的对话更像是真实环境下的交流，"你来我往"，激发更多的话语产出。Yang 与考官之间的对话虽然也有互动，但以 Yang 的独白为主，相比同伴间的互动，话语产出量更少。最后，作者分析了动态评价和传统评价在效度、信度、评分和公正性四个方面的区别。

第八章 "由你发挥"。作者在本章的开篇强调，前面七章虽然每章都介绍一个或几个社会文化理论的概念，但这些概念不是彼此独立的，而是在社会文化理论的框架下动态互动，浑然一体。最后一章展示了两个案例，但与前七章不同的是，作者并未对案例进行分析，而是把分析的任务交给读者，由读者运用前七章的相关概念来解读这两个案例。作者指出，案例分析并没有所谓的标准答案或完美答案，解读案例的过程即是内化的过程，也是透过社会文化理论理解现实情境的过程。本章第一个叙事故事的讲述者名为 Maria，她记录了自己与同事 Tom 讨论如何用甲壳虫乐队成功的故事激发学生参与课堂互动的热情。甲壳虫乐队在多次的表演和演唱中学习、成长，将近 10,000 小时的俱乐部表演成就了他们的伟大。Maria 在与 Tom 的合作对话中逐渐认识到如何去讲述这个故事以及选取哪些要点，并在接下来的几天当中，每天"自言自语"，通过个体语言的方式自我演练故事讲述，直至能够自然、流畅地讲述。第二个叙事故事的讲述者名为 Jean-Paul，她记录了自己如何在与时尚俱乐部成员的真实社会交往中，深刻理解了 lag、bling、prim 等词的含义。Jean-Paul 认为，在社会交往中，体会词义比传统教学更为有效，希望自己可以将这种方法传授给学生。

10.2.2 简要评述

Swain et al.（2018: 167）指出，她们想要写一本介绍社会文化理论的通俗易懂的教科书（accessible textbook），方便二语教师、研究者和学生阅读。读罢本书，笔者认为作者"通俗易懂"的目的已经达到。该书通过叙事分析，将艰深的社会文化理论的重要概念抽丝剥茧，为二语教师深入理解社会文化理论及其相关概念提供了极大的便利。具体而言，该书具有以下两个显著特点。

第一，独辟蹊径的叙事视角。近年来，社会文化理论热度持续上升，社会文化视角研究成为二语习得研究的重要趋势之一，受到国内外学者越来越多的关注（郗佼，2020），相关著述越来越多。在此背景下，该书另辟蹊径，采用叙事视角介绍社会文化理论在二语教育中的应用。所选用的故事引人入胜，语言平实易懂，既有利于读者了解理论，也有利于读者获得教学、研究和研究方法启示，可谓一举多得。

第二，独具匠心的章节编排。首先，双重标题别具一格。书中的每个章节将叙事的主人公（故事的讲述者）与社会文化理论概念并列，作为章节标题，既突出叙事视角，又体现章节内容。其次，章节结构特色鲜明。每个章节分为标题页（front page）、概念介绍、叙事故事文本呈现、叙事分析、相关概念讨论、争议话题、重点研究、与研究和教学相关的讨论题。标题页信息量丰富，不仅列出该章叙事的背景、重要术语，还有与章节概念相关的社会文化理论主张，提纲挈领，方便读者抓住章节要点。"概念介绍—叙事故事—分析解读—相关讨论—争议话题"的安排使读者对相关概念先有大致了解，然后再通过叙事分析和讨论深入体会，使抽象的理论更容易理解。"争议话题—重点研究—讨论题目"则将二语教育教学实践推向科学研究，不仅使读者了解目前学界的研究现状、成果和尚存争议的话题，更引发读者对相关问题深入思考，以此为未来研究的起点。最后，全书编排读者友好。书末附有讨论、术语表和索引，方便读者在最短的时间内了解主要术语，并通过索引查到术语和引用的学者所在的页码，省时省力。

10.3 《二语习得与任务教学法》

Long 所著的《二语习得与任务教学法》(Second Language Acquisition and Task-Based Language Teaching) 于 2015 年由 Wiley-Blackwell 出版社出版。该书全面、细致地探讨了二语习得与任务教学法理论研究和教学设计的各个方面。本节先简述全书的主要内容，然后评析该书的主要特点。

10.3.1 主要内容

全书由三部分组成。第一部分（第一至四章）为理论与研究；第二部分（第五至十一章）为教学设计与实施；第三部分（第十二章）为未来展望。

第一章 TBLT 缘起。本章首先概述了 21 世纪二语学习与教学的重要性，然后聚焦 TBLT 的定义和"任务"的含义，以及 TBLT 应运而生的理论依据。作者区别了大写的 Task-Based Language Teaching（TBLT，"职业外语任务教学法"）和小写的 task-based language teaching（tblt，"通用外语任务教学法"）（文秋芳，2020a）。TBLT 的任务是人们日常所做的现实世界的活动（real-world activities），此为真任务教学法（genuine TBLT）；tblt 的任务是供学习者进行语言结构操练的课堂任务（classroom tasks），属于假任务（counterfeit "tasks"）。tblt 是任务支持型语言教学（task-supported language teaching）。TBLT 遵循二语习得理论和研究发现，避免了现有教学法的弊端，以学习者为中心，这些原因使之成为主流教学法之一。

第二章 二语习得和语言教学的基本"分歧"。20 世纪的语言教学理论有两对基本相对立的派别——干预论和非干预论；综合法和分析法。干预论受结构主义语言学和新行为主义心理学的影响，认为显性知识可以转换为隐性知识，因此把语言作为教学的重点；非干预论认为显性知识和隐性知识分属于不同的系统，二者难以转换，因此，要给学习者提供大量可理解的二语范例进行隐性学习。干预论和非干预论的对立也反映出综合法和分析法的对立。综合法将语言分为单词、固定搭配、语法规则、句型、功能等,让学习者进行练习直至掌握,交际时再将所学整合到一起;分析法则给学习者输入自然、真实的语言材料,让学习者自己归纳出语法规则。综合法注重形式(focus on forms),以教师为中心,操练听、说、读、写四项技能;分析法注重意义(focus on meaning),以学习者为中心,二语是教学所用的语言。作者认为,综合法和分析法都存在一些弊端。前者依赖显性教学,未充分考虑习得顺序、学习者的交际需求;后者依赖隐性学习,忽略了教学的效率、注意的作用等。因此,Long 提出第三选择——在交际中注意形式(focus-on-form)的分析型教学。

第三章 心理语言学基础:教授型二语习得(instructed second language acquisition)认知–互动理论。本章聚焦 TBLT 的心理语言学基础。作者认为二语习得理论和教授型二语习得理论的目标不同——有效性是教授型二语习得理论最重要的判断标准。作者继而提出教授型二语习得理论普遍接受的重要发现:成人二语习得的成败;中介语发展的过程;教学的有效和无效。研究表明,儿童母语的附带和隐性学习普遍成功,而成人二语的附带和隐性学习差异巨大,且大多不成功。究其原因,是由于成人是"有部分缺陷的"(partially disabled)语言学习者,其二语习得受年龄制约。因此,有些非显著语言特征对成人来说难以牢固掌握(fragile),这就需要通过显性教学,让学习者有意注意到新的语言形式以及意义—形式的联系,并在互动中进行意义协商,在此过程中注意到语言特征。

第四章 哲学基础:整体教育。本章聚焦 TBLT 的哲学基础,包括九项核心教学理念:整体教育、做中学、个体自由、理性思维、解放、学习者中心、平等师生关系、参与性民主、互助和合作。

第五章 任务教学法需求分析和教学手段分析(means analysis)。学习者的目标和需求各不相同。若想提高教与学的效率,有必要进行学习者需求分析,了解学习者未来用二语完成哪些任务。需求分析是有效课程设计的先决条件,解决"教什么"的问题。手段分析则解决"如何教"的问题。课堂教学还涉及政治经济因素(如母语和二语的地位)、后勤管理因素(如金钱、时间和人力投入)、方法论因素(如学习者先前的语言学习史)和当地的教学风格。此外,文化因素、课堂规模也会影响教学活动的实施。

　　第六章　确定目标任务。本章聚焦目标任务的信息来源和确定目标任务的方法。信息来源包括已有文献、学习者、应用语言学家和领域专家等。其中，最有价值的资料来源是某一领域的专家，即局内人，以及各种真实的语料。确定目标任务有多种方法，包括访谈、问卷调查、参与式和非参与式观察、日志等。作者主张采用两种以上的收集方法。方法的合理排序是先采用开放式的收集方法，如非结构化访谈和非参与式观察，再采用更为封闭式的方法（如问卷调查和标准参照性测验）。目标任务的信息来源和方法都建议使用三角验证，确保材料和方法的可靠性。

　　第七章　分析目标话语。TBLT 主张的"对话语的分析"（analysis of discourse）不同于传统的话语分析（discourse analysis）。TBLT 不要求对话语进行全面的语法、语义分析，而是聚焦分析促成完成目标任务的、有代表性的语言使用样本。作者以购买火车票、游客购物、买卖咖啡等 5 个案例为例阐述对语言材料进行分析的方法。

　　第八章　任务教学法大纲设计。任何一种大纲都需要解释并自证所选的分析单位（unit of analysis）以及选择大纲内容和分级的标准的合理性。目前最常见的大纲有如下 9 种：结构大纲（或称语法大纲）、意念-功能大纲、词汇大纲、主题和情景大纲、内容大纲、程序大纲、过程大纲、任务大纲和混合大纲。TBLT 大纲设计的步骤和流程如下：进行需求分析—确定目标任务—明确目标任务类型—制定教学任务—将教学任务分类、排序—撰写任务大纲。

　　第九章　任务教学法教学材料。理想的教学材料具有以下特征：（1）相关性，即与学习者的交际需求相关；（2）驱动性，即既有趣，又有认知挑战；（3）现实性，即尽可能地接近现实世界中的语言使用。作者区别了真实的（authentic/genuine text）和简化的语言材料（simplified text）：前者是指母语使用者所用的材料；后者是指教授非母语使用者所用的教学材料。作者认为 100% 真实的语言材料中的语言目标过多，没有足够的冗余信息（redundancy），不易理解；简化的语言材料常常是不够自然的基础读本，缺乏互文性。二者均阻碍学习，都不是最佳的教学材料。与之相比，精加工的语言材料（elaborated text）大多在语篇层面进行改写,增加了冗余信息和清晰度(增加结构的规律性、显性标出逻辑关系),有助于学习者理解。作者提供了 TBLT 教学材料的案例,对不同阶段的学习者(初学者、低、中、高水平学习者)均有借鉴意义。

第十章　方法论原则和教学步骤。本章聚焦三个主题:方法论原则、教学步骤和评价标准。作者讨论了十个方法论原则,其中使用任务作为分析的单位、精细化输入和在交际中注意形式为 TBLT 的原创。其余常见于其他教学法中的七个原则是:做中学、提供丰富的输入、鼓励归纳的词块学习、提供负反馈、尊重学习者大纲和学习者发展过程、促进合作学习和个性化教学。教师根据方法论原则制定教学计划,但课堂中的实际教学步骤需要根据学生的需求和具体情境进行调整。

第十一章　任务教学法评估和课程评价。评估学习者的二语能力通常有四种方法:(1)测量二语知识;(2)整体语言能力;(3)完成任务所需的构式;(4)任务本身。任务教学法提倡采用任务型标准参照测验(task-based, criterion-referenced performance test)对学习者进行评估,即任务型测验和标准参照测验相结合。首先,测试的目标不是语言,而是学生用语言完成任务的能力。例如,如果学习者的目标任务是找路(follow street directions),测试内容不是填空题("Go up Filbert Street and ＿＿ left.")或者语法判断题("Go along two blocks and turning right."),而是要求学习者根据真实道路方向的录音指令出发,到达指定地点。如果学习者按照要求到达正确的目的地,则通过测试。其次,与常模参照测验不同,TBLT 的测试不是将一个学习者的能力与其他学习者比较,而是测量学习者是否能圆满完成目标任务。值得一提的是,标准参照测验的标准一般是由某领域的专家确定。

第十二章　任务教学法的未来。尽管 TBLT 也面临着一些挑战,但作者看好 TBLT 的发展前景。第一,学生同质化程度较高,数量较大,实用的二语学习很重要,这些因素使得社会或教学机构值得投入时间和金钱做需求分析;第二,可以获得财政和机构的支持;第三,目前已有 TBLT 专家能够编写教学材料并设计满足学生需求的测试;第四,教师熟练掌握二语并有丰富的语言教学经验,另有针对性的 TBLT 教师培训可以使这些教师很快胜任;第五,这些教师至少有一部分长期从事教师职业，具有一定的稳定性。相比而言，TBLT 是一个新兴的教学法，它不是万灵药，也不一定是最好的教学法，它需要更多的研究支持。TBLT 有明确的理论基础和目标，但达成目标的道路还不是很清楚。在理论发展、实证研究结果和课堂教学实践的基础上，TBLT 不断扩充和修订，目前仍在完善的过程中。因此我们一边前行，一边筑路（We build the road as we travel.）。

10.3.2 简要评述

该书从二语习得理论的视角探讨任务教学法，具有以下显著特点。

第一，理论基础扎实，令人信服。作为二语习得和语言教学领域的专家，作者使用大量的二语习得和语言教学的理论和文献研究发现为 TBLT 提供了坚实的理论基础。TBLT 不是凭空出世，它的出现建立在克服现有教学法弊端的基础之上。TBLT 是综合法和分析法语言教学之外的第三条路径——在交际中注意形式的分析型教学。

第二，实践步骤明晰，案例丰富，可操作性强。作者使用大量的笔墨细致描述了教学准备阶段的需求分析、确定目标任务、目标话语分析、教学大纲设计和教学材料准备，教学实施阶段的方法论原则和教学步骤，以及教学评价。在教学实践部分，作者提供了大量的实操案例，使理论"落地"。

但本书也有部分观点值得商榷。例如，作者明确提出要区分 TBLT 和 tblt。他声称 TBLT 由他首创，而 tblt 是其他学者对他提出的 TBLT 的泛化使用，并且理解有误。作者论述称他先是在宾夕法尼亚大学授课时，率先勾画出 TBLT 的理论蓝图，后于 1983 年在乔治城举办的跨机构圆桌会议上就 TBLT 做了主旨报告，首次在公开场合阐释了 TBLT 理论。两年后，他的发言得以正式发表（Long, 1985）。因此，Long 在书中尖锐地批评道，当下 tblt 已经变得越来越时髦，大量教材作者和出版商在过去 30 年中不断更换结构、意念、功能、主题和词汇大纲，赚得盆满钵满，虽然他们换上了"任务"这一时髦标签，但实际上是在重复过去的实践。而他们所说的"任务"只是名义上的，实际上是零散的、各种各样的"交际任务"的拼盘,其中许多都算不上真正的交际任务,它们只是过去的练习和活动,其作用至多是支持了任务(task-supported),而不是以任务为教学单位(task-based)。这些任务只是目标结构和词汇的载体,而不是任务大纲本身的内容。笔者不完全赞成Long对tblt的批评,特别是将教材作者和出版商更换教学理念的动机简单地归于"赚钱",这显得过于狭隘和片面。笔者猜想作者气愤的主要原因是,他认为自己是TBLT的创建者,而其他作者使用这一概念时,对他的贡献没有给予足够认可,同时还在一定程度上曲解了他的看法。国际学者(如 Richards & Rodgers,2008)对任务教学法发展过程的描述与本书作者所论述的也不完全相同。

10.4 《语言使用视角下的二语教学:基于实证的教学》

《语言使用视角下的二语教学:基于实证的教学》(*Usage-Inspired L2 Instruction: Researched Pedagogy*)由 Tyler、Ortega、Uno 和 Park 四人合作编写,是"语言学习与语言教学丛书"(Language Learning & Language Teaching)中的第49本,于2018年出版。在前言中,该书的两位主编Tyler & Ortega 指出,在过去的20年中,基于使用的语言观汲取了心理学、心理语言学、认知科学、语言学和其他相关领域的最新进展,成为二语教学领域的新理念(new ethos)。基于使用的语言观主张语言的实际运用是习得语言形式的首要因素,是语言学习的基础(Tyler & Ortega,2018:3–5)。本节先分章节简述全书的主要内容,然后评析该书的主要特点。

10.4.1 内容简介

全书由五部分组成:前言(第一章)、理论视角(第二章至第四章)、有效性(第五章至第十章)、语料库语言学的核心作用(第十一章至第十三章)、结论(第十四章)。"前言"着重介绍语言使用视角下二语教学的五项基本原则,并概述该书各主体章节(第二章至第十三章)的简要内容。"理论视角"从社会文化理论、动态语言使用论和互动社会语言学(Interactional Sociolinguistics)三个方面考察语言使用视角下二语教学。"有效性"部分包括六篇实证文章,从认知语言学、社会文化理论、动态系统理论、互动社会语言学等理论框架以及人造语言学习的角度,着重讨论语言使用视角下二语教学效果。"语料库语言学的核心作用"包括三篇文章,均探讨语料库语言学在语言使用视角下二语教学中的重要作用。"结语"包括编者对语言使用视角下二语教学的反思以及这一新兴教学法所带来的启示。

第一章 语言使用视角下二语教学:以研究为基础的新兴教学法。本章由 Tyler & Ortega 撰写,主要介绍了语言和语言学习遵循的五个紧密相关的基本原则:(1)以意义为中心;(2)意义根植于外部世界,通过具身体验习得;(3)发生在语境化的社会互动中;(4)与其他学习共享同一普遍认知机制,由输入的频率驱动习得;(5)处于动态变化中。

第二章 二语发展教育和系统理论教学:以英语动名搭配为例。本章由 Lantolf & Tsai 撰写。他们以 make 和 do 动名搭配为例,对 7 名研究对象实施系统理论教学。研究表明,完整的行动计划基础图式(Schema for Complete Orienting Basis of Action,SCOBA)能够有效促进学生的二语发展,证明了认知语言学理论和 Vyotsky 的教育理论应用于二语课堂的可行性和有效性。

第三章 动态使用视角下的外语教学。本章由 Rousse-Malpat & Verspoor 撰写。两位作者将语言使用观与动态系统理论相结合,提出语言是基于使用的动态系统,二语学习过程是动态的。实证研究发现,在这一理论基础上开发的电影教学法和加速融合法比传统半交际教学法更具优势,学习者通过不断地重复能够聚焦形式 – 使用 – 意义匹配的不同方面。

第四章 互动与语言学习的关系:基于互动社会语言学的语言使用视角。本章由 Davies 撰写。Davies 认为互动社会语言学的主张与该书主编提出的语言使用观五项基本原则一致。她用案例展示了互动社会语言学视域下的语言教学如何实施。在分析五种语境化不断增强的语言教学的基础上,她建议语言使用视角下的二语教学始于课堂语言学习,再逐步过渡到更加贴近真实情境的语言学习,培养学生语言学习的主体性(agentivity)。

第五章 概念框架与二语教学:以法语介词为例。本章由 Buescher & Strauss 撰写。她们采用概念教学法,遵循解释概念知识、物化、完成交际活动和言语化四个步骤,教授中级法语学习者 à、dans 和 en 三个介词。研究表明,概念教学法能够帮助学生理解并使用概念框架和图形符号,学生能够根据语境选择恰当的介词,能够解释特定图片的意义,也能够解释他们的推理过程。

第六章 基于使用的语言教学和社会文化理论相结合对日语多义助词学习的效果和学生对此教学模式的看法。本章由 Masuda & Labarca 撰写。作者以日语中表示空间关系的助词 ni 和 de 为例,使用意象图式(schematic diagram)为中介工具讲解这两个助词的基本义和抽象引申义,然后在此基础上解释词义理据。学习者完成三个有语境(故事)的对子活动,识别 ni 和 de 的功能,将二者的用法与意象图式匹配,讨论学习者故事写作中助词的用法。研究表明,与传统助词教学相比,空间意象图式使概念可视化,能够提高学生的抽象化能力,保持记忆的时间更长。学生认为,他们需要集中精力注意意象图式,这种额外的关注使他们能更好地理解、运用或者"感受"到正在学习的概念。

第七章 先验知识对二语语法使用的影响。本章由 Alonso-Aparicio 撰写。她以西班牙语的语气(陈述语气和虚拟语气)为例,探究先验知识对二语语法操练的影响。研究结果出人意料:与有先验知识的学习者相比,没有先验知识的学习者在语法测试中表现更好。作者认为,这一结果可由动态系统理论和可变性框架(variability framework)得以解释,认知重组具有非线性、动态性特征,认知发展呈 U 曲线型。

第八章 采用元认知策略跨越发展:二语听力教学的动态理论视角。本章由 Becker & Sturm 撰写。她们认为,根据复杂适应系统理论(complex adaptive systems approach),听力理解中出现的问题是二语发展阶段的"引子"(attractor),显性教学可以引发学习者向更高阶段发展(phase shift)。Becker & Sturm 重新评估了一项采用传统研究方法证明听力教学效果的实证研究,指出此种前测—后测实验方法存在三点缺陷：（1）假设在语言发展系统中输入与输出呈线性关系；（2）忽略语境和课堂中的师生关系；（3）仅比较对照组和实验组的均分，未考虑学习者个体差异。据此，她们重新提出研究问题，改变研究设计，重新解读结果。虽然作者保留了前测—后测的设计，但是为了捕捉学习者的语言变化，她们将研究跨度延长至一学期或一学年，增加每周的听力任务，采用微观发生法分析学生在每个阶段的变化，并收集课堂观察和访谈等质化数据。最后，Becker & Sturm 呼吁研究者将二语发展作为过程来研究。

第九章 任务设计中"角色"的作用：框架研究。本章由 Kraut 撰写。Kraut 所指的框架（framing）是一个认知构念，源自 Goffman（1974）提出的"活动框架"——个人遵照一定的规则和准则说话、做事。框架是互动任务中社会语境的核心要素，通过对于社会角色、社会情境的理解，学习者能够了解特定情境中自己应有的行为和表现。研究设计了解决问题和协商两种任务，在这两个框架下，交际者的角色不同。研究结果表明，框架对互动中意义协商（negotiation for meaning）、协助语步（assistance moves）和特指问句（content question）的数量和质量都有影响；不同的框架创设了表达不同意义的情境化需求。作者认为框架是任务的重要特征，建议在设计任务时加入框架因素，这样学习者可以体验使用不同的语言资源满足表达不同意义的需求。

第十章 人造语言学习的研究发现可以推广到二语教学中吗？本章由 Madlener 撰写。人造语言学习的研究结果在多大程度上可推广到二语教学？在哪些条件下可推广到二语教学？Madlener 通过讨论大脑成像、母语学习中获得的注意力（learned attention）和频率效应等领域的研究结果，发现并非所有人造语言学习研究中用到的任务类型都可以被推广到二语教学中，人造语言学习研究结果推广受到语义、先验语言知识等因素的影响。

第十一章 高水平二语德语写作复合词及其构词力（productivity）研究：构式语法视角。本章聚焦二语德语语法中复合词的作用机制，由 Zeldes 撰写。作者以构式语法为理论基础，分析了学习者语误标注的语料库——Falko——中母语和高水平二语德语写作，研究母语和二语中复合词使用差异及其常见错误类型。研究发现，与母语复合词使用相比，高水平二语德语学习者复合词构词力低，重复率高，且呈现出一些错误。作者建议在高级二语德语课堂中多关注复合词的论元结构（argument structure）。

第十二章　系统功能语言学视角下的语言使用观研究和教学：以学术英语写作名词化为例。本章由 Gentil & Meunier 撰写。研究者以法语为母语的 38 名二语学习者为研究对象，收集了他们本硕阶段四年间的写作文本，以此探讨名词化使用的发展情况。Gentil & Meunier 发现，相比之下，名词化使用受体裁的影响较大，受二语水平的影响较小；母语影响二语的名词化使用，但随着二语词汇、语法水平的提高，母语影响逐渐变小。最后，作者建议二语教学需帮助多语学习者利用语言迁移，为他们创造机会多比较、对比不同语言间名词化语法隐喻的语篇功能。

第十三章　多样输入研究：二语课堂的变异论（variationist approach）和语言使用观视角。本章由 Gurzynski-Weiss 等 7 位作者合作完成。她们以西班牙语主语表达式（subject expression）为例，研究课堂环境下教师提供的口头和书面输入中主语的特点。通过对 5 位母语为西班牙语教师的主语表达式分析发现，在口头和书面输入中，无主语使用最为常见。

第十四章　语言使用视角下二语教学：反思与启示。本章由 Tyler & Ortega 撰写。作者认为，本书收录的研究表明语言使用视角下二语教学在教授型二语习得领域的发展潜力巨大，有以下几个值得关注趋势：语言使用视角下二语教学研究者们融合了多种理论，特别是将社会文化理论和认知语言学相结合；首要关注意义，而非语言形式；语料库语言学得到进一步应用，语料为教授内容提供了现实据。作者指出，显性学习和隐性学习应为互补关系，而不是非此即彼的关系。最后，作者提出四个标准，用以评判一项教学设计是否是语言使用视角下的二语教学：(1) 目标语言形式是否为构式，即形式-功能-意义的结合体；(2) 学习者是否在语境下学习并使用目标形式；(3) 教学设计是否考虑母语、多语和二语水平等先验知识；(4) 教学具有何种学习目标以及如何测量目标是否达成。

10.4.2 简要评述

该书将语言使用观与二语教学相结合，既有理论视角，也有实证研究，为语言使用视角下的二语教学设计提供了理论基础和研究证据。具体而言，该书具有以下两个显著特点。

第一，多样的理论视角。书中所选的 12 篇文章不是从单一理论框架出发，而是融合了社会文化理论、动态语言使用论、互动社会语言学、认知语言学、功能语言学、语料库语言学等多重理论视角。这些理论具有共同的主张——语言和语言学习源于语言使用。语言使用视角下的二语教学是以研究为基础的新兴教学法，汲取了心理学、认知科学、语言学、心理语言学等领域的研究成果，获得了理论支撑。

第二，丰富的实证研究。本书虽融合了多种理论视角，但并非是晦涩艰深的理论探讨，而是在实证研究的基础上探索二语教学的有效性。正如编者们在致谢中所提到的那样，"我们的目的是推动语言使用视角下的二语教学有效性探讨"（xvii 页）。这些实证研究不仅为二语教学设计提供了事实依据和现实可行性，而且为教师进行教学设计提供了思路借鉴。例如 Rousse-Malpat & Verspoor 在文章中详细论述了电影教学法的具体操作步骤（61–63 页），这为中国外语教师在自己的课堂上实施此法提供了参考。

该书也有不足之处。秦洁（2020：147）指出，"由于语言使用观启发的二语教学研究尚处于理论探讨的探索性阶段，本书选取文章虽都开展了实证研究，却多以小规模的初步验证为主，普遍存在样本小、设计欠完善、测量指标不够细化等局限性。"我们深以为然。但是，瑕不掩瑜，该书有助于我们了解语言使用视角下的二语教学这一新型模式，也有助于我们将研究成果运用到自己的语言教学实践，并开展相应的教学研究。因此，这部著作值得从事语言教育的教师仔细阅读。

10.5 《项目教学法——21 世纪的差异教学法》

《项目教学法——21 世纪的差异教学法》（*Project-Based Learning*：

Differentiating Instruction for the 21st Century) 是 William N. Bender 博士 2012 年出版的著作。Bender 博士是国际知名教育专家，始终关注现实课堂，专注于研究实践教学技巧（practical instructional tactics），撰写教育方面的专著 20 余部。他的研究兴趣主要集中在项目教学法、差异化教学、干预反应法（response to intervention）。本书是从差异化教学的角度探索项目教学法的首批著作（Bender, 2012）。需要说明的是，该书并非只是针对外语教育领域，而是适用于所有教育领域；覆盖学段以小学、初高中为主。

10.5.1 内容简介

在 21 世纪，PBL 似乎适逢其时（Bender，2012）。PBL 并非新鲜事物，但最近越来越受到教育者重视，因为 PBL 有助于培养 21 世纪学生的必备技能——利用现代科技搜索信息、交流观点、解决问题、自主学习和合作学习等。该书以实用主义为原则，聚焦 PBL 的教学过程，每个章节均用大量笔墨细致描写如何在真实课堂中应用 PBL，并提供一些学校的真实项目案例。

全书正文包括六章。第一章是 PBL 概述，着重介绍了什么是 PBL，项目的构成要素、区别性特征和案例，PBL 作为教学法的理论基础，PBL 和差异化教学的三个共同切入点（学习内容、学习过程和学习结果）。PBL 的项目始于具有驱动性问题（driving question），这个问题具有挑战性，是成人在现实世界中可能遇到的问题，且没有唯一正确答案。问题或项目确定后，教师可以选择以介绍性的视频、口头描述等方式向学生阐释解决这个问题的重要性以及方法，此为驱动学生兴趣的背景介绍（anchor）；然后将需要完成的各项任务布置给学生。例如，头脑风暴、确定搜索信息的范围、分工、查找信息、整合数据、合作讨论、完成产品。

第二章聚焦课堂环境下的 PBL。教师首先需要考虑 PBL 如何与自己的课程相结合，是作为教学的补充（adjunct），还是替代已有的教学。与内容类课程传统的项目不同，PBL 包含以下九个要素：（1）激发兴趣的背景介绍；（2）团队合作；（3）问题驱动；（4）教师／同伴反馈；（5）调查与创新；（6）反思；（7）项目进展时间安排；（8）公开展示；（9）学生自主。其次，教师还需考虑 PBL 所需的教学技术手段，如微博、社交媒体等，以及教师应用 PBL 的挑战。

第三章介绍 PBL 具体设计和实施步骤。在项目实施前，教师需提前考虑下列问题（preplanning questions）：（1）项目涉及课程标准的哪些方面？（2）有何可用的技术资源？（3）准备教学资源需要多少时间？（4）除技术资源外，还有哪些可用资源？（5）设计一个项目需要多长时间？实施 PBL 大体包括六个步骤：（1）项目介绍和团队计划；（2）研究第一阶段：收集信息；（3）制作、完善、评估初步产品；（4）研究第二阶段：继续查找信息，优化产品；（5）最终产品成型；（6）产品展示。

第四章聚焦在课堂上有效实施 PBL 的技术和策略。PBL 离不开 21 世纪各种技术的进步和互联网的大发展。实际上，PBL 可用的技术每时每刻都在更新。21 世纪的第一个十年，互动电子白板、维基百科、班级博客等悉数登场，并迅速被"新潮"教师所采用。新世纪的第二个十年，数字化时代成长起来的年轻人能够轻松玩转社交媒体软件、人际沟通设备（如智能手机、平板电脑）、仿真电玩软件、视频剪辑软件等，课堂教学管理工具以及虚拟现实等更是走进现代化的智能教室。当今的数字技术为 PBL 提供了便利。

第五章描述 PBL 教学中用到的技术以外的其他策略。本章分为学生的探究策略（inquiry skills）和教师的教学策略。前者既包括学生常用的头脑风暴、时间规划、元认知策略等，也包括与他人合作、评价他人任务完成情况（包括如何肯定优点、指出不足）等技能。教师的教学策略包括分组策略、支架教学（scaffolded instruction）策略、课堂管理策略等。同传统课堂相比，PBL 具有不可预测性——教师应该事先设计好教学活动，还是即兴发挥呢？作者强烈建议教师事先预测学生的最终产品，预判各组可能提交的产品，并在学生完成项目前，针对学生问题提供 10～15 分钟的微型教学（minilesson）。

第六章讨论 PBL 评估手段。如何评价学生的进步也是教师需要考虑的问题。本章介绍了除教师评价外的其他评价形式，如学生自评、同伴互评、小组打分、档案袋评价和真实性评价（authentic assessment）。

PBL 注重解决问题和深层的概念理解，因此更加强调反思性评价。

10.5.2 简要评述

该书生动展示了如何在实际的课堂中有效应用 PBL，为 21 世纪课堂教学提供了新思路。虽然该书不是专门为外语教师而写，但对外语教师开展 PBL 教学具有指引作用。总结起来，该书有如下突出特点：

第一，案例丰富，实用性强。作者从教师教学的角度出发，使用大量教学实例对 PBL 的设计与实施提供具有可操作性的指导，为一线教师提供更加实用的教学策略。例如，在第一章简要说明什么是 PBL 后，便展示 PBL 的完整案例，向读者清晰呈现 PBL 的具体做法。例如：项目驱动，项目包含哪些具体任务，完成一个项目学生需要的资源，项目的最终成果，以及如何对项目进行评估。每个案例解释详尽，能够让读者在实例中体会到 PBL 的设计理念和具体实施细节。读过此书后，读者便可以上手操作 PBL，能用，会用。

第二，读者友好，适用面广。除大量真实案例外，该书贴心设计了"重点方框"，将重点内容进行归纳，呈现在每页页边的方框中，既便于读者首次阅读时抓住重点，又便于读者回看时迅速忆起要点。书中所用案例涵盖了幼儿园、小学、初中和高中学段的多门内容类课程（如生态学、科学、生物学、历史等），对中国环境下的大学外语教学也有极强的借鉴意义。

第三，干货满满，可读性强。该书将重点放在 PBL 实施策略方面，虽有少量理论介绍，但大部分笔墨还是阐明怎样将 PBL 运用于实际课堂，是一本典型的"教师手册"。因为关注差异性教学，该书还专门分析同一项目在不同学段的不同课程中如何运用，令读者大开眼界。作者作为资深教育专家，撰写教育专著多部，深谙写作之道，文字简洁精炼，文风朴实流畅，不拖泥带水，具有可读性，读来无拖沓累赘之感。

遗憾的是，虽然该书的副标题为差异性教学，但除在第一章有所涉及外，其他章节并未深入探讨如何进行差异性教学。笔者认为，差异性教学不仅体现在教师针对同一项目进行异质分组，至少还应该体现在如何针对不同的学生设计不同的项目。当然，瑕不掩瑜。在后疫情时代，各学校纷纷建立智慧教室，各种软件平台（如钉钉课堂、腾讯会议）亮出新技能，为 PBL 的实施提供了技术支持。令人振奋的是，大部分教师已经掌握了 PBL 所需的技术手段。也许正如美国教育顾问 Denise Rives 在本书封底的评论中写道的，"PBL 是教育的未来，传统的课堂已经不能满足当今全球化世界对新时代学生提出的更高要求，PBL 也许是未来教育的入场券"。

10.6 《产出导向法：中国外语教育理论创新探索》[1]

自产出导向法于 2015 年问世以来，越来越多的学者和教师意识到它能够有效提高学生用外语产出的能力，相关研究数量逐年递增，研究内容逐步深入，呈多样化特点。文秋芳教授的新作《产出导向法：中国外语教育理论创新探索》于 2020 年由外语教学与研究出版社出版。本节先分章节简述全书的主要内容，然后评析该书的主要特点。

10.6.1 内容简介

全书由五部分组成：绪论（第一至第三章）、POA 理论体系（第四至第六章）、POA 理论详解（第七至第十一章）、POA 研究范式（第十二至第十四章）、POA 教师发展与展望（第十五章和第十六章）。"绪论"着重介绍新中国外语教育理论的发展、POA 的发展现状和历程。"POA 理论体系"从宏观的角度重点阐明 POA 教学理念、假设和流程及三者之间的相互关系，POA 的中国特色以及 POA 与任务教学法的异同。"POA 理论详解"从中观的角度重点讨论了教学目标中的关键能力、驱动场景设计、促成活动设计、师生合作评价和教学材料使用。"POA 研

---

[1] 本节的主要内容发表于《外语教育研究前沿》2021 年第 2 期，题为《〈产出导向法：中国外语教育理论创新探索〉评介》，第 81-84 页，作者孙曙光。

究范式"从研究的角度着重论述 POA 教学研究方法——辩证研究法。"POA 教师发展与展望"侧重教师发展，分析熟手型外语教师运用 POA 的发展阶段，并在反思我国应用语言学理论发展路径的基础上，展望 POA 的未来研究方向。

第一章　我国外语教育理论 70 年。本章论述了新中国成立后的 70 年间我国教育理论发展的三条路径：引进改造、扎根本土、融通中外。三条路径重叠交叉，均为我国外语教育事业作出了重要贡献。"引进改造"曾长期占主流，但"舶来品"不是解决本土问题的最佳路径；"扎根本土"立足我国国情，扎根中国大地，解决本土问题，这条路径具有中国特色，符合国人思维，但很难译成英文被国外同行所理解；"融通中外"汲取中外理论精华，为解决本土问题提供创造性的解决方案，符合理论创新国际化的标准——本土化、原创性和国际可理解度（文秋芳，2017e）。POA 便是"融通中外"的产物。

第二章　POA 发展现状。本章从研究成果和应用推广两个方面说明 POA 目前取得的成绩。POA 团队一直秉承开放和包容的态度，通过教学实践、科学研究和学术交流不断优化理论和实践，产生了一系列具有影响力的书面成果和口头成果。在应用推广方面，POA 理论创建者文秋芳教授积极探索，立足于本市、本校，先后组建了英语教学、对外汉语教学、非英语语种教学三个实体团队，在积累了团队建设经验之后，又组建了全国范围内的虚拟团队，旨在推动 POA 理论体系发展与实践创新，提升中国外语教育理论的国际影响力，探索新时代教师专业能力发展路径。

第三章　POA 发展历程。本章从创建动因、创建理据、发展阶段三个方面回顾 POA 的发展历程。POA 创建的初衷是为解决我国外语教育中长期存在的"学用分离"和"文道分离"问题，其创建理据既有学理层面的，也有现实需求（社会需求和个人需求）层面的。十余年来，POA 团队一直不忘初心，探索如何将输入和输出融为一体，发挥输出的驱动、注意、检验和促学功能，满足职场对说、写、译人才的需求，以及外语学习者自我表达的愿望。到目前为止，POA 大致经历了五个发展阶段。以理论形成（文秋芳，2015）的 POA1.0 为分界线，理论形成前分为萌芽期、雏形期，理论形成后又分为修订期（POA2.0）和再修订期（POA3.0）。萌芽期的标志是提出"输出驱动假设"；雏形期的标志是提出"输出驱动—输入促成假设"；形成期的标志是构建"产出导向法"理论体系。在两次修订期，POA 增添或修订教学理念和假设，优化教学流程。但 POA3.0 不是理论的终结版，其未来的发展也有赖于广大一线教师的实践与智慧。

第四章　POA 理论概述。本章重点阐释了 POA 理论体系的三个组成部分：教学理念、教学假设和教学流程。教学理念包括学习中心、学用一体、文化交流和关键能力，是整个理论体系的指导思想，为教学指引方向。教学假设包括输出驱动、输入促成、选择学习和以评为学，是整个体系的理论支撑，也是教学活动设计与实施的依据。教学流程包括驱动、促成、评价三个环节，是教师具体教学实践的抓手。驱动环节旨在激发学习欲望。教师设置具有交际真实性的产出场景、学生尝试完成产出后意识到自己的认知和语言"缺口"，从而调动学生的主动性和积极性。促成环节旨在为完成产出任务搭建支架。教师通过设计系列活动，包括输入性和输出性的活动，帮助学生获取完成产出所需的内容、语言和话语结构。评价环节旨在检查、巩固、强化所学。教师通过聚焦典型问题，进行进一步教学，以评为学。

第五章　POA 的中国特色。本章详细阐述 POA 的四个中国特色：融合课程论和二语习得理论视角；坚持实践是检验理论有效性的标准；根据中国国情，对症下药，综合施策；突出教师的主导作用。POA 将二语习得理论的新进展与语言教育紧密相连，POA 的三个教学环节体现了课程论的教学目标、内容、方法和评测，并与二语习得的输出驱动、输入促成、选择学习和以评为学假设相对应。POA 理论从实践中来，到实践中去，理论和实践的良性互动推动 POA 理论的不断完善。POA 理论体系针对中国外语教学中的"学用分离"问题"开中药方"，系统性解决教学中的"费时低效"问题。这一切都离不开教师的主导作用。

第六章　POA 与任务教学法。POA 与任务教学法二者间的异同一直是国内外学者和一线教师最为关注的问题之一。本章比较 POA 与两种任务教学法（TBLT 和 tblt）（Long，2015），认为 POA 和 TBLT 的本质差异在于教学对象和教学目标上。TBLT 的教学对象是即将从事某一职业的英语学习者，其目标是培养学习者胜任特定岗位所需的语言技能；而 POA 的教学对象是绝大部分并无特别明确从业方向的在校学生，其目标是通过通用英语教学发展说、写、译能力，提升综合素质。POA 和 tblt 虽然有着相同的教学对象和目标，但在教学单位、教学大纲／教学材料、教学实施三个方面，二者存在显著的差异。tblt 以任务为单位，教学大纲和材料以任务为基础，遵循任务前、任务中和任务后的实施步骤，未对教师的作用有显性的描述。POA 以单元的产出任务为教学单位，有 POA 顶层理论指导的教学材料，遵循驱动—促成—评价教学流程，教师起主导作用。

第七章 关键能力。POA 的教学目标分为显性（师生共用）和隐性目标（教师专用）两类。这两类目标涵盖了外语教育的六种关键能力：语言能力、学习能力、思辨能力、文化能力、创新能力和合作能力。课堂教学活动一般会覆盖前四种关键能力，而后两种关键能力需要教师的额外关注，精心设计特定的活动有意识地培养。

第八章 POA 驱动场景设计。POA 的产出任务内嵌在交际场景中，交际场景的设计是实施 POA 教师遇到的首要难题。初次接触 POA 的教师往往对交际真实性理解不到位，产出场景驱动力不强。本章着重论述了驱动场景需包含的四要素——话题、目的、身份和场合及各要素的作用，指出场景设计中常见的身份不当和身份不明两个典型问题，并以案例说明如何设计具有交际真实性的产出场景。最后作者建议外语教师采用显性方式培养学生的"身份"意识，并呼吁更多的教师研究者从理论和实践两方面深入研究驱动环节。

第九章 POA 促成活动设计。POA 的促成环节充分体现了教师的主导作用。教师设计的促成活动精准对接产出目标，精准应对学生的产出困难，并提供渐进性的脚手架，脚手架应恰到好处，与学生当前的水平和需求协同，最后促成活动还必须多样，增强活动的趣味性。本章以具体教学案例演示促成活动精准性、渐进性、协同性和多样性，为教师准确理解、设计和实施促成活动提供了借鉴。

第十章 师生合作评价。POA 的产出任务多，教师难以做到对每个学生的产品进行详细评价，为此，本章提出师生合作评价（teacher-student collaborative assessment，简称 TSCA），以提高评价的效率和效果，并详细说明了 TSCA 课前、课中和课后的实施步骤和要求。为保证

TSCA 的有效实施，教师需持有正确的评价理念，即评价是教学的升华阶段，评价要求教师的专业引领，评价要求学生全员以多种形式参与，评价要求教师充分发挥中介作用。

第十一章 POA 教学材料使用。教学材料是课程的载体，POA 教学材料的有效使用是教学效果的基本保障。本章提出 POA 教学材料使用和评价框架，包括教学材料使用理念、准备过程和有效性评价标准。教学材料的使用理念包括教师主导说、产出目标决定说和输入材料服务说；教学材料使用的准备过程包括前期分析、设定目标和选择与转换输入材料；教学材料使用有效性标准为产出目标恰当性、促成活动有效性和产出目标达成性。

第十二章 辩证研究方法与 POA。验证一种教学方法的有效性极其困难。教学是复杂系统，包括教师、学生、教材等众多变量，而在使用不同教学方法时，难以做到实验班和对照班完全同质。辩证研究方法（dialectical research method，简称 DRM）通过若干个问题、理论、实践和反思的循环，达到理论和实践的迭代优化。DRM 已经在 POA 理论创建和发展过程中取得明显成效，能够帮助研究者实现理论和实践双优化的目标。

第十三章 辩证研究范式。本章将 DRM 优化为辩证研究范式（dialectical research paradigm，简称 DRP），在比较 DRP 和 DRM 的主要差异后，详细阐明 DRP 的理论框架，包括哲学立场、系统问题、研究目标和研究流程。优化后的 DRP 概括性更强，特色更明显。DRP 特色主要体现在全局性思维、理论与实践一体化和迭代性，在"大科学"时代应用范围更广。

第十四章 辩证研究与行动研究。本章聚焦辩证研究（dialectical research，简称 DR）与行动研究（action research，简称 AR）的异同。在分别分析 AR 和 DR 的主要特点之后，作者从哲学基础、研究对象、研究目标和研究流程四个方面分别论述二者的相同点和不同点。最后作者强调研究方法无优劣之分，研究者需根据特定的研究问题选择合适的研究方法。

第十五章 POA 应用与教师发展。POA 是教学工具，工具的使用促进教师专业发展，对提高外语教育质量的重要性不言而喻（文秋芳，

2020a）。作者在分析三位教师使用 POA 成长历程的基础上构建了熟手型外语教师发展的理论框架，并深入分析了三位教师的专业发展阶段——尝试性、解释性和创新性阶段，为外语教师发展提供了新视角。

第十六章　反思与展望。作者站在应用语言学学科全局的高度，从研究者的社会责任、大科学工程思维和外语教育理论的百花齐放三个方面，反思我国应用语言学理论该如何发展，并建议研究者从拓展 POA 应用、精打细磨 POA 和弥补 POA 薄弱环节三个方面进行深入研究。在未来研究中，POA 的应用可以扩展至不同水平的外语学习者、不同类型的课程；POA 的设计应更关注驱动场景多样性，促成和评价活动设计问题，以及互动能力和创新能力培养问题，英语信息深度加工问题。

10.6.2　简要评述

该书展现了文秋芳教授对我国应用语言学国际化的最新思考和创建"融通中外"理论来解决中国本土问题的真知灼见，对广大一线外语教师更新教育教学理念、采用 POA 教学、开展教学研究具有重要的指导作用。更为难得的是，该书的作者反复强调，POA3.0 版不是最终版，呼吁各学段、各语种的外语教师参与 POA 实践、研究与理论优化，将具有中国特色的本土原创的教育教学理论推向国际舞台。我们相信，这部论著的出版将促进外语教师反思自己教学实践和教学研究中遇到的难题，立足课堂实践，从课堂中的"真问题"出发，积极更新教育理念，参与教学改革，提高外语教学质量，推动中国外语教育理论的发展。

该书内容全面系统，逻辑清晰分明，语言平实易懂，可读性强，为广大外语教师和外语专业的研究生展开 POA 教学实践和教学设计提供了着力点。具体而言，该书具有以下特点。

第一，脉络清晰，环环相扣。从整体结构来看，全书涵盖了 POA 产生背景、理论、实践、研究和教师发展方方面面，主线清晰，层次分明，逻辑连贯。"绪论"部分的背景简介为读者铺陈出 POA 创建的历史背景及发展脉络，有助于读者把握 POA 的"前世今生"，主要回答"为什么"的问题。"POA 理论体系"部分的整体介绍与辨析为读者深入理解后续内容做了铺垫,有助于读者从总体上把握 POA 的"整体架构",主要回答"是什么"的问题。"POA 理论详解"部分以 POA 教学中的关键点为抓手,为读者细致地说明了目标设定、教学设计和材料使用,有助于读者把握 POA 理论的"落地路径",主要回答"如何做"的问题。"POA 研究范式"部分的方法介绍为从事教学研究的教师提供了"有力工具",主要解决"如何做研究"的问题。"POA 教师发展与展望"部分首先论述以 POA 为中介的教师发展阶段和决定因素,主要回答"教师怎样发展"的问题,然后反思中国应用语言学国际化路径和 POA 的发展方向,主要回答"中国应用语言学怎样发展"和"POA 怎样发展"的问题。

第二,读者友好,问题导向。作者从读者的角度出发,下笔读者意(writing like a reader),以问题引出章节内容,使读者带着问题往下探究。例如,在第二章介绍 POA 发展现状时,作者以"POA 发展已取得何种成绩"提纲挈领,既引出了话题,又有助于读者阅读完本章后归纳总结。再如,在第六章辨析 POA 与任务教学法的异同时,作者开门见山,以"POA 与任务教学法有何区别"的疑问引发了读者思考,然后娓娓道来,犹如作者向读者说话,没有距离感。

第三,理论 – 实践结合,教学 – 研究并重。该书的作者为 POA 教学与研究团队负责人,一直注重教学实践与科学研究的辩证互动关系,主张理论必须与实践相结合,"将 POA 放到不同课堂、让不同教师去实践,并依据实践结果,不断修订与完善 POA 理论"(文秋芳,2017a:354)。该书虽为教学理论著作,但作者在专注教学的同时不忘科学研究,兼顾教师发展。"辩证研究范式"为研究复杂教学系统中的问题提供了新思路,助力广大一线教师的教学研究。作者鼓励教师从实际问题出发,以教学中的"真问题"为导向,不断地通过"学习借鉴—修订理论—实践理论—反思诠释"的循环互动优化理论、实践和诠释。POA 本身是教学实践与研究互动的产物,在互动中完善、发展和成长。同样,教师也在教学实践与研究中完成专业发展。

尽管作者对教学流程驱动—促成—评价三个环节进行了简要介绍,梳理了教师设计和实施驱动环节应注意的场景设计问题,以及促成环节的协同性问题,并采用两个简要案例对要点问题进行解析,但是作者并未给出驱动—促成—评价环节的详细操作案例，这主要是考虑到产出导向法理论与实践研究丛书的整体安排，系列丛书的其他著作会对此进行深入探讨。此外，对于辩证研究范式如何操作，该书也未展示相关操作案例。如果教师想了解完整的教学流程案例以及辩证研究案例，可以进一步阅读系列丛书中的相关图书以及相关论文。

10.7　小结

　　本章介绍了 6 部外语教育领域专著。相比较而言，前三部（《透过二语习得研究探究语言教育》《第二语言教育中的社会文化理论导论：叙事视角》《教授型二语习得导论》）更为宏观，运用二语习得理论和研究成果来探究语言教育；后三部（《语言使用视角下的二语教学：基于实证的教学》《项目教学法——21 世纪的差异教学法》《产出导向法：中国外语教育理论创新探索》）更为中观，聚焦三种教育理论：基于使用的语言教学法、项目教学法和产出导向法。这 6 部论著可读性强，涵盖了教育理论、教育实践、教学研究以及理论、实践和研究结合思路，为一线外语教师开展语言教学和研究提供了有益参考。

第 11 章
外语教育研究方法新趋势

语言的教与学研究热度一直不减，相关成果令人瞩目（"应用语言学核心话题系列丛书"编委会，2018）。和其他的社会研究类似，外语教育教学研究常见的实证研究方法可以分属于三大类：量化研究、质化研究和混合研究。量化研究所收集的数据以数字形式呈现，数据分析采用统计方法；质化研究所收集的数据以文字形式呈现，数据分析以文字描述为主（Niglas，2010）；混合研究是对同一研究采用了量化和质化两种方法（Bryman，2015）。表 11-1 展现了量化、质化和混合研究常见的研究设计。本章首先简要回顾 21 世纪以前研究方法的使用情况，然后讨论 21 世纪以来外语教育研究采用的主流研究方法，最后介绍几种新兴的研究方法。

表 11-1 研究方法分类（改编自 Creswell, J.W. & Creswell, J.D.，2018：23）

量化研究	质化研究	混合研究
• 实验研究 • 非实验研究（如调查研究）	• 叙事研究 • 现象学研究 • 民族志研究 • 扎根理论研究 • 个案研究	• 三角验证式混合（convergent） • 解释性时序式混合（explanatory sequential）（先量后质） • 探索性时序式混合（exploratory sequential）（先质后量） • 复杂嵌入式核心设计（complex designs with embedded core designs）

11.1　21 世纪前研究方法使用情况

本节从国外和国内两个方面分别介绍 21 世纪以前应用语言学领域研究方法的使用情况。应用语言学有狭义和广义之分。本文指的是狭义上的应用语言学，主要涵盖二语习得及外语教育范畴。因此，应用语言学领域研究方法的使用大体能够反映外语教育领域研究方法的使用。

11.1.1　国外变化趋势（1967—2000）

Henning（1986）、文秋芳和王立非（2004）分别分析了 SSCI 期刊 *TESOL Quarterly*（《对外英语教育季刊》）1967—1985 年和 1986—2000 年两个时段所刊发的论文中的研究方法使用趋势。根据他们的统计结果，*TESOL Quarterly* 的研究方法使用大致可以分为四个阶段（参见表 11-2）：第一阶段（1967—1975）以质化法为主；第二阶段（1976—1980）量化法和质化法均衡使用；第三阶段（1981—1995）以量化法为主；第四阶段（1996—2000）质化法超量化法。由于质化法耗时费力，研究周期较长，文秋芳和王立非（2004）断定 20 世纪 90 年代中期，国外质化法进入成熟期，可能会出现质化法多于量化法的使用。

表 11-2　1967—2000 年 *TESOL Quarterly* 所呈现的研究方法变化（文秋芳、林琳，2016：843）

阶段	特点	年份	量化法	质化法	合计
一	质化为主	1967—1975	11（18%）	51（82%）	62
二	量化/质化均衡	1976—1980	16（52%）	15（48%）	31
三	量化为主	1981—1995	91（74%）	32（26%）	123
四	质化超量化	1996—2000	23（41%）	33（59%）	56

高一虹等（1999）以 *TESOL Quarterly*、*The Modern Language Journal*（《现代语言杂志》）、*Applied Linguistics*（《应用语言学》）、*International Review of Applied Linguistics*（《国际应用语言学评论》）为例，分析了

第 11 章　外语教育研究方法新趋势

1985—1997 年应用语言学领域重要国际期刊刊发论文的研究方法变化趋势。结果显示，国外应用语言学研究呈现出由量化到质化的发展趋势。质化与量化研究比例在 80 年代后半期还存在较大差距，量化研究占绝对优势。但到 90 年代，这一差距逐渐缩小；90 年代中期，二者的比例已非常接近。

11.1.2　国内变化趋势（1978—1997）

高一虹等（1999）还对我国《外语教学与研究》《现代外语》《外语学刊》和《外语界》1978—1997 年这一时段刊发的学术论文所采用的研究方法进行了统计。依据她们的研究结果，我们可以将这一时段研究方法的使用大致分为两个阶段（参见表 11-3）。第一个阶段（1978—1987）非实证研究（94%）占统治地位，其中有的基于个人经验和反思，有的是对国外理论的引进；实证研究仅占 6%，且以百分比为主的描述性分析。第二个阶段（1988—1997）实证研究逐步发展，达到了 16%，其中量化法（14%）明显多于质化法（2%）。

表 11-3　1978—1997 年国内研究方法变化趋势（文秋芳、林琳，2016：844）

阶段	特点	年份	非实证研究	量化法	质化法	合计
一	非实证研究占统治地位	1978—1987	516（94%）	33（6%）	0（0%）	549
二	实证研究发展	1988—1997	794（84%）	132（14%）	19（2%）	945

综上，在进入 21 世纪之前，国外应用语言学研究领域"量化法与质化法呈交替上升趋势，最终是质化法超量化法"（文秋芳、林琳，2016：843），呈现出从量化到质化的发展趋势（高一虹等，1999）。国内应用语言学领域广泛采用社会科学实证研究方法与国外相比滞后 20 年左右，变化趋势相对缓慢。到 20 世纪末，才出现少量实证研究，且以量化法为主。

11.2　21世纪研究方法使用情况

文秋芳和林琳（2016）选取国内和国外应用语言学领域具有代表性的两份期刊 TESOL Quarterly 和《外语教学与研究》（下文简称"TQ"和"《外研》"），对 2001—2015 年 520 篇实证文章（TQ265 篇、《外研》255 篇）中量化法、质化法和混合法使用的宏观趋势进行对比，分析了三个时段（2001—2005、2006—2010、2011—2015）量化法和质化法的使用差异。选择 TQ 和《外研》作为研究材料主要原因是，TQ 和《外研》分别是学界知名的核心期刊，影响力大。TQ 创刊于 1967 年，与应用语言学学术地位的正式确立时间（1964 年）相近（桂诗春，2000），能够反映国外应用语言学研究的演进；《外研》是我国外语界第一家权威学术期刊，复刊于 1978 年，其研究与国际学术前沿接轨。

11.2.1　国外研究方法总趋势及特点（2001—2015）

截至 2015 年，在 TQ265 篇实证研究文章中，质化法 133 篇（50.19%）、量化法 87 篇（32.83%）、混合法 45 篇（16.98%）。表 11-4 将 15 年分为三个时段：2001—2005、2006—2010 和 2011—2015。TQ 呈现以下显著特点：第一，与 20 世纪相比，量化法总体上呈显著下降趋势；在 21 世纪，量化法的使用基本上呈平稳趋势。1996—2000 年量化法占 41%，2001—2005 年降为 32.86%，其后两个时段分别为 34.41% 和 31.37%。尽管后两个时段有少量起伏变化，但总体而言变化不大，三个时段平均为 32.83%。第二，与 20 世纪相比，质化法有小幅下降趋势，但质化法超量化法的总体趋势未改变。1996—2000 年质化法占 59%，2001—2005 年降为 52.86%，其后两个时段分别为 50.54% 和 48.04%，三个时段平均为 50.19%。质化法的使用显著多于量化法。第三，混合法的比例呈逐渐上升趋势。混合法在第一、二、三个时段的占比分别为 14.29%、15.05% 和 20.59%。

第 11 章 外语教育研究方法新趋势

表 11-4 *TQ* 与《外研》实证研究文章统计（文秋芳、林琳，2016：847）

年份	TQ				《外研》			
	量化法	质化法	混合法	小计	量化法	质化法	混合法	小计
2001—2005	23（32.86%）	37（52.86%）	10（14.29%）	70	54（75%）	6（8.33%）	12（16.67%）	72
2006—2010	32（34.41%）	47（50.54%）	14（15.05%）	93	59（77.63%）	6（7.89%）	11（14.47%）	76
2011—2015	32（31.37%）	49（48.04%）	21（20.59%）	102	90（84.11%）	7（6.54%）	10（9.35%）	107
总计	87（32.83%）	133（50.19%）	45（16.98%）	265	203（79.61%）	19（7.45%）	33（12.94%）	255

鉴于混合法包含了质化法和量化法，对混合法的 45 篇文章进行了二次分析发现，其中 16 篇研究以量化法为主，15 篇以质化法为主，另外 14 篇量化法和质化法使用均衡。将这些研究与量化法、质化法合并后发现，量化法达到 38.87%，质化法达到 55.85%，均衡混合法占 5.28%，这一结果与总体趋势没有明显差别。

结合文秋芳和王立非（2004）的研究结果，可以看出，1976—1980 年质化法与量化法地位不相上下。然而，从 20 世纪 80 年代起至 90 年代中期，与质化法相比，量化法占绝对优势；90 年代中期到 20 世纪末，质化法明显超越了量化法。进入 21 世纪，质化法、量化法、混合法三种方法共同推进国外应用语言学研究的发展，但质化法的优势地位依旧稳固。

11.2.2 国内研究方法总趋势及特点（2001—2015）

21 世纪以来，在《外研》255 篇实证研究文章中，量化法占 203 篇（79.61%）、混合法占 33 篇（12.94%）、质化法占 19 篇（7.45%）（参见表 11-4）。在 2001—2015 年的 15 年间，国内研究方法呈现三个主要特点：第一，与 20 世纪相比，总趋势是量化法占绝对优势，远远高过质化法和混合法；量化法的数量持续增长，第一、二、三个时段量化的占比分别为75%、77.63%、84.11%（参见表11-4），第三时段较第一时段增长9.11%。第二，质化法较20世纪有一定幅度的增加，但在进入21世纪的15年，质化法的使用总体而言仍处于边缘化地位。质化法在1988—1997年时仅占2%（参见表11-3），到21世纪的第一个时段（2001—2005年）增加到8.33%，其后两个时段分别是7.89%和6.54%。第三，表面上看，混合法多于质化法，研究数量占实证研究的12.94%。然而将33篇混合法研究进行二次分析，发现其中18篇研究以量化法为主，5篇质化法为主，另外10篇量化法、质化法均衡使用。合并结果显示，量化法比重增加到86.67%，质化法占9.41%，均衡混合法占3.92%。由此可见，国内量化法仍占绝对优势，大致相当于国外20世纪80年代到90年代中期的状况（参见表11-2）。

11.2.3　国内外研究方法使用比较

纵观21世纪以来国外应用语言学研究方法的使用情况，可以发现一个明显趋势，质化法（50.19%）＞量化法（32.83%）＞混合法（16.98%），且质化法和量化法的占比差异在16%~20%之间，三个时段之间的差异先降后趋稳（20%→16.13%→16.67%）。也就是说，量化法和质化法的使用差异在逐步趋向稳定。与国外相比，国内呈现出不同趋势：量化法（79.61%）＞混合法（12.94%）＞质化法（7.45%），且量化法和质化法的占比差异达到66%~78%之间，同时三个时段两者间的差异在逐步增加（66.67%→69.74%→77.57%）。这说明与质化法相比，量化法的使用越来越多。另一特点是，国内外混合法使用在2001—2005年、2006—2010年这两个时段并无明显差异。然而在2011—2015年这一时段，国内外混合法的使用差异明显（9.35%~20.59%）。这说明国外混合法的使用越来越多，而国内混合法的使用却有所下降。

11.2.4 国内外研究方法使用差异的成因[1]

导致国内外研究方法使用的差异主要有两点原因。首先，国内外研究处于不同的发展阶段。国外研究已经历过从质化法为主到量化法为重的转变，然后又出现了质化法的复苏与发展。随着研究手段趋于成熟，量化法与质化法的使用逐步理性化。而我国研究起步晚，起点低，研究方法从了解到掌握需要一定的时间。当我国开始从经验总结逐步过渡到实证研究时，国外已经对质化法有了比较清晰的认识，相继刊发了有关质化法的文章，例如，Watson-Gegeo（1988）详细介绍了民族志研究的定义、原则、数据收集的方法，以及在英语教学研究中的使用。TQ 在 1995 年第三期上刊登了质化研究的专辑，探讨了质化研究的理论基础，以及在应用语言学研究中的应用问题；此后质化研究也逐渐走向成熟，其范式也广为接纳。

其次，国外对社会科学研究方法的哲学认识也发生了转变。早期研究者们也曾效仿自然科学研究，追求研究的客观性和系统性，通过设计实验，使用统计的方法来认识世界。自 20 世纪 60 年代始，研究者逐步认识到社会科学研究的对象是处于社会环境中的人和事，仅仅依靠量化法，难以揭示其复杂性、动态性及不确定性，质化法可弥补量化法的不足（Flick, 2014; Taylor et al., 2016）。随着人们对质化法作用的认识不断加深，其使用范围也不断扩大。70 年代末 80 年代初出现了许多有关质化法的著作，例如，Spradley（1979，1980）相继出版了 *The Ethnographic Interview*（《民族志访谈》）和 *Participant Observation*（《参与式观察法》），在一定程度上推动了质化法的使用。我国研究起步明显迟于国外，研究基础薄弱。从 20 世纪 80 年代以非实证研究为主，到目前实证研究占主导地位，足以证明我国应用语言学科研方法的普及确实有了明显改观，但研究方法内部的发展还不均衡，质化法的使用显著少于量化法。究其原因，我们或可将其归结为我国开展实证研究晚，然而这并不是主要原因。

---

[1] 需要说明的是，本节讨论未涉及混合法，一方面由于国内外在混合法的使用上呈现的差异没有量化法和质化法之间的差异显著，另一方面，如果能够熟练使用量化法和质化法，两种方法的混合将水到渠成。

导致国内质化法被边缘化的主要原因有三个：（1）对量化法和质化法的认识存在偏见；（2）质化法本身复杂多样，使用和教授都比较困难；（3）目前期刊审稿人中对质化法熟悉的人不多。

首先，不少人把实证研究等同于量化研究。好像只要有数字，只要运用了统计软件，研究就有了质量。这种对量化法的盲目崇拜源于对量化研究和质化研究的哲学基础缺乏足够认识。从本体论的角度来说，量化研究认为世界是客观存在的，研究要摆脱从主观视角来认识世界；从认识论的角度来说，量化研究认为真知源于实验，研究就是要确定因果关系，研究结论要具有普遍性和概括性（Bryman, 2015; Creswell, 2015; 陈向明, 2000; 刘润清, 2015）。而质化研究认为世界上没有纯粹的客观事物，任何事物的研究都要受到研究者本身所处的社会文化、历史环境的影响。从本质上讲，研究者本身的知识和看法就是研究工具的一部分，在实际操作中，难以做到绝对的客观公正。因此，质化研究更注重研究者对研究对象的深度描述和阐释，以了解事件发生的过程和变化轨迹（Bryman, 2015; Creswell, 2015; 陈向明, 2000）。相较量化研究，质化研究强调的是真实性和可信度，而不是普遍性和推广性（Denscombe, 2014）。因此，量化法和质化法用于了解事物的不同侧面，使人们对世界的认识更加全面，更加深刻。然而，鉴于量化研究以客观主义为理论基础，人们往往认为量化法更加客观，而质化研究注重人的感受，所以常常被误读为主观性强（Patton, 2015; Silverman, 2004）。事实上，量化法在操作层面，同样有人的主观介入，研究者通过选择变量、控制变量，达到研究目的。因此，绝对地认为量化法比质化法科学是不科学的表现。

第二，与量化法相比，质化法内部复杂多样，数据收集多样，教授质化法存在现实困难。质化法源于不同的学科，受不同哲学思潮、理论和方法的影响，本身犹如一把大伞囊括了种类繁多的不同方法，例如个案研究、行动研究、民族志研究、会话分析、现象学、叙事学等（Hammersley & Atkinson, 2007; Van Maanen et al., 1982）。每种方法的复杂程度也不尽相同。质化法研究数据的收集耗时费力，要从海量数据中梳理出清晰的逻辑脉络更是困难重重，也缺乏统一的写作规范，因此完成一项质化研究通常需要花费更长时间，撰写论文需要付出更大努力。这些复杂性给教授质化法带来了许多困难。有效的质化法教学需要采用体验式，即"学中做，做中学，边做边学，边学边做"。然而，研究方法课程的教学课时有限，难以实现这一有效措施。此外，一些教师本身未受过质化法的系统训练，对质化法的功能认识不到位，对其操作过程不熟悉，同时又缺少开展质化研究的自身体验，因此很难给学生提供深入指导。国内现有的质化法教材数量极其有限，高质量的教材更是凤毛麟角。有的教材偏重理论，案例较少，操作性不强；有的难度大，针对性不够，超出了学生现有的知识水平。

第三，期刊审稿群体中熟悉质化法的人数不足。文章能否发表与审稿人的评价关系密切。就我们所知，一些审稿人对采用质化法的论文常常给予负面评价，例如样本较小、代表性不强、研究结论太主观、篇幅太长等。这些负面评价对作者修改论文帮助不大。当两名审稿人都给予如此负面评价时，期刊主编有时也显得无能为力。本书的第一作者经常听到从国外毕业回来的博士抱怨，他们所做的质化研究论文在国内期刊上难以发表，因此不得不放弃原来擅长的质化法，重新学习量化法。这可能导致我国质化法的发展和传播进入恶性循环。

11.3 对改进我国外语教育研究方法使用的三点建议

与国外相比，我国目前外语教育研究领域存在的最大问题是重量化法、轻质化法。需要说明的是，研究方法的使用是为回答研究问题服务的，方法本身并无好坏、优劣之分。不同的研究问题需要不同的方法来解答，重点在于是否用对了方法、是否科学。为了改进目前我国研究方法使用中存在的问题，本节提出三点建议。

第一，量化研究者需要拓宽视野，增加对质化法的了解。作为研究者，我们认为可以专长于量化法，但不能对质化法带有偏见。例如在学生论文答辩会上，常有人提问，"你就写了这三个人的故事有什么代表性啊？""这样细致的描述到底能说明什么呢？"一旦学生遇到这样带有偏见的问题，就不知如何回答。因此我们建议量化研究者对质化法一定要多学习、多了解，理性认识质化法的优缺点。否则由于我们的认知缺陷而导致偏见，不但会扼杀学生使用质化法的积极性，还会对论文质量做出不公正的评价。

第二，对现有研究方法课程进行重新设计。与国外相比，我国对学生研究方法的教育差距很大。国外从中学就开始教授研究方法，随后本科、研究生阶段还继续提供相关课程，因此学生在这方面受到的教育既有广度，又有深度。而我国各高校对研究方法课程重视程度不够，一般到硕士阶段才开设一门课（约32课时）。因此我们建议将硕士阶段的研究方法课程延长至一个学年，并将量化法和质化法分开教授，给予同等的教学时数。另一方面，如果条件允许，将研究方法课程分为本科、硕士、博士三个阶段，即初级、中级和高级课程，其教学内容循序渐进，让学生对不同类别的研究方法有全面了解。

第三，期刊审稿队伍中要增加擅长质化法的研究者，对质化法文章提出行之有效的修改意见，帮助质化法研究的作者提高文章质量；规范质化法文章的写作，培养一批熟知质化法且能够从事质化研究的队伍，进而促进质化法的使用。另外，鉴于质化研究的论文一般较长，如果条件允许，希望期刊能够适当放宽对质化研究论文篇幅的限制。

11.4　小结

通过对 TQ 和《外研》两本期刊实证文章研究方法进行对比，我们发现，进入 21 世纪，国外外语教育研究方法的总体趋势是质化法（50.19%）> 量化法（32.83%）> 混合法（16.98%），国内是量化法（79.61%）> 混合法（12.94%）> 质化法（7.45%）。由此可以看出，国外研究以质化法为主，三个时段质化法与量化法的差异相对平稳；国内实证研究的数量增长幅度明显，但量化法与质化法使用的差异越来越大。为促进我国应用语言学研究方法均衡发展，我们需要提高认识，消除偏见，还应加强研究方法的课程教学。

第 12 章
外语教育课堂研究方法新进展

国外外语教育新理论不断推出，但外语教学中的本质问题并未得到解决。关键原因是，研究理论的较少关注实践，而从事实践的教师较少关注理论。为把我国建设成为外语教育强国，外语界同仁需齐心协力，有意识地构建具有本土特色和国际可理解度的原创外语教育理论，聚焦外语教育中的真问题，提出解决问题的方案并在实践中检验。因此，采用何种方法对新理论进行检验并实现理论和实践双优化的重要性不言而喻。

我国外语教师队伍庞大。各学段的外语教师，特别是高校外语教师，肩负着教学和科研的双重任务。孟春国等（2018）对15个省市自治区60余所不同类型高校展开了英语教师学术写作与发表的调查研究，统计结果显示：英语教师不写或不发论文的原因是"兴趣不足"（27.6%）、"选题障碍"（23.3%）、"不懂方法"（10.7%）（2018：113）。除上述主观原因外，还有"教学占用的精力太多，疲于奔命地赶着上课"的客观原因（陈桦、王海啸，2013：27）。外语教师对教学投入多，熟悉课堂教学，但可能没有找到合适的方法将教学实践概念化、理论化。在后方法时代，假若符合具体情境的教学知识只能从教师及他们的教学实践中产生，那么就应该帮助教师将他们的实践理论化，将理论知识实践化（Kumaravadivelu，2006：173）。

本章介绍一种新兴的外语教育课堂研究方法——辩证研究（dialectical research），希望能够为教师提供将教学与科研相结合的新思路。辩证研究，也被称为辩证研究法（文秋芳，2017c）、辩证研究范式（文秋芳，2018a），为了表述方便，本书将之简称为辩证研究。辩证研究源于文秋芳（2017c，2018a，2019a）系列期刊论文，适用于"课程改革、教学方法、教材有效性等二语教学各类复杂问题的研究"（文秋芳，2017c：9）。其产生动因有二。一是实验法难以满足"传统效度"要求。实验法（比较实验班和对照班）是检验教学法（如产出导向法）有效性的传统手段。但在检验二语教学有效性时，该法难以确保实验前的自然班学生100%的相似度，也难以确保自然班任课教师100%的同质性，教学效果测量也无法真正做到客观、公平。二是难以实现理论—实践—阐释同步优化的目标。本节先介绍辩证研究的定义与理论基础，然后说明它的实施步骤和主要特点，最后以案例的形式呈现辩证研究在外语教育教学中的应用。

12.1　定义与理论基础

辩证研究范式是采用唯物辩证法的哲学视角研究二语课堂教学中系统性问题，以实践—理论—阐释优化为目标的科学研究方法（文秋芳，2018a）。辩证研究的理论基础是辩证唯物主义（文秋芳，2017c，2019a）。辩证唯物主义强调实践的重要性，主张实践是发现理论、检验理论、发展理论的唯一途径。不仅如此，它还强调理论对实践的能动作用。例如，毛泽东（1971：21）在《实践论》中指出："在马克思主义看来，理论是重要的，它的重要性充分地表现在列宁说过的一句话'没有革命的理论，就不会有革命的运动。'然而马克思主义看重理论，正是，也仅仅是，因为它能够指导行动。"辩证研究遵循辩证唯物主义，因此强调在学习借鉴他人和自身的理论和先前实践基础上，构建能够指导实践的创新理论框架。这是整个研究过程不可或缺的前提条件。与此同时，辩证研究不仅追求环境的改造，而且期待理论的发展和完善。

文秋芳（2017c，2018a）从本体论和认识论两个层面详细阐释了辩证研究的哲学理念。本体论理念体现研究者对研究对象本质的认识。辩证研究认为研究对象与世界上其他事物普遍联系、相互制约、相互影响；研究对象不断变化与发展，其发展的根本动力来自研究对象的内部矛盾，外部矛盾只是变化的条件和促进因素；研究对象与其他事物虽有联系，但又有本质上的差异。这就是唯物辩证法的联系观、发展观和差异观（文秋芳，2017d）。认识论理念体现研究者对理论与实践关系的认识。

辨证研究主张理论与实践之间存在辩证统一的关系。实践是理论的来源，也是检验理论的唯一标准；理论对实践具有引领作用，为实践提供正确的方向（毛泽东，1971）。理论引领下的实践又能对前期理论进行补充或修正，理论与实践之间反复循环，就能同步优化理论与实践。这里的"实践"含义广泛，既包括直接和间接实践，又包括自身和他人实践。

12.2 实施步骤

辩证研究的起点是发现影响二语课堂教学质量的系统性问题。这里的系统性问题可以处于不同层级（上、中、下）的系统，但必须涉及多个因素，具有综合性和复杂性的特点。例如，自改革开放以来，我国在国际上的交往日益频繁，社会对大学生英语应用能力的期待越来越高，大学英语教学因"学用分离"而广受诟病。产出导向法着力解决的"学用分离"就属于系统性问题，因为无论教授"通用英语"还是"专用英语"，都需要学用一体化。为解决这一问题，必须"综合施策"，处理好多个子系统之间的关系。再如，如何将思辨能力培养融入语言技能教学，如何提高英语写作课的教学质量，如何提高学生学术英语的表达能力，如何评价教材的有效性等也属于系统性问题。至于"合作学习""课堂提问""纠正性反馈""课堂学生参与度"等类似问题，它们只涉及二语教学某个环节或某个方面，而不是整个系统或某个子系统；尽管研究和解决这些问题有助于改善二语教学质量，但不能从根本上提高二语教学质量和效率。需要说明的是，这些问题不是不值得研究，而是不适合采用辩证研究。

辩证研究包含若干循环。每个研究循环包括四个步骤：（1）学习借鉴；（2）提出/修订理论；（3）实践理论；（4）反思阐释。第一个循环完成之后，后续循环中第二、第三项任务稍有不同。第一个循环"提出理论"，后续循环就是"修订理论"；第一个循环是"实践理论"，后续循环就是"实践新理论"。

"学习借鉴"指研究者针对研究问题学习已有理论和实践经验，包括自身的理性思考和以往的教育体验。习近平（2016）在全国哲学社会科学工作座谈会上讲话指出，我们需要向外看，学习国外理论和实践经验，"洋为中用"；也要向内看，学习我国古代和当代的优秀文化，"古为今用"。这是辩证研究坚持的原则和行动路径。学习借鉴是构建理论的前提和基础，辩证研究对完成这一步骤的要求有两个。第一，学习内容面要广，尽量做到古今中外均有覆盖；第二，借鉴要恰当，对所借鉴的内容须有机整合，做到融会贯通。

"提出/修订理论"指研究者在学习借鉴的基础上提出解决关键问题的理论框架。一般来说，虽然研究者反复思考，多次修改，初始理论依然不够成熟，仍需经过多次循环实践，迭代修改，逐步优化。初始理论虽"不完善"，但要力争符合四个条件。第一，针对性，即理论一定要对准问题的要害，"对症施药"；第二，创新性，即所提理论明显不同于现存理论，具有新意；第三，国际可理解性，即理论能和国际学界对话；第四，可操作性，即理论包括实施过程和步骤。从第二个循环开始，第二项任务为"修订理论"，即研究者要修订前一个理论体系。

"实践理论"指研究者将初始理论付诸实践。理论能否"落地"，一定要经过实践检验。这种实践不能是"随意"的，而应是一种"科学实践"。实践者首先要充分理解理论形成发展的过程、步骤及其原因，精心策划、严格实施实践方案，详细记录实践过程。"实践"要力争做到四点。第一，理论理解到位；第二，实践方案详实；第三，实践过程有序；第四，实践档案完整。所谓档案，是指实践过程中收集的各种数据。在数据收集方法上，辩证研究没有严格限制，研究者根据需要可以采用问卷、访谈、日志、录像、测试等各种不同方法收集数据。在第二个循环中，第三项任务为"实践新理论"。"新理论"是指经过前一个循环后，研究者对前期理论的修订成果。

"反思阐释"指研究者对研究过程进行反思。辩证研究的反思阐释分为即时性和延时性两种。所谓即时性，是指反思阐释发生于完成其他几项任务的过程中；所谓延时性，是指完成其他任务之后，安排专门时间进行反思与阐释。反思有个人反思和集体反思两种。个人反思可以通过日记形式，记录个人的点滴观察、思考和疑问。在个人反思的基础上，研究者进行集体反思，效果更佳。集体反思需要借助实践档案（文字、录音、录像等），结合理论框架，讨论实践的不足和理论的欠缺，为下一个研究循环做好准备。阐释一般与反思同步进行,两者时常相互交织,难以明确区分。研究者在阐释中以"局内人"视角,深入理解实践过程中出现的各种现象及其原因。事实上,这一点很难做到,因为研究者一般都带有"前见",但集体讨论可以帮助研究者摆脱"前见"。反思阐释有利于研究者准确理解实践过程中的各种现象,并作出恰当评价,为后续研究的正确决策打下基础。需要注意的是,研究者应避免因阐释不充分、不恰当,而对存在的问题和不足之处抓得不准,影响后续循环的成效。

12.3 主要特点

文秋芳(2019a)论述了辩证研究的四个特点:问题驱动、三重目标同步、研究流程一体化、研究成员多元化。这四个特点相互依存、相互联系,之间存在着互动关系,均由双向箭头相连(参见图 12-1)。但这四个特点并不处于同等位置,"系统关键问题驱动"位于中心,是辩证研究的出发点和其他三个特点实现的驱动力。

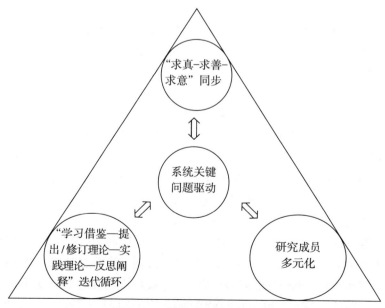

图 12-1　辩证研究的主要特点

第一，问题驱动。辩证研究处理的问题具有系统性和关键性两个主要特征。系统性是指问题涉及现实生活中互相交织的多种复杂因素。例如，如何建设复合型外语人才培养体系曾经是20世纪80—90年代外语教学改革的系统问题。该问题涉及课程设置、学分总量分配、教师教学能力、学生选课制度、学生学习方式、评价手段等多个因素。关键性是指该问题的解决有着"四两拨千斤"的作用。仍旧以复合型人才培养体系为例。解决这个系统问题的关键是设计科学、合理、操作性强的课程体系。需强调的是，"关键性"是针对某个问题而言。脱离了具体问题，关键性就无从谈起，因为解决甲问题的关键不能用于解决乙问题，必须具体情况具体分析。

第二，三重目标同步。辩证研究具有"求真、求善、求意"三重目标。"求真"意味着追求创新理论的构建；"求善"意味着解决现实中存在的难题，以改变不完美之处；"求意"意味着充分理解和分析研究所涉及的重要现象产生的原因。辩证研究"求真、求善、求意"的同步目标是：优化理论—优化实践—优化阐释。这一特点暗含辩证研究的迭代循环性。三位一体的目标不可能一次实现，需要多次迭代循环，才能逐步达到理想水平。

第三，研究流程一体化。每个辩证研究循环包括学习借鉴—提出理论—实践理论—反思阐释四个步骤。这四个步骤不是互相割裂、线性的研究流程，而是相互关联，彼此互动的整体。逻辑上说，辩证研究在确定研究问题后，在学习和借鉴他人或自己过去的理论和实践的基础上，构建创新性的理论框架，然后将其应用到实践中去检验；实践后再进行反思和阐释，对实践中出现的问题，进行集体性反思和研讨，力图给出合理解释，再进入下一循环。但在实际操作中，四个步骤无法截然分开。例如学习借鉴不仅发生在辩证研究的初始阶段，而且发生在后续的三个步骤中。同样，反思阐释也是如此，除了有集中性的反思阐释外，它还应该与其他三个步骤如影随形。

第四，团队成员多元化。辩证研究一般由团队合作完成。该团队是多种类型人员组成的协作共同体，其中可包括专家型研究者、教师研究者、教材出版者、能够调动行政资源的"双肩挑"领导等。如果研究所关注的问题涉及整个院系，这时就必须要有对全局具有决策权的人参与。

辩证研究团队领导可由 2~3 人组成。这些领导者须具有全局性系统思维能力、改革创新能力、人际沟通能力、统筹兼顾能力，善于调动团队成员的积极性，并参与整个研究项目的设计、实施、评估和调整的全过程。

12.4 案例解析

产出导向法的教学流程包括"驱动—促成—评价"三个环节（Wen，2016；文秋芳，2015）。其中，对学生的笔头和口头产出的评价是该教学流程的重要一环，是教学的升华（文秋芳，2016a）。POA 凸显评价在教学中的重要地位，将其看作是教与学的延伸（孙曙光，2020b）。师生合作评价（teacher-student collaborative assessment, TSCA）是 POA 团队提出的新评价形式，旨在解决评价效率低和效果差的问题。它是指课前教师对典型样本进行详批，然后课内学生之间合作、教师与学生合作共同评价典型样本的评价方式（孙曙光，2017）。

师生合作评价包括课前、课中、课后三个阶段（文秋芳，2016a）。针对每个阶段，笔者分别开展了两轮辩证研究。通过辩证研究，实践者完善了课前、课中、课后评价环节的操作步骤，通过实践和反思总结出这三部分的重点，分别是确定评价焦点、引领学生评价和监控学生修改。课前确定评价焦点遵循典型性、可教性、渐进性和系统性原则；课中引领学生评价遵循从隐性逐步过渡到显性的递进式引导策略；课后通过细化评价步骤、融入教师干预的方式监控学生修改。在理论和实践互动的基础上，笔者完善了师生合作评价的理论框架（孙曙光，2019b），提出有效评价设计原则，即课前准备阶段的"重点突出、目标导向"原则、课中实施阶段的"问题驱动、支架渐进"原则和课后修改阶段的"过程监控、推优示范"原则（孙曙光，2019b，2020a）。研究表明，辩证研究能够促进师生合作评价课堂实践不断完善，理论持续优化和阐释更加深刻。

12.4.1 节将以课前阶段的辩证研究为例，展示师生合作评价理论与实践不断优化的过程及其互动关系。关于课中阶段的辩证研究，读者可以参阅《现代外语》2019 年第 3 期刊登的《"师生合作评价"的辩证研究》（孙曙光，2019a）一文。

12.4.1 师生合作评价研究背景

师生合作评价在创立之初就明确了课前教师需要做哪些准备（参见图 12-2），其中最为重要的任务是"找出典型样本"（文秋芳，2016a：40）。在寻找典型样本的过程中，教师遇到的问题是：何为典型样本？如何寻找典型样本？甄选典型样本的过程就是确定评价内容的过程，即确定"评什么"的过程。国内率先系统地实践 POA 的教师张文娟（2017b：159）指出，"什么问题典型就评什么"。

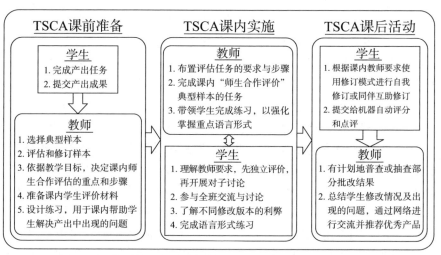

图 12-2　师生合作评价实施步骤及要求（文秋芳，2016a：36）

学生[1]作文的典型问题存在于语言和内容各个方面。例如，在浏览学生第一次学生习作初稿后，教师发现学生写作中既有词汇、语法等语言层面的问题，也有篇章结构层面的问题（参见表 12-1）。词汇层面的问题主要表现为词汇使用不当和拼写错误。语法层面的问题有：主谓不一致、名词复数词尾丢失、动词时态误用、多个谓语动词、无谓语以及流水句等语言错误。结构层面包括段落内部和段落之间的问题，分别表现在句与句之间缺乏连贯性，段与段之间缺乏逻辑性。

1　本章所用教学案例在北京一所"211"大学的英语专业二年级开展，学生总数为 24 人，其中男生 6 人，女生 18 人。授课教师为本书的第二作者。

表 12-1　学生第一次作文初稿的问题及表现形式

问题	语言层面		结构层面	
	词汇	语法	段落内部	段落之间
表现形式	• 用词不当 • 拼写错误	• 主谓不一致 • 名词复数词尾丢失 • 动词时态误用 • 多个谓语动词连用 • 无谓语 • 流水句	• 句子之间缺乏连贯性	• 缺乏逻辑性

虽然写作文本中的问题较多，但在有限的课堂时间内，教师只能有步骤、分阶段地重点评价关键问题。师生合作评价主张将评价与教和学结合起来：如何在设计评价内容时将评与教结合，使评价为教学服务，将教学效果最大化？教师根据什么原则确定评价内容，以实现评学融合？ 12.4.2 节与 12.4.3 节将按照辩证研究流程"学习借鉴—完善理论—实践理论—反思阐释"的顺序，详细介绍师生合作评价课前环节设计的两轮辩证研究，分别针对如何确定评价内容以实现评教结合和评学融合（参见表 12-2）。

表 12-2　课前环节辩证研究简介

轮次	拟解决的主要问题	研究重点
1	如何将"评"与"教"融为一体？	评价目标与教学目标对接
2	如何确定评价内容？	确定评价内容的原则

12.4.2　第一轮辩证研究：评价对接教学目标

1. 学习借鉴：以目标为导向设计评价

目标具有层级性。目标的层级性是指从最大的培养目标到课程目标，再到日常的教学目标，每一级别的目标都是上一级的更为具体目标的体现（杨华，2016）。培养目标是指校本人才培养总体目标；课程目标位于第二层级，指培养方案中某一课程的教学目标；英语课程一般以单元为单位，每一单元设有单元目标。POA 中的单元目标即为产出总目标。单元目标又分为子目标，即每一堂课需要完成的教学目标；评价目标是单元目标或课堂教学目标的一部分（参见图 12-3）。

图 12-4 展示了 POA 教学流程的三个环节：驱动—促成—评价。这三个环节均围绕着产出目标来设计（文秋芳，2015）。产出目标包括交际目标和完成交际目标所需要的语言目标。通常情况下，总产出目标具有细分性（文秋芳，2017b），可以被分成若干子目标，即每堂课完成的课堂教学目标。

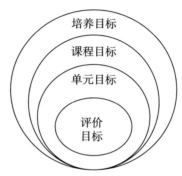

图 12-3　目标的层级关系

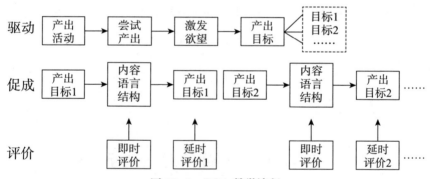

图 12-4　POA 教学流程

驱动时，教师展示围绕目标设计产出场景和交际活动，其内容和语言难度稍高于学生当前水平。学生尝试产出后，发现现有的知识水平不足以完成活动，从而产生学习欲望，这时教师"趁热打铁"，告知学生单元产出目标与产出活动。促成时，教师围绕产出子目标来设计促成活动，为学生提供完成产出活动所需的内容、语言和结构。每次课对应一个具体的、可操作的产出子目标。

评价时，教师围绕产出目标来设计评价内容，既关注交际目标的实现质量，又关注语言目标的应用情况，以此检验驱动环节所呈现的产出目标是否达成，促成环节的内容、语言和结构促成是否有效（参见图12-5），然后再针对出现的问题进行进一步教学。这是 POA 评价的独到之处，以产出目标为导向实施评价，评价内容不单限于产品本身的质量（文秋芳，2016a），还应该同时涵盖交际目标的实现和目标语言的应用。

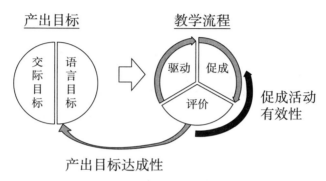

图 12-5　评价以产出目标为导向

2. 完善理论：细化课前环节设计框架

师生合作评价课前教师的准备工作分四步：确定评价内容、设定评价目标、选择典型样本和批改典型样本（参见图 12-6）。学生文本和教学目标互动产生评价内容。教师在确定评价内容时不仅要考虑学生文本中的典型问题，还要兼顾影响教学目标达成的最主要问题；同时，不仅要关注教学目标是否达成，还要统筹考虑学生文本中显示出来学生当前最亟须解决的问题。

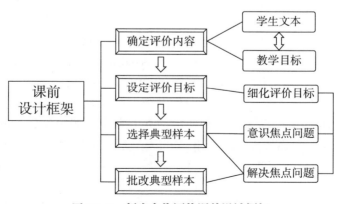

图 12-6　师生合作评价课前设计框架

评价目标是对评价前后学生水平有何变化的明确表述，即通过评价想要学生达到的预期学习效果。评价目标的设定以评价内容和学生当前水平为理据，所设定的总评价目标应该具有可分性。一般说来，总评价目标至少可以分为两个子目标：(1)发现评价焦点问题并意识到解决评价焦点问题的重要性；(2)掌握解决问题的方法。

然后以评价内容和评价目标为依据选择典型样本。顾名思义，典型样本要突出"典型性"，是最能显示出评价焦点问题的样本。典型样本的作用有二：一是用于发现问题阶段，供学生判断、评价样本中的问题；二是用于解决问题阶段，供学生修改。用于判断的样本可以选择"极端"个例，最容易给学生造成"冲击"，便于学生从中发现问题。供发现问题样本数量稍多，有助于学生归纳、总结样本中的共性问题。用于修改的样本是"可改、可评的中等质量产品"（文秋芳，2016a：36），因为与优秀作文相比，中等质量的作文有可修改之处；与质量略差的作文相比，中等质量作文的可修改之处在可控的范围，便于聚焦。改写样本一般只有1个，供学生课上深入讨论、修改。教师需要在课前根据评价焦点详细批改这个样本，以便在课中评价时给学生提供修改范例。

3. 实践理论：与产出目标对接的评价设计案例

本轮实践所用的教学材料是《新一代大学英语》综合教程第二册第四单元，主题为"友善与冷漠"（"Kindness and Indifference"）。教学前，授课教师熟读教学材料，与研究团队的其他4位教师严格按照POA教学流程集体备课，设定教学目标，编写详细教案。

POA的教学目标即为产出目标，通常具化为产出活动（文秋芳，2017b）。教材中iProduce部分的单元活动既是产出活动也是产出总目标。考虑到具体学情和教情，教师将单元总目标定为：学生在学完本单元后以"紧急时刻救助"为题进行网络回帖写作，不少于350词。为了使产出场景更加真实，设置产出活动时并没有脱离学生们的真实身份——北京一所高校大二的学生，产出活动的场景也是学生生活中较为

第12章 外语教育课堂研究方法新进展

常见的真实场景——参加探讨社会问题的英语论坛。[1]"故事"在此场景下展开：在论坛中，学生认识了英国大学生David，其后两人便成为笔友。David看了中国"悦悦案"的报道，在论坛上发帖描述案件，指责中国人冷漠。为了增加回帖任务的真实度，教师以David身份写了如下帖子，共126词，希望增加交际活动的真实性，激发学生完成写作活动的欲望。

> I read about Yueyue and watched the video, feeling rather indignant. The two-year-old Chinese girl was run over by two vehicles and lay bleeding on the road for more than seven minutes. At least 18 passers-by walked or cycled by her body, ignoring her. She was eventually helped by a female rubbish scavenger and sent to a hospital for treatment, but because of her serious injuries, she died eight days later. I was so sorry to hear about this tragic misfortune. I can't believe this happened in broad daylight! The indifference and coldness of those Chinese who passed Yueyue without helping her really shocked me. Why were Chinese people so indifferent? Why didn't people help? I think this incident is a wake-up call for every Chinese.

单元总产出活动为回帖写作，要求学生回应原帖，以美国"吉诺维斯案"引入，解释旁观者现象，说明助人是人性，鼓励人们施救。为了完成这一目标，学生需要了解中国的"悦悦案"和美国的"吉诺维斯案"，以此为切入点，引出主题。

确定了单元总目标后，教师将其分解为4个便于操作的子目标，即细化的交际目标，以产出活动的形式呈现。表12-3列出了本单元的交际目标，以及根据交际目标和教学材料所设置的语言目标，即"完成交

---

1 You are a second-year university student in Beijing. To practice your English, you joined an online discussion forum, regularly reading opinions from around the world and also adding your own posts. Through this forum you got to know David, a British university student and the two of you have become pen pals, sending personal emails and even video chatting with each other to exchange ideas on a certain issue.

际任务所需要的形 – 义配对的使用"（文秋芳，2017b：21）。

表 12-3　单元产出子目标

交际目标	语言目标	
	语言功能	语言项目
描述"悦悦案"或"吉诺维斯案"	Describing an emergency/crime	infamous case; shocking crime
	Referring to witnessing an emergency/crime	in case of / come across / witness / observe a criminal / medical emergency / incident; be faced with an emergency
	Describing positive/negative reactions	be afraid to endanger oneself; fear getting caught up in; reluctant to get involved / intervene in; take immediate / no action; offer assistance/help
解释人们紧急时刻不施以援手的原因	Explaining the bystander effect	level of ambiguity; the principle of moral diffusion
	Reasons for not helping	be afraid to endanger oneself; fear getting caught up in; look to others for cues
提出鼓励人们施救建议	Encouraging people to help	escape the collective paralysis; take an initiative; take immediate action; 100% responsible for; resist the urge; not follow the herd
说明助人是否是人性使然	Referring to an altruistic act	help without obvious / immediate benefits/ gain/payoff; (selfless) act of kindness; out of good will / goodness of my heart; good Samaritan; altruistic motives to help
	Discussing helping and its motives	the fear of criticism; at a cost to one's own interests; lend a hand to (the elderly and the disabled)

　　表 12-4 展示了这一单元的总产出目标和子目标。每一个子目标对应一个产出活动[1]，每一个产出活动设有产出场景，使产出活动具有潜在交际价值。David 笔友的角色贯穿始终，所有的情景组合构成一个有头

---

[1] 任务 4 对应总产出目标，涵盖 4 个子目标的内容。

有尾的"故事",形成完整的"故事链"(storyline),激发学生的积极性(Ahlquis,2013)。教师希望这种有故事代入感的设计能让学生产生表达欲望。每次课完成一个子目标,课内完成驱动和促成,学生课下完成写作。在下一次课的前一天提交电子文稿,然后课上实施评价。四次学生作文初稿为评价材料。在评价课前,教师先浏览所有学生作文,确定评价焦点,对所选的典型样本进行详细批改。

表 12-4 产出目标、活动、场景和评价内容

产出总目标及任务场景	产出子目标	课次	产出活动	产出场景	评价内容
论坛回帖写作 场景:David 看了"悦悦案"的报道后,在英语论坛中发帖指责中国人冷漠。学生进行回帖写作。	描述案件	1	写作1:The Case of Kitty Genovese/Yueyue(记叙文,250~300字)。	你从新闻报道(文字或视频)中了解到"悦悦案"或"吉诺维斯案件"。你给 David 写一封邮件,讲述案件的经过。	结构(记叙文背景)
	解释人们紧急时刻不施以援手的原因	2	写作2:Reasons Why People Do Not Help in Emergencies(说明文,150~200字)。	你将要和 David 视频聊天,讨论为什么人们在紧急时刻不出手相救,先写一个视频脚本。	语言(词汇多样性)
	提出鼓励人们施救建议	3	写作3:Ways to Encourage People to Help in Emergencies(说明文,不少于150字)。	视频聊天之后,David 写信问你如何鼓励人们施救。你给他回信,陈述自己的观点。	语言+结构(主题句)
	说明助人是否是人性使然	4	写作4:Helping in Emergencies(议论文,不少于350字)。	你在国际论坛上跟帖,发表自己对"紧急时刻的援助"的看法。	交际适切性(写作的目的、读者与语气)
	/	5	修改作文4	/	/

在本轮实践的前3次评价后学生课下有新的写作活动,未要求即刻修改。作文4囊括了前3次作文的主要内容,学生在进行任务4写作时按照

评价的焦点内容修改。第 4 次评价后，学生课后修改作文（参见图 12-7）。

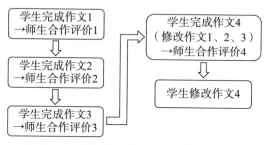

图 12-7　实践单元师生合作评价简要流程

在本轮实践中，确定评价内容的参照点是产出目标是否达成，以及为达成产出目标进行的促成活动是否有效。前者对应交际目标的达成性，后者对应促成活动的有效性。在表 12-4 中所列的评价内容中，记叙文背景、主题句和交际适切性就是根据单元交际目标而设定，词汇多样性是根据语言目标而设定。下文将展示如何评价交际目标达成性、评价语言目标达成性和如何将评价与促成对接。

1）评价交际目标达成性

言语交际是有目的的言语活动。交际是否成功与语言是否恰当、准确密切相关，而语言形式则要服从语境、交际目的和读者，即说话和写文章要适切题旨情境（陈望道，1979）。然而，以英语为外语的写作者常忽略交际适切性，鲜有读者意识。长久以来，在学生潜意识里写作目的是为了完成作业，作文的读者是教师（蔡基刚，2011）。

在本单元的习作中，学生作文 4 的典型问题是忽略了网络回帖这一写作目的，致使读者无法理解作者的写作意图和观点，影响了交际目标的达成。因此，教师将评价聚焦于交际适切性，与总交际目标回帖写作对接，使学生意识到这篇习作的目的是网络回帖，写作时需要先回应原贴，与读者建立关系，语气要友好，这样才能更好地达成交际目标。根据这一评价焦点，教师所选择的典型样本如下[1]：

(1) In 1964 in the borough of Queens in New York City. Kitty

---

[1] 学生文本中语言错误并未处理，下同。

Genovese just finished her job ...

(2) There's a video be spreaded online widely. Yueyue, a two-year-old girl run over twice as dozen of people ignoring her ...

(3) Do you know bystander effect? Will you help in emergencies?

(4) A lot of bystanders are often reluctant to intervene in criminal or medical emergencies, so many people will choose turn a blind.

(5) What should we take an appropriate action in some emergencies? Being a bystander or giving a hand?

这些样本为 5 篇作文的开头段。这些作文开篇的共性问题是，作者没有考虑到写作的背景、目的、读者，以至于读者不知道这篇文章是为何而写，从而可能放弃阅读。回帖的要点在于"回"。此前，David 在网帖中提出两个问题，指责中国人的冷漠。评价时，教师带领学生回忆这次写作的背景，以及在这样的背景下，我们的写作目的是什么，有哪些潜在的读者，需要采取什么样的语气。

2）评价语言目标达成性

语言目标指为完成交际任务需掌握的单词、短语、语法等知识（文秋芳，2015）。语言目标达成性也是评价的关注点。例如，学生作文 2 普遍存在的问题是：语言单一、枯燥，过度使用 people、help、indifferent、emergencies 等词，课上所学的 bystander、witness、offer assistance、lend a hand、apathetic、incident 等并未运用，不仅语言目标没有达成，也没有实现 POA 所主张的"学用一体"（文秋芳，2015：547）。因此，第二次评价将焦点定为词汇多样性，与语言目标对接，选用的样本如下：

(6) So why people do not help in emergencies, maybe there are so many reasons for themselves. Some people would say they have no ability to save people, and they also do not know how to rescue

people, because they are not professional that they cannot lend a hand easily. And some people would think about what if the people that they helped accuse them on the contrary.[1]

过度使用简单词汇使语言表达干瘪，缺乏表现力，读起来味同嚼蜡。样本（6）中的 people 所指不够具体，较为空洞，作文可读性大打折扣；新学词汇也因为没有及时运用，未能得到巩固和强化。评价与语言目标对接既使学生意识到自己习作中语言贫乏，又提醒、督促学生在写作中运用新学的词汇，"学以致用"，促进语言目标的有效达成。

3）评价与促成对接

如前文所述，促成环节的作用是为学生完成产出活动提供必要的支架。评价则是将促成推向深入，"查缺补漏"，为教师提供补救性或延伸性教学的机会。

例如，在布置写作1的任务前，教师进行了语言、内容和结构促成，并与学生一同分析了范文，详细介绍了各段落应包含的内容——描述案件、描述旁观者的心理活动、指出案件的结果。这些活动对产出起到了"促成"作用。学生的作文显示，他/她们不但有话可说，并且用词准确、表达流畅。存在问题的是，背景描述篇幅过长，未突出案件过程。因此，教师将记叙文背景确定为评价内容，选择的典型样本如下：

(7) It's a lovely afternoon though nearly sunset. I was walking home like usual after hanging out with my old friends. And I unconsciously glanced a little girl, having fun with herself just besides the street, and it is a narrow street. At that moment, I was curious about what she was doing, so I looked directly at her while I was walking. Before I found out what's she doing, the crash happened. She seems did not notice that van was coming towards her, and all of a sudden, she laid on the ground, without any movement. ...

---

1 课上展示样本时没有下划线，或加重符号，下同。

在教师的逐步引导下，学生意识到这样的谋篇布局存在问题——故事背景交待太过详细（参见样本（7）画线部分，共72词），案件描述太过粗略（参见样本（7）黑体字部分，共24词），产出目标未有效达成。此次将记叙文的背景作为评价内容即是对促成活动的延伸，对文本中出现的新问题进行进一步教学。在评价的过程中，教师也意识到下一轮实践的结构促成需加入记叙文背景的内容，优化教学。

4. 反思阐释：针对评价理念与评价内容的反思
1）评价理念：评价是教与学的拓展和延伸

在进行师生合作评价时，评价内容选择、评价目标设定、教师引领和生生互动等都富有挑战性，但对于实践评价的新手教师来说，最重要还是评价理念的转变。评价并非可有可无，而是教与学的拓展和延伸（文秋芳，2018b）。师生合作评价主张在评价中进一步促进学习的深化和能力的提升。POA评价环节是完整"教学链条"中必不可少的一部分，是"语言技能最可能接近熟练的冲刺阶段"（文秋芳，2016a：42）。评价帮助教师了解产出目标是否达成，促成是否有效，写作中还存在哪些问题，然后采取进一步措施帮助学生达成学习目标，提升产出目标完成质量。

师生合作评价与POA产出目标和促成活动有效对接，达到评以助学、评以助用、评以助改的目的，"以评为学"。

评价为教师创造了"可教时刻"（teachable moment），此时的"评"使学生有机会进一步接受针对评价内容的额外输入（Bitchener & Ferris，2012），促进学生进一步学习，评以助学。评价的助学作用体现在教师讲解以及对比修改样本的优劣两方面。例如，学生修改样本（7）后，教师讲解记叙文背景写作需注意：（1）展示而非直白讲述。通过描述场景展现故事，而非直接告诉读者看见了什么；（2）引入描写以简洁为主，切勿冗长拖沓，使读者失去兴趣。教师呈现如下事先修改好的版本（样本（8））后并未止步于此，而是引领学生将原稿和改写稿进行对比，讨论改写稿有何优点。这样讨论使学生既知其然，又知其所以然（文秋芳，2016a），进而提高评价能力。

(8) On a late afternoon, I was walking home on a narrow street like usual after hanging out with my old friends. A toddler was waddling in front of me, not realizing that a van was coming, and all of a sudden, she was knocked over by the van. The driver hesitated for a second and drove off ...

评价也增加了学生使用语言的机会，评以助用。学生常常"不愿意"使用"新学的"表达，他／她们在反思中解释了缘由：一是因为惯用"旧的"表达；二是因为"刚学到记忆不太深刻，且对用法不确定，不知道怎么用就干脆不用了"。评价为进一步强化教师之前重点促成的"语言点"提供了契机，并且使学生意识到只有"使用"才能让"新的"表达在大脑里"生根"，从而变成"旧的"、可用的表达，长久地存储在大脑的词库里。

在评价样本（6）时，教师先请学生回忆上课时表达旁观者、受害者和救助者的词汇，再引导学生根据 people 所指，将其改为更"具体"的确切表达。师生合作修改的版本如下（样本（9））：

(9) Why the <u>bystanders</u> do not help in emergencies lies in their own inadequacies. <u>Their</u> excuse may be that <u>they</u> do not have the knowledge or ability to rescue <u>anyone</u>. Also, the <u>victim</u> may turn the tables and accuse the <u>good Samaritan</u> for making the situation worse.

评价为"学用一体"提供了契机。教师不仅带领学生回顾了上课所学内容，巩固所学，并且引导学生意识到语言只有在使用中才能习得。语词的意义和用法规则体现在具体的语言使用环境中，学生在玩"语言游戏"时，才能掌握语词的用法（Wittgenstein，2009）。

评价也是教师向学生输入"改"作文意识的时机，强调修改是提高写作能力的重要途径，并就如何修改给学生做示范。教师引领的修改环节为学生课下修改指明了方向，评以助改。例如，在评价"主题句"的修改样本阶段，教师指出主体段落的主题句包括段落主题（topic）和中心思想（controlling idea），段落中的其他句子都围绕主题句展开。在改写样本后，教师引导学生分析修改稿（样本（11））：画线部分是段落的主题，指出政府如何鼓励人们施救；黑体部分是中心思想——出台法律保护施救者——限制段落的发展。然后教师进一步强调，学生需时刻检查主体段是否有主题句，其中心思想是否起到限制全段的作用。

(10) What's more, to make the laws.（原稿）

(11) What's more, <u>the government</u> can **pass a law to protect those helpers in emergencies**.（修改稿）

总之，评价作为学习的契机离不开清晰可及的评价目标。实现"以评促学"的前提是学生了解学习目标（Hattie & Timperley，2007）。学生只有明确了学习目标，才有可能积极参与学习过程（Hawe & Parr，2014；李雪莲，2016）。评价目标也和教学目标一样，具有指导教师教学的作用，分为显性和隐性两类（文秋芳，2018c）。显性目标与学生共享，隐性目标不与学生共享。例如，在评价"主题句"时，显性评价目标为发现样本中主题句的问题，掌握主题句的基础写法。这两个评价目标在学生发现问题后便以文字形式呈现在幻灯片上。隐性评价目标为培养学生的评价能力，在评价活动中获得积极合作的情感体验。教师在设计评价活动时既要重视显性目标的达成，同时也应尽力使隐性目标得以落实。

2）评价内容：语言、语篇、语用并举

评价内容从教学目标和学生文本的互动中产生，评价内容的选择也受整体写作教学目标的影响，教师需要统筹安排，既要考虑语言形式、语篇架构，也要兼顾语用能力培养。

英语写作教学的目标是培养学生的英语写作能力（徐昉，2012：3），这一点是不言而喻的。因此，评价前教师要清楚写作能力构成要素，这"不但有利于确立写作教学的主要目标和基本内容，而且对提高写作评价的规范性和科学性具有重要作用"（姚林群，2013：70）。但是，关于写作能力究竟包括哪些要素，学界并无定论。不同的写作能力观所反映的教学核心也各不相同。徐昉（2012）认为，传统的写作能力观强调篇章结构、语言形式的正确、规范使用；认知的写作能力观关注写作策略的运用意识和能力；社会写作能力观注重学生的语用能力；后现代的写作能力观则聚焦于批判现实的能力。

事实上，英语作为外语的写作与以英语/汉语为母语初级阶段的写作类似。以英语/汉语为母语的中小学生写作能力要素对英语作为外语的写作有极强的借鉴意义。澳大利亚维多利亚州中的英语写作能力除包括文本、语言结构与特征、策略能力外，还包括情境性理解能力（丛立新等，2005）。其中文本能力是指体裁能力，语言结构与特征是指语言表达能力和篇章结构，情境性理解能力是指根据各种情景、特定目的和读者对象进行写作的能力。朱作仁和李志强（1987）认为中国小学语文写作能力的结构要素包括：审题能力、立意能力、搜集材料能力、布局谋篇能力、语言表达能力和修改作文能力。

除语言表达和布局谋篇能力外，中国大学生英语写作能力还应包括语用能力以及评价和修改习作的能力。这四种能力构成了写作能力的核心要素。学生在构思阶段，就应该考虑写作的目的、目标读者和写作体裁所要求的结构（Lee，2016：68–69）。除此之外，衡量写作能力，"不仅仅要看文章的语言和结构是否符合规范，抑或是作者是否使用了某种写作策略，更重要的是写作者是否掌握了各种语类表达形式，满足不同社会文化环境的交互需求，即写作中的语用能力"（徐昉，2012：4）。培养学生的语用能力是POA的重要目标之一。POA主张真实情境下的产出，即基于生活的、有特定目的和对象的言语交流。就写作而言，学生基于真实问题、场景、活动进行写作，侧重于真实的文本生成和交际过程，而非虚拟的文本创作。在这次评价课后的反思中，实践教师写道：

> 作文不能只看语言、内容和结构，还要看写这篇文章的目的是什么，给谁写，是否恰当。（2018年9月19日实践教师反思）

从学生反馈、评价后的修改稿，以及实践教师的课堂观察和自身体验来看，本轮评价实践取得了预期效果。但是这轮实践的不足之处是结构、语言和交际有效性评价穿插进行，缺乏系统性，评价内容未得到及时强化。如何基于教学目标和学生文本进行长期的评价设计？这是下一轮研究重点要解决的问题。

12.4.3　第二轮辩证研究：确定评价焦点

1. 学习借鉴：选择性聚焦评价

学生作文中存在多种问题，但限于时间和精力，追求面面俱到的评价既不现实，也无效果，不利于学生集中精力解决问题。"师生合作评价"将评价内容聚焦于一个关键问题，即"评价焦点"（focus of assessment）。评价焦点是本文的原创概念，是指教师根据一定的标准所选出的在一次评价中聚焦的典型问题。评价焦点可以是语言、语篇和语用层面的方方面面。

虽然"选择性评价"（selective assessment）作为概念在文献中鲜有提及，但有选择性地评价学生的写作成品已经在学界达成共识（Bitchener & Ferris，2012；Ferris & Hedgcock，2014；Lee，2014，2016；Sun & Wen，2018；Wen，2016；文秋芳，2016a）。

选择性评价具有以下优势。第一，聚焦性强，反馈更充分，有助于学生修改。Sheen et al.（2009）的研究表明，聚焦型的书面反馈效果显著优于非聚焦型的书面反馈。选择性纠错更易于学生加工、分析并应用，从而在未来的写作中减少或者避免此类错误（Bitchener & Ferris，2012）。

第二，选择性评价将学生负面情绪降到最低。评价写作中的问题不可避免地会给学生带来负面情绪（Berry，2008）。全面批改可能会使学生丧失信心（Bitchener & Ferris，2012）。与之相比，"选择性纠错不会打消学生的写作积极性"（Lee，2016：70），效果更好。

第三，选择性评价是课堂评价的最佳选择。限于课堂时间，选择性评价比面面俱到评价更为有效（文秋芳，2016a）。课堂时间因有限而宝贵，"好钢用在刀刃上"，在有限的时间内"指出并解决最显著的问题"（徐昉，2012：77）是选择性评价的关键。教师无需对每个学生文本中的所有问题或错误一一回应，经验丰富的教师常会按照优先级有选择性地评价最重要的问题（Ferris & Hedgcock，2014）。

选择性评价与"选择性学习"所持的假设观点一致（Wen，2016；文秋芳，2015，2017b）。"选择性学习"认为，人脑在同一时间加工、存储和调用信息的能力有限,因此POA提倡教师和学生选择学习与目标达成有关的重要部分,对其进行深度加工、练习和记忆(文秋芳,2015)。虽然学生似乎总是希望得到教师对自己作文的详细反馈,但常因精力和时间有限而顾此失彼。所以,只有选择性地进行评价才能使学生集中时间和精力解决主要问题,以学促用(Miyawaki,2012)。

2. 完善理论:提出确定评价焦点的四项原则

在前期研究、学习借鉴与反思基础上,我们将选择性评价只聚焦于一点,称之为"选择性聚焦评价",即每次评价只选择样本中普遍存在的一个重要问题进行聚焦评价。教师根据学生写作文本和当前水平确定评价焦点,遵循典型性、可教性、渐进性和系统性原则。这四项原则处于两个层面:典型性和可教性是针对一次评价而言,属于共时性原则;渐进性和系统性是针对多次评价而言,属于历时性原则(参见图12-8)。

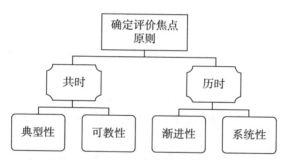

图12-8 确定评价焦点的四项原则

典型性是指所评问题覆盖面广(至少50%以上作文都存在此类问题),同时又是影响有效性的主要问题。可教性是指评价内容在可控、可教范围之内,即不能过大或者过小。教师需要在预定学时(30~40分钟)内完成对评价焦点的评、讲、改、练。针对一次评价而言,评价焦点是学生作文中具有共性的关键问题,且可教可控。渐进性是指评价焦点的安排顺序需由易到难,由简到繁,逐步深化。系统性是指评价焦点的安排连贯相承,前后呼应。针对一学期/学年的多次评价言,评价焦点需前后连贯，循序渐进。

这四项原则缺一不可，在具体应用时相互作用，相互制约。典型性和可教性原则是评价有效性的基础和前提，保障一次评价的成功实施；渐进性和系统性原则是多次评价有效性的重要保障。

图12-9展示了"师生合作评价"课前设计的优化框架。该框架在图12-6的基础上增加了确定评价焦点共时和历时原则，提高了评价设计的系统性，使评价焦点内容得以及时巩固。

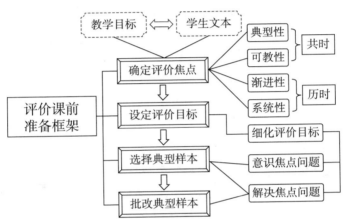

图12-9 "师生合作评价"课前设计新框架

3. 实践理论：应用四项原则确定评价焦点案例

典型性、可教性、渐进性和系统性原则指导每轮实践评价焦点的选择。本节以一个学年的评价实践为例，说明教师如何根据这四项原则确定评价焦点。

表12-5列出了一个学年的评价焦点：第一学期聚焦篇章结构；第二学期聚焦语言表达。英语作文结构评价焦点分别为开头段、开头段的主旨句（thesis statement）、正文段的主题句、正文段的扩展句和结尾段。英语作文语言评价焦点分别为词汇多样性、人称代词的使用、句子多样性和段落间的衔接句。

表 12-5 2017—2018 学年的评价焦点简介

评价时间	序号	写作任务	评价层面	评价焦点
第一学期	1	Reasons why English is learned worldwide	结构	开头段
	2	Shared bikes can be seen as a convenience or a nuisance. What is your opinion?		主旨句
	3	Do you think Tom King's life is determined by fate or by his own free will (choice)?		主题句
	4	Give advice on whether to attend college at home or abroad		扩展句
	5	Should alcohol/tobacco advertising be banned?		结尾段
第二学期	6	The benefits of protecting places of natural beauty	语言	词汇多样性
	7	The aim of a university		人称代词的使用
	8	The aim of a university The benefits of protecting places of natural beauty		句子多样性
	9	Should cosmetic surgery be banned?		段落间的衔接句

例如，在评价以"Reasons why English is learned worldwide"为题的习作中，将开头段作为评价焦点遵循典型性和可教性原则。开头段的问题在学生作文样本中覆盖面广，在 23 份样本中，有 22 份开头段存在问题，占 96%，并且所有初学写作的英语学习者都易犯此类错误。表 12-6 展示了学生写作开头段的常见问题：（1）没有开头段（样本 1）；（2）没有主旨句（样本 2）；（3）入题太突兀（样本 3）；（4）主旨句不够饱满（样本 3、4、5）。在大学阶段，第 4 类问题最为常见。其典型表现是："Here are the reasons." 或者是 "The reasons are as follows." 这种开头段没有概括写作目的或意图，起不到点明中心观点的作用。

此次开头段评价并未深入展开主旨句的写法，只聚焦开头段的 HIT（Hook—Introduction to the topic—Thesis）结构，符合可教性原则。在 30 分钟左右的时间内，通过评价使学生了解英文作文开篇"三部曲"——引言、介绍主题和主旨句，先吸引读者的注意力，再提供背景

第 12 章　外语教育课堂研究方法新进展

信息，引读者入题，最后点明全文的中心思想。

表 12-6　开头段的常见问题及示例

序号	样本	问题
1	First and foremost, English came to become a global language from 18 century, when Britain had colonies throughout the world and called itself "the empire on which the sun never sets." Since then, more and more people learned English as their second language.	没有开头段
2	As we all know, English is a global language, and there are hundreds of thousands of people who have enthusiasm at learning English. After all, what makes English such appealing?	没有主旨句
3	From my perspective, English is learned worldwide mainly because of the following reasons.	入题突兀，主旨句不饱满
4	Nowadays, English has becomes the universal language of the world. More and more people attach importance to learn English. I think that there are have three reasons.	主旨句不饱满
5	As we all know, English is a global language nowadays. People from all over the world are using it to communicate with foreigners. But among so many languages, why English becomes the most popular one? There are my own reasons.	

可教性要求教师根据学生当前水平设定评价目标。表 12-5 中的第四次评价的评价焦点为扩展句，如何制定"可教、可控"的评价目标？实践教师设定的目标是用"具体"的论据写扩展句。这个目标清晰可及、可教、可控。评价目标是引领学生意识到论据必须具体才能有力地支持论点。这一目标没有聚焦扩展句的方方面面，也没有介绍写扩展句的方法（如例证法、因果法、比较法和对比法等）。

为了在有限的时间内完成，使学生将有限的注意力资源集中在攻破一个主要问题，这个目标被切分为两个子目标，分两次课完成（参见表 12-7 中序号 4）。第一次课聚焦子目标一——发现样本中扩展句的问题。学生课下尝试修改自己作文中的扩展句。第二次课聚焦子目标二——通过修改典型样本解决样本中扩展句的问题。学生在课下尝试修改的基础上，课上与教师和同伴共同修改典型样本。

表 12-7 作文结构评价实践概况

序号	评价焦点	评价时间	评价时长	总样本数量	改/写样本
1	开头段	2017.09.25	30 分钟	6	1
2	主旨句	2017.10.30	45 分钟	4	1
3	主题句	2017.11.20	15 分钟	8（1个全文/7个主题句）	课下改写
		2017.11.22	25 分钟	1	写 3 个
4	扩展句	2017.12.13	15 分钟	2	课下改写
		2017.12.18	25 分钟	1	1
5	结尾段	2017.12.20	30 分钟	2	1个用于评价/改写

每次聚焦一个"可教、可控"的评价目标不仅有助于学生利用有限的注意力资源一次攻破一个问题，也使学生有充裕的时间在课下考虑如何改写。

上述两个案例展示了根据典型性和可教性原则确定一次评价的焦点。而针对一个学期或一个学年的多次评价，教师则根据渐进性和系统性原则确定各个评价焦点。例如，在评价开头段后，再以主旨句、主题句、扩展句和结尾段为焦点，"层层递进"。所谓"层层递进"，是指典型性的"层次"和渐进性的"递进"。典型性的"层次"是指在确定评价焦点时，将前面样本的问题考虑在内。例如，主旨句问题在第一篇作文的初稿就已经显现出来，但在第一次评价中，开头段的结构是主要问题，而主旨句是次要问题。再如，第一、二篇作文也存在"主题句"的问题，但限于时间、课时安排和可教性原则，"主题句"在第三次评价时才是焦点。渐进性的"递进"是指评价焦点在整个学期中呈递进状态，最先选定的评价焦点处于"阶梯"的最底层。

在一个学期内，聚焦作文结构的评价具有系统性。五次评价焦点首尾相连，前后呼应（参见图 12-10）。每次评价时，教师引导学生复习前一次或前几次的评价内容，由此引入本次评价的主题。评价开头段时，教师介绍开头段结构："吸睛"的开篇、主题介绍和主旨句。在评价主旨句时，先回顾上一次评价的内容，由此引出开头段最重要的部分——主旨句。在评价主题句时，先回忆主旨句评价的重点内容，再说明主题句要与主旨句的论点相呼应。以此类推，扩展句要支持主题句；结尾段要呼应正文段的主题句和开头段的主旨句。

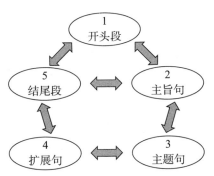

图 12-10　评价焦点的系统强化图

教师选择评价焦点典型样本的数量可以根据具体情况而定，一般不少于两个。例如，在评价作文开头段时（参见表 12-7），教师共选择了 6 个样本，用于判断样本的问题，再从中选择一个样本用于改写。这样做的原因有二：一是学生作文的开头段较短，平均每个样本只有两句话，样本虽多，但在可控范围内，不影响可教性；二是样本的问题相似，不造成认知负担，且覆盖范围广，突出了典型性。

4. 反思阐释：针对评价焦点的反思

确定评价焦点的四项原则具有很强的适用性，遵照这四项原则选择出来的评价焦点受到了学生认可，选择性聚焦评价也收到了预期效果。下文将从四项原则的适用性和选择性聚焦评价的有效性两个方面进行反思。

1）四项原则的适用性

典型性原则是确定评价焦点的首要原则。评价聚焦的问题普遍存在，具有广泛代表性和强大说服力，易于在学生中间产生共鸣。2015 级和 2016 级学生均认为针对作文典型问题的评价非常实用，因为"老师所讲到的问题都非常典型，平时大家都不会太在意，但又是人人都犯错的问题"(15S08)。这一点也得到其他学生的认可。例如：

> 每次作文点评的问题都是很关键很普遍的……自己都会"中招"，所以印象很深刻。……这不只是一个解决问题的环节，更是避免问题的环节，有则改之无则加勉，收获很大。(15S04)

> 课上点评环节是对我们在作文中所犯错误的一个汇总点评，因为老师选的片段都是同学作文中常犯的错误，是我们的共性错误。所以我认为课上的作文点评环节非常有帮助。(16S15)

典型性问题是学生写作中普遍存在的共性问题，兼具普遍性和关键性的特征。问题具有普遍性，才能惠及更多学生，讨论时气氛才更浓。评价聚焦这些既常见、又易被忽略的问题，使学生注意到问题，"有则改之，无则加勉"。问题具有关键性有两个含义：一是指这个问题是影响写作交际目标达成的重点，问题得到解决之后，能够整体提高学生的写作水平；二是指这个问题是学生的难点，学生自己可能不会意识到问题存在，或者自行解决有困难。这时需要教师通过评价增强学生对典型问题的认识，使之在以后的写作中多加注意。针对关键性、普遍性的典型问题进行师生合作评价，可以提高学习效率。例如：

> 我们的作文依照我们现在的水平来说是达不到一个很高的标准的，需要老师多多加以指导。在课堂上利用课堂时间高效的对我们共通的问题进行讲解有利于我们更好地发现问题，相比较一对一的说明共通的问题效率也更高。通过课堂的同学之间的讨论我们也更加深入的了解我们存在的问题。(16S05)

针对典型问题引领学生进行选择性聚焦评价设计是评价成功实施的关键。每次评价只聚焦文本中的普遍问题，有助于学生将注意力集中于一点，进行有针对性的学习和训练，更好地掌握评价焦点。选择恰切的典型问题需要教师平时勤记录，常总结学生作文存在的问题，有步骤、有计划地进行评价。

确定评价焦点时还需考虑在规定时间内完成并使学生掌握焦点内容的可行性。可教性是"师生合作评价"的必要条件。无论评价焦点多么

第 12 章　外语教育课堂研究方法新进展

典型,如果无法使学生掌握,也是无用的。教师必须在典型和可教之间寻求平衡。按照"可教性"原则,所选的评价焦点可大可小,依学生具体情况而定,其难易程度以多数学生经过思考之后能正确理解或者给出答案为宜。例如,同样是评价语言,对于高级水平学生,评价焦点可以是句子多样性;对于中级水平学生,评价焦点可以是现在分词或者是谓语动词的正确使用;对于初级水平学生,评价焦点可以是过去时,甚至是动词过去式。按照学生平均水平寻找合适的评价焦点使学生评有所获。

除此之外,一个学期/学年渐进的和系统的评价设计有助于巩固前期所学。这种设计有效避免了中国传统教育学经典《学记》中所指出的问题:杂施而不孙,则坏乱而不修(高时良,2006)。如果教师施教杂乱无章,学生无法按顺序学习,必定会使学生头脑混乱不知所措。相反,按照渐进性和系统性原则设计评价则有助于学生系统地掌握评价内容。评价焦点连贯循序,首尾呼应,后面的焦点是对前面焦点的回应和强化。在对英语作文结构开展评价的一个学期内,学生对作文结构的认识按照由已知导向新知的顺序,逐渐深入。从一个学年的历时角度来看,一个学期评价结构、一个学期评价语言的设计体现评价焦点的系统性,使学生先扎实掌握议论文结构,在此基础上丰富语言表达,循序渐进提高写作水平。

2)选择性聚焦评价的有效性

通过选择典型问题,并将问题控制在可教范围之内,循序渐进、系统安排的聚焦性评价设计取得了预期效果。学生对"师生合作评价"持肯定态度。他们认为作文评价非常有帮助(17名学生,占77%)或者有帮助(5名学生,占23%)。选择性聚焦评价的有效性主要体现在三个方面:(1)学生认识到了自己作文中的问题;(2)基本掌握英语议论文结构以及与议论文结构相关的科学概念;(3)了解了中文作文的差异。

通过评价,学生认识到了自己作文中的问题与不足。有11名学生(占46%)反思自己"注意到"以前"很少重视,经常忽略,毫无察觉,但是很普遍的问题"。这说明,学生对评价中的焦点问题更加敏感。例如，学生在反思中提到：

> 比如在 topic sentence 中用一句话概括重点。以前的写作中没有注意这一点，会随心写，不能在第一句话写清楚。（16S12）

另一名学生也在微信访谈中提到评价使她对作文架构有了全新的认识：

> 这次改作文主要是就开头的写法有了一个新认识。以前的开头比较随心所欲、跑题、东扯西拉、没有主题、观点不突出、没有简要表明论点，现在改完以后体会到：（1）开头需要一个完整的构架，包括 hook，introduction to the topic 和 thesis；（2）开头要能吸引读者兴趣，紧扣主题，推动文章发展，与读者互动。（16S21）

这两名学生均使用了"科学概念"，如 topic sentence、hook、introduction to the topic、thesis 来表达评价的收获。科学概念是人类在科学领域实践经验的概括（Karpov，2003：66），具有意识性、系统性（Swain et al.，2018）、全面性和概括性，"能够反映事物的本质"（文秋芳，2013：2）。学习科学概念可以调节认知发展（张莲，2018），学习者获得并内化科学概念，便能够用它解决新问题，完成新任务（文秋芳，2013）。例如：

> 我最大的收获是发现了自己在英文写作这方面的误区与盲点，比如说，我以前就没有 thesis statement 这个概念，这个似乎中文写作中没有，而通过学习后，知道了它的重要性并学会慢慢运用到自己的写作中来。（16S22）

"科学概念的掌握是认知发展的重要标志"（张莲，2018：xv）。如果在讲授新概念时能够将外语与母语进行比较，学生能够清晰了解两种语言的差异，建立外语概念化知识（文秋芳，2013）。学生 16S22 在评价中了解了 thesis statement 概念，并意识到"中文写作中没有"这个概念。thesis 这个概念调节学生对英语作文开头段应该包括主旨句的认知，将其应用在后续写作中。因此，在教学中引入科学概念，可以丰富学生概念化思维，提高其解决问题和知识迁移的能力（张莲，2018）。

第12章　外语教育课堂研究方法新进展

在讲解议论文结构时，实践教师借鉴了 Gal'erin "概念型教学法"的五个阶段进行教学：解释、物化、交际活动、言语化和内化（Lantolf, 2011）。实践教师一般会先解释概念，然后用具体的图式或者示例将其物化，学生随后尝试修改或者完成写作练习，课后进行互评或者自评，并对所学进行反思，在后续的不断练习中掌握议论文的结构。

在英语议论文的结构评价结束后，16 名学生（占 72.7%）自我报告称"了解了""学会了"议论文的结构。正如一名学生所写的那样：

> 我最大的收获是学会了议论文的写法，感觉很实用，这样写可以让读者一下就明白写作意图与观点。（16S04）

评价后，学生均能回忆起课上评价的重点内容，学生对议论文结构在概念层面有了初步的理解，并能使用科学概念描述英语议论文结构及各部分的重点内容。学生 16S12 在第三次作文评价后的反思具有代表性：

> 这三次点评的重点分别是：introduction（其中包括 hook、topic 和 thesis），three parts of thesis（分别是 subject、the precise opinion 和 the blueprint of reasons，也就是 details），topic sentence（也就是 topic 加 main point，在写 topic sentence 时要注意 transition，restatement of thesis 与 restatement of argument）。我认为这些东西大概在我脑海中有个概念了，方法掌握了，写作就容易了。（16S12）

教师在评价议论文结构的第一次课便向学生展示了英语议论文的"锁孔结构"（key-hole structure）（李慧辉，2016：25–27），并将通过显性的方式说明中英作文的差异。在反思中，1/3 以上的学生（8 名）特别提到写作评价帮助他/她们了解了中英作文布局谋篇的差异，意识到把中式写作思维带入英文写作中的"坏习惯"。学生这样反思：

> 基本掌握了议论文结构，有了一定的认识，也打破了很多之前对写作的一些错误认识和中式思维，很有用。（16S06）

> 我在老师详细地讲之前，作文写的不是特别有章法、结构也不怎么整齐……习惯了用中式的思维和方法去写。在课上学习了之

后，我掌握了如何基本判断自己的文章合不合格，掌握了议论文第一段 introduction 的正规写作技巧，掌握了 body parts 的 topic sentences 的写作技巧。(16S02)

虽然纠正不良习惯非一日之功，仅凭几次评价也不能完全解决问题。但学生通过评价明白了英语议论文的写法，能够"判断自己的文章合不合格"，说明他/她们逐渐地锻炼了自评能力，虽然"在实际写作中还是不能完全遵守，还在慢慢纠正……因为很多地方和以前的写作习惯很不一样（16S16）"，但学生能够将概念知识作为思考的工具推动自己认知的发展。

12.5 小结

辩证研究是具有中国特色的研究范式。它既不同于纯粹的理解范式，例如民族志研究、叙事研究；又不完全是实验条件下的干预范式。辩证研究以唯物辩证主义为哲学基础，在自然的课堂环境中，以优化理论、优化实践、优化阐释为目标，通过多轮"学习借鉴—提出/修订理论—实践理论—反思阐释"的循环解决外语教育教学中的系统性、关键性问题。

辩证研究以理论与实践之间的辩证关系为基础。教师采用辩证研究方法所做的研究与教学密切相关，研究问题来自于自身的教学实践，在研究中对自身实践进行有意识的、系统的、持续不断的探究反思，在优化实践的过程中，达到完善或补充理论的目的（文秋芳，2018a）。"边教学边研究，在教学中发现问题，通过研究解决问题，再通过教学加以验证和提高，从而促进教师专业发展的良性循环"（吴一安、唐锦兰，2012：8）。如此一来，在理论与课堂实践的辩证互动中实现自身专业发展，促进科学研究水平，变教学与科研的"竞争"或"冲突"关系为"相互促进、协同进化"的关系。

辩证研究所关注的问题具有复杂性，研究者因精力所限不可能每次实践都关注到所有细节。辩证研究中理论和实践优化具有优先性和迭代

第 12 章　外语教育课堂研究方法新进展

性的特征。采用此研究方法的研究者需要根据自己的时间、精力和对研究问题的把控能力，分阶段完成迭代优化。

当前，教育愈发呈现信息化、数字化、智能化、智慧化的特征，教育与科技深度融合的趋势愈加明显，学习、教学与教育形态正经历前所未有的变革，"人工智能 + 教育"正改变教育的面貌。传统教学由学生、教师、课程、教材、课堂构成，新型教学由学生、教师、教学支持服务、数字化课程和学习资源、数字化学习环境等组成。教师正逐渐基于数字化环境、网络课程（如慕课、微课、私播课（SPOC）等）和智慧教学平台（如雨课堂）等设计、组织教学活动。探索融合教育技术的新型教与学的环境使辩证研究大有用武之地。

第 13 章
外语教育理论国际化反思与建议[1]

进入 21 世纪，应用语言学发展迅速，硕/博士点数量不断增加，相关学术组织先后成立，学术会议长年不断，学术期刊/集刊得到广泛认可，研究队伍急速扩大。2011 年，我国成功举办了应用语言学界的"奥运会"——第十六届国际应用语言学大会。这一切表明，应用语言学在我国已建立了稳固的学术地位，也产生了一定的国际影响。遗憾的是，我国唯一的英文版期刊 Chinese Journal of Applied Linguistics（《中国应用语言学》）虽有 30 多年历史，至今只进入 ESCI 行列（类似于 CSSCI 的扩展版）。由此可见，我国的应用语言学作为一个学科还缺少国际话语权。这与我国现有世界第二大经济体的地位极不相称，亟待我国学者协同努力，改变现状。

本章围绕"我国外语教育理论国际化"这一议题，从三方面展开讨论。第一，分析我国外语教育理论国际化发展现状和存在的问题；第二，阐述实现我国外语教育理论国际化的要素；第三，提出加速我国外语教育理论国际化进程的建议。

13.1　现状及问题

我国应用语言学的发展起步比西方滞后仅十几年，按说差距不应很大。但现实是，当下我国应用语言学研究仍处在"跟跑"阶段，有的研

---

[1] 本章部分内容发表于《现代外语》2020 年第 5 期，题为《加速我国应用语言学国际化进程：思考与建议》，第 585–592 页，作者文秋芳。

究在验证西方假设，有的研究在为西方理论提供中国操作案例，有的研究为西方理论提供中国视角的解释（文秋芳，2017e）。简言之，我国绝大多数研究仍为西方理论作"注脚"，为西方学者"打工"。人们的基本预设是，西方理论先进，能够解决我国问题。然而，应用语言学的宗旨是解决生活中一切与语言相关的真实问题（Brumfit，1995）。既然是真实问题，就离不开各国的国情和文化历史。中外经济发展阶段不同、文化语境有异，这就决定了外国的"真实"问题与中国的"真实"问题不大可能完全相同。如果一直跟着西方理论走，忽视中国大地上的"真""急""热"问题，那我们就承担不了中国学者的使命，也违反了应用语言学学科的宗旨。具体到外语教育层面，我国学者对本土问题关注不够，在国际期刊（SSCI）上发表的论文（2001—2015）创新性较低（文秋芳，2017e）。

张广勇和王俊菊（2015）曾统计了1978—2010年我国学者[1]在6种SSCI国际期刊（*Language Learning*、*Modern Language Journal*、*System*、*TESOL Quarterly*、*Applied Linguistics*、*English for Specific Purposes*）上发表的应用语言学论文数量。30多年间，我国学者总共发表了44篇论文。其中1978—1988年4篇，1989—1999年增加到7篇，2000—2010年激增到33篇。他们的结论是：我国学者国际刊文数量"呈现平稳推进和'波浪式'增长的态势"。

2016年，我们统计了我国学者于2001—2015年间在9本SSCI国际杂志上的论文发表数量，总数达到46篇（参见表13-1），占9本杂志10年发文总量的1.4%。平均起来，每年有4.6篇（文秋芳、林琳，2016）。这和张广勇和王俊菊（2015）统计的绝对数量相比，似乎取得了明显的进步。不过我们选取的杂志不完全相同，数量也比他们多3本。因此，这种进步几乎可以忽略不计。作为一个有着近3亿外语学习者、超百万外语教师的大国，发表应用语言学研究的论文数量仅在个位数，与国家对我们的要求相差甚远。

---

[1] 这里的学者不包括港、澳、台学者，也不包括长期旅居国外的中国学者。

第13章　外语教育理论国际化反思与建议

表13-1　国内学者2001—2015年在9种国际期刊上发表论文的数量

序号	期刊名称	发文数量
1	Applied Linguistics	1
2	ELT Journal	12
3	Language Learning	2
4	Language Teaching	1
5	Language Teaching Research	14
6	Modern Language Journal	5
7	Second Language Research	3
8	Studies in Second Language Acquisition	1
9	TESOL Quarterly	7
合计		46

我国外语教育研究队伍庞大，获得硕士、博士学位的人数逐年增加；受外语教育的群体面广、量大，有着世界上外语教育研究最大的试验田。为什么我国外语教育理论国际化程度低？问题究竟在哪里？除了我国广大外语教育理论研究者创新意识低，对我国自己的理论和实践信心不足外，我们还缺乏国际化战略，未充分发挥我国制度优势，在全国范围内调动人力资源。

笔者认为阻碍我国外语教育理论国际化有如下两个宏观问题。第一，缺乏学术创新组织力。目前，应用语言学在我国虽然有数个学术组织，每年也举办多场学术会议，但从国家层面来看，绝大多数与会者、研究人员多是从个人兴趣出发，单打独斗、孤军奋战，研究问题碎片化，系统性不强，重点不突出，对内无法形成聚合效应，对外"一盘散沙"，攥不成拳头，形不成"冲击波"，难以产生国际影响力，更谈不上赢得国际话语权。

第二，缺乏与国际学界的互动机制。我国构建的原创外语教育理论虽不多，但也不是空白。例如21世纪初王初明提出的"写长法"（王初明等，2000），"学伴用随原则"（王初明，2016b），现在又进一步凝练为"续论"（王初明，2017）。该理论研究成果还在国外SSCI期刊上发表多篇论文（例如，Wang, C. & Wang, M., 2015）。但问题是，只在国际杂志上发表论文，不与国际学者进行面对面交流，这些创新成果就很难引起国际学者的关注。这就好比,中外学者在两个平行频道上讲话,互不干扰,互不碰撞,二者没有产生争辩,也就难以形成国际学界热点议题。

13.2　我国外语教育理论国际化要素

我国外语教育理论国际化要素由三部分组成(参见图13-1)。第一部分是人才;第二部分是路径;第三部分为标准[1]。这三部分有区别,又有联系。

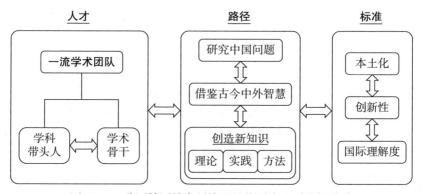

图 13-1　我国外语教育理论国际化要素及要素间关系

13.2.1　人才

人才应该是第一要素,置于图13-1的首要位置。需要强调的是,这里不是指单个人才,而是指由学科带头人领衔、由学术骨干组成的一流学术团队。我国理工科在这方面做得很好。例如,中国科学技术大学常务副校长潘建伟院士带领的量子通信团队,抢占了国际量子科技创新制高点,成为本领域的"领跑者"。再如2017年12月,北京市政府联

---

[1] 笔者认为该创新标准也适用于所有的人文社会学科。

合中国科学院、军事科学院、北京大学、清华大学、北京航空航天大学等单位，由清华大学副校长薛其坤院士领衔创建北京量子信息科学研究院，他们完成的"量子反常霍尔效应的实验发现"项目获 2019 年国家自然科学奖一等奖。我国文科也有类似的组织，如教育部人文社科重点研究基地等。但相当一批基地研究方向不聚焦，研究问题不精准，团队优势发挥不充分。一个研究基地虽有数十位研究员，每人作为单个个体可能都是一流学者，但遗憾的是没有形成方向清晰的一流学术团队。虽然上级领导反复强调要凝练方向，但各基地中有一部分因人设课题，多个子课题人为放在一个大课题之下，其中的逻辑关系并不具有内生性。教育部成立人文社科基地的初衷之一是把每个基地建成全国某个领域的人才高地，凝聚国内外一流人才力量，集中力量攻克难题。由于目前体制上存在的困难，这一初衷并未得到充分实现。

13.2.2 路径

我国外语教育理论研究应该以我国外语教育中的真实问题为出发点。也就是说，我们的一切研究是为了解决中国外语教育中亟待解决的问题。这就需要研究者深入教育一线，认真调查研究，找准问题，借鉴古今中外智慧，在解决问题的过程中创造新知识。创新可体现在理论、实践和方法三个层面上。

目前的实际情况是，相当一部分课题未能从现实问题出发，也缺乏创造新知的清晰目标。文科研究者应该向理工科研究者学习，在一个周期内，聚焦一个大问题组织团队，团队成员各自承担相互紧密联系的子课题，精准发力，做深、做细、做大，最终形成系列成果。换句话说，一个团队在一个周期内，能聚焦解决一两个问题就很好，而不是四处出击，零敲碎打。目前的现状是，项目结项时，论文数量不少，但主题有时未聚焦在一两个具体问题上。我们并不否定发表论文的必要性和重要性。我们不赞同的是，只关注论文数量，不关注解决问题的成效。

13.2.3 标准[1]

我国外语教育理论如何才能国际化？图 13-1 中列出了三条标准：本土化、创新性、国际理解度。这三条标准与路径密切相关。本土化的本质要求是要解决本土问题，创新性的核心是要能体现所创新知一定要与古今中外智慧有不同点。国际理解度是国际化的关键。中国人自己听得明、看得懂，这只能在国内起作用。要走向世界，外语教育理论的表述一定要让国际学界理解。例如我国外语课堂教学提倡"精讲多练"。这四个字言简意赅，抓住了课堂教学的关键，但翻译成恰如其分的英文很困难，中文的精彩在语言转换过程中很可能完全丢失了，也不易显示出其高深的智慧。这里就有中国智慧世界表达的问题。笔者曾经在某个座谈会上提出，当我们提出一个中文新概念时，必须同时考虑外语的翻译。这两者同时考虑，就可以克服国际理解障碍。

13.3　对我国外语教育理论国际化的建议

我国在某些科技领域内赶超世界先进水平积累了丰富经验。这些科技领域充分发挥我国制度优势，开展社会主义大协作，调动全国各方优质资源，集中攻克核心技术难题，为我国的和平崛起作出了巨大贡献。例如，我国"两弹一星""航天工程""高铁"等都采用了团队攻关战略。2018 年国务院印发了《积极牵头组织国际大科学计划和大科学工程方案》。光明日报评论员指出："《方案》的发布，表明了我国为解决世界性大科学难题，贡献中国智慧、提出中国方案、发出中国声音、提供全球公共产品，为世界文明发展作出积极贡献的良好愿望。这是跨国国际合作的大战略，用于解决世界级难题，例如气候变化、卫生健康、消除贫困等。"(《光明日报》2018 年 4 月 4 日 08 版)

为加速我国外语教育理论国际化进程，笔者就如何借鉴"大科学计划"的战略思想提出如下两点建议。

1　详见本书第 14 章。

13.3.1 建立虚拟专业学习共同体

在"大科学"时代，我们应该逐步摆脱"单枪匹马""手工作坊式"的科研方式，利用互联网 5G 技术，在全国范围内建立虚拟专业学习共同体（virtual professional learning community，简称 VPLC），协同攻关，我国外语教育理论国际化才有可能实现"弯道超车"。其主要原因有四个。第一，打破以学校为单位的组织研究结构，可以克服同一所学校内对同一专题感兴趣的人数相对有限的困境。第二，组织 VPLC，一方面可聚合全国优质资源，发挥社会主义大协作精神；另一方面聚焦一个专题，按照图 13-1 所示的国际化路径和标准，首先做好顶层设计，再根据个人兴趣，自选子课题，深入细致研究，成果自享，但研究可共商、共助。例如，论文撰写可互助修改。第三，VPLC 可在国内产生聚合效应，有利于新理论的传播和改进，也可以"集团军"方式参加各种国际学术会议，撰写论文刊发在国际杂志上。第四，目前互联网 5G 技术为跨校、跨省、跨地区组织学术讨论、进行学术互助提供了技术保障。

可喜的是，北京外国语大学中国外语与教育研究中心和外语教学与研究出版社已经于 2020 年开始探索 VPLC 新型教研形式，以两年为一个研究周期，研究主题为"产出导向法"的理论与实践。其目标是推动 POA 理论与实践体系创新，提升中国外语教学理论的国际学术影响力，同时促进学术交流和科研团队建设，探索信息技术背景下外语教师专业发展的新模式。首批 VPLC 成员包括来自近 100 所高校的 140 余名教师。除英语教师外，还有德语、法语、日语、阿拉伯语、印尼语、对外汉语等多个语种教师。2022 年初，第一期 VPLC 已经顺利结束。2022 年 2 月，第二期 VPLC 入选教育部首批虚拟教研室建设试点，名为"多语种教学改革虚拟教研室"。第二期 VPLC 扩大了组织规模，学员以 2~5 人的团队形式参加，共 390 余人。

选择 POA 作为首个专题的主要原因是，北京外国语大学研究团队已经就 POA 进行了十多年探索，初步形成具有中国特色的理论（例如文秋芳，2015，2017b，2018b），但距离走向世界还有漫长路，还需更多教师参与研究。2020 年 5 月 16 日，VPLC 正式启动会召开。VPLC

由促研团队（collective facilitators）和成员组成。促研团队包含 8 名成员，其中 1 名为总负责人。促研团队有多重角色：首先，她们是整个 VPLC 的领导小组（collective leadership），负责设计、组织、实施和协调整个 VPLC 的活动；其次，她们是 VPLC 小组成员的激励者和帮助者，负责调动 VPLC 成员的积极性，为他们提供及时帮助；再次，她们是学习者，在指导、帮助 VPLC 成员的过程中，认真向成员学习，获得新知；最后，她们是研究者，不仅研究 VPLC 的建设过程，而且研究自己的成长。

根据研究兴趣，全国的 140 余名 VPLC 成员分为 7 个小组，每个小组由一名促研员负责；每个小组根据需要再分为若干小小组，每个小小组产生 1 名组长，协助促研员工作。除了 VPLC 全体成员集体活动以外，每个小组一般会提前讨论，使用腾讯文档将讨论中遇到的问题集中，并提交给促研员，再由促研团队挑选重要问题，开展全体成员参与的大组讨论。所有 VPLC 活动都通过腾讯会议软件开展。换句话说，迄今为止，所有成员只能在云端见面，所有活动都在网上进行。我们充分运用腾讯文档、腾讯会议聊天区进行新型互动。具体而言，VPLC 成员目前已经完成了下列活动：（1）设计和讨论了 POA 教学方案和 POA 研究方案各一份；（2）讨论了 5 篇 POA 文献和 4 篇研究方法文献；（3）评价了两位 VPLC 成员授课录像和两份"教学之星"大赛优秀教学录像；（4）小组成员撰写了 16 次反思日记。VPLC 成员已经完成或正在进行 POA 课堂教学实践。

13.3.2 加强国内外学术交流

为了加强与国内外学者的互动交流，以 POA 为主题的 VPLC 将每年召开一次研讨会。除了由 VPLC 成员汇报各自研究成果、探讨研究过程中的问题、交流研究经验之外，我们还要设立专门论坛，邀请国内外专家与 VPLC 成员对话。他们可以质疑、批评，也可以提出改进建议。我们相信只有通过开诚布公的交流，创新理论才有可能获得更快发展与完善。我们在这方面已积累了一定经验。从 2017 年至 2019 年，每年的 5 月和 10 月我们分别在国内和国外举办 POA 论坛。从 2020 年开始，POA 论坛改为每年一次线上举行。至今，我们已邀请了近 30 位国内外知名学者对 POA 进行点评，其中国际学者有 Henry Widdowson、Diane Larson-Freeman、Claire Kramsch、James Lantolf、Peter Skehan、Rod Ellis、Alister Cumming、Paul Kei Matsuda、Charlene Polio、Patria Duff、Gary Barkhuizen、Joo Kyung Park、Kumiko Murata 等。我们原计划 2020 年 5 月 16 日邀请 Lourdes Ortega、Shawn Loewen、Lixian Jin 参加对话，由于突发疫情原因，计划取消。国内学者有王初明、王守仁、王海啸、王俊菊、韩宝成、季佩英、周燕、杨鲁新、陈向京、姜亚军、罗少茜等参与对话。这种交流形式既能增强互相理解，又能产生火花碰撞，为 POA 团队提出了新研究问题，有利于理论的发展和完善。例如在 2017 年对话中，Rod Ellis 建议 POA 要加强研究学生互动能力（interactive competence）的发展，Charlene Polio 建议将 POA 尽快应用到对外汉语教学中。

13.4 小结

近十年，外语教育在理论探索和创新、方法探讨和应用，以及具体的教学实践方面都取得了显著成绩。以文秋芳"产出导向法"、王初明"续论"和韩宝成"整体外语教学"等为代表的中国特色理论探索与实践创新，均表明我们外语教育工作者正从引介向创新转变。

笔者认为，以上两点建议若能付诸实施，必定事半功倍，立竿见影。当然，实施过程中会有压力、有阻力、有难度，但根据我们在过去 10 年里建设校本团队、跨校团队和跨院系多语种团队的经验和教训（文秋芳、张虹，2019），我们相信只要团结奋斗，就一定能为我国外语教育理论国际化的新路径探索作出积极贡献。

第 14 章
外语教育理论国际化标准与挑战[1]

应用语言学[2]作为独立学科，在西方只有50多年历史（桂诗春 1987，2000，2010）。改革开放以来，应用语言学引入我国并得到迅速发展。从硕／博士点建设、学术组织、学术会议、学术期刊等方面来看，应用语言学在我国的学科地位已牢固建立。遗憾的是，应用语言学，尤其是外语教育，还未跳出"仿效"阶段，在国际学界"失声"，在理论体系中"缺位"；研究者本土意识弱，成果创新性低，这与我国现有的国际地位极不相称（习近平，2016）。我们亟待思考的问题是：如何使我国外语教育理论国际化？为激发学界对这一问题的思考与关注，本章以国内学者在国外SSCI期刊（2001—2015年）上发表论文创新性分析为出发点，讨论我国外语教育理论国际化的标准与挑战。

14.1 国内学者的国际论文创新性分析

文秋芳（2017f）选取了8种[3]应用语言学SSCI期刊（2001—2015年），然后依据两个条件筛选论文：第一，论文必须报告实证研究；第二，论文第一作者的署名单位必须在中国大陆。同时符合上述两个条件

---

[1] 本章部分内容发表于《外语教学与研究》2017年第2期，题为《我国应用语言学理论国际化的标准与挑战——基于中国大陆学者国际论文创新性的分析》，第254–266页，作者文秋芳。

[2] "应用语言学"在本文属于狭义定义，主要指外语教育、教学。

[3] 第13章表13–1中列了9种期刊，本章中的8种不包括表13–1中的 Language Teaching 期刊。

的论文共 39 篇。这 39 篇论文可以大致归纳为 5 类：（1）验证型，即从西方理论出发，将其运用到中国外语学习者 / 外国汉语学习者，最后为西方理论提供证据，共 20 篇，占 51%；（2）问题型，即从中国问题出发，应用西方理论来解决，结果证明西方理论有效，共 10 篇，占 26%；（3）描述型，即运用西方理论描述中国现象，共 6 篇，占 15%；（4）演示型，即依据西方理论，演示中国案例，共 2 篇，占 5%；（5）解释型，即用中国理论来说明西方理论殊途同归，具有同样的解释力，仅 1 篇，占 3%。

笔者按照理论、内容和方法创新三个维度，分析了 39 篇论文的创新程度。严格说来，这 5 种研究类型的创新程度都比较低，但比较而言，在理论、内容和方法这三个维度上又略有差别（参见表 14-1）。总体上看，所有 39 篇论文均未体现理论创新，但都具有一定程度的内容创新；就方法而言，仅有 3 篇具有一定的创新性。下面将深入讨论这三类创新的具体情况。

表 14-1　五种研究类型的创新情况

	验证型	问题型	描述型	演示型	解释型	创新度
理论创新	0	0	0	0	0	0
内容创新	20	10	6	2	1	比较低
方法创新	2	0	0	0	1	比较低

14.1.1　理论创新

所谓理论创新指的是构建新理论，提出新假说。例如，Chomsky（1965）的转换生成语法（Transformational Generative Grammar）、Krashen（1985）的监控理论（Monitor Theory）（包含 5 个假设）、文秋芳（2015）的"产出导向法"和王初明（2016a）的"续论"等都属于理论创新。他们提出一个理论后，通常有一批学者或对其深入研究，或对其发起挑战。即使不是系统理论创新，提出某个新假设也属于理论创新。例如 Swain（1985）的输出假设（output hypothesis）、Long（1991）的互动假设（interaction hypothesis）、王初明（2003）的"补缺假设"、王初明（2005）的"写长法"、文秋芳（2008b）的"输出驱动假设"、文秋芳（2014）的"输出驱动—输入促成假设"等。依据上述标准，我国学者在国外期刊上发表的 39 篇论文中均未不属于理论创新范畴。

14.1.2 内容创新

所谓研究内容创新，指的是开辟新研究领域。例如，Rubin（1975）在 *TESOL Quarterly* 上发表了论文 "What the Good Language Learner Can Teach Us?"，自此，善学者（good language learner）就成了新研究热点，产生了丰硕的研究成果。再如，Jenkins（2000）出版的专著《英语国际语的音系学》（*The Phonology of English as an International Language*）中，首次提出了"英语通用语"（English as a lingua franca，简称 ELF）概念。随后 Seidlhofer（2001）和 Mauranen（2012）相继发表论文，建设 ELF 语料库。自此，英语通用语就成为一个新兴研究热点。

如果考察上述 39 篇论文是否发现一个未开垦的"处女地"，很显然一篇也没有。不过，内容创新的级别应有高低之分。类似研究曾有西方学者做过，那我国学者将中国英语学习者或者外国汉语学习者作为研究对象，能不能看作是内容创新呢？例如，运用西方二语习得理论研究中国外语学习者的学习动机、交际意愿、身份认同、词汇学习策略、对待纠正性反馈态度等，采用西方理论研究教师观念、身份认同、课堂教学方法等。笔者认为，广义上讲，这些研究可认定为内容创新，因为中国人教或学外语与西方人不完全相同，教与学的情境、策略、动机、学生与教师发展路径等都存在差异，而这些差异外国人未必了解。我国学者能够在国际期刊上报告中国学生学习外语或者外国学生学习汉语的状况，为世界学者提供了新信息，让西方理论构建者了解他们的理论是否具有普遍性。从这个意义上说，上述 39 篇论文都体现了一定的内容创新，但创新级别较低，原因是这些研究本质上未开辟新研究领域。

14.1.3　方法创新

严格说来，方法创新需要创造一种本领域未曾使用过的研究方法。许多时候，新方法的出现也带来新研究内容。例如 Horwitz（1986）构建了首个测量课堂外语学习焦虑的量具，将"焦虑"变成可测量的参数，开辟了研究外语学习者情感特征的新领域。同类的例子还有很多，例如语能量具、词汇深度和广度知识量具的构建等。

综上所述，39 篇论文中仅有 3 篇在研究方法上稍有创新。例如，在上文提到的唯一的解释型研究中，Wu（2006）选择了与西方学者不同的视角，运用中国庄子的哲学思想解释西方教学理论，向西方世界展现了中国哲学的魅力，应该说这是方法上的创新。但严格说来，创新级别也不算很高，因为他的解释只是用来证明中国哲学思想与西方哲学思想具有同等有效性。

14.2　我国外语教育理论国际化的标准

由上可见，我国应用语言学研究成果在 SSCI 国际期刊上发表论文的数量极其有限（参见表 13-1），研究的创新程度也很低（参见表 14-1）。这表明我国应用语言学学科还处于学术国际化的初级阶段。学者们能够用英语在国际期刊上发表论文，为我国学术"走出去"作出了积极贡献。他们的不懈努力值得鼓励和赞扬（文秋芳，2017f）。无数量，何谈质量？这个观点完全符合逻辑。但我国应用语言学是否要按照"先数量、再质量"两个阶段来发展呢？笔者认为，如果要实现"弯道超车"，必须避免分阶段发展的做法。如果先讲数量，可以设想即便我国学者在国外期刊发表数以万计类似上述 5 种类型的论文，也无法提高我国应用语言学理论国际化程度。从长远来看，单纯追求国际期刊论文发表的数量有着很大的负面影响（文秋芳，2017f）。

如何使外语教育理论国际化呢？要回答这一问题，我们必须要对"国际化"有正确的解读。下文首先讨论什么是真正的国际化，然后对笔者提倡的国际化标准加以解释，再讨论国际化面临的挑战。

第 14 章　外语教育理论国际化标准与挑战

对于国际化的内涵，至今未有统一解释。朱剑（2009：127）认为国际化是"以科学的方法、普世价值观、无障碍的语言、规范的样式在国际公共学术平台上展示和交流学术研究过程及其创新成果"。李正风等（2002）将知识共享看成是学术国际化的本质特征。按此说法，在国际期刊上发表论文的数量越多似乎就能证明学术国际化的程度越高。

笔者认为，上述对"国际化"的解释更适合自然科学，但不适合社会科学。前面已经说过，应用语言学自身的学科属性决定了研究问题必须具有浓厚的本土色彩，能够为本国社会实践服务。如果来自发展中国家的学者单纯为在国际期刊上发表论文，一味满足西方刊物的"苛刻要求"，把"西方理论作为本土化的母版和框架，对一切本土化研究进行定向塑造"（邹利斌、孙江波，2011：62），最终的结果是，发展中国家的学者恐怕将永远是西方理论的"信奉者""追随者"，至多是"发问者""批评者"，在国际舞台上很难掌握话语权，也不可能获得平等权利和权力（参见本书第 16 章）。

笔者认为，社会科学领域的国际化必须满足三条标准：本土化、原创性和国际理解度。在这三条标准中，本土化是前提，原创性是基础，国际理解度是关键，它们互相联系，联动作用，缺一不可。只有同时满足以上条件，国际化才能被认可。

14.2.1　本土化

本土化指的是理论要用来解决本土问题。这一条件源于应用语言学的学科属性。根据目前对应用语言学最为广泛接受的定义（Simpson，2011），应用语言学是一个"从理论和实证两个方面研究以语言为核心的现实世界问题的学术领域"（Brumfit，1995：27）。既然研究对象是语言现实问题，这些问题就必须来自研究者所熟悉的真实世界。现实问题总是具有很强的情境性、动态性、文化性（Paasi，2005）。从这个意义上说，外语教育研究的问题应该是本土问题。如果仔细考察，我们会发现几乎所有外语教育理论都是为了回答西方本土语言生活中的问题。例如，Swain（1985）通过对加拿大沉浸式外语教学模式的观察，发现这些学生经过多年学习，虽然理解能力与本族语者无明显差异，但他们的产出能力远不及本族语者。她的观察证明充足的可理解性输入并不是学习外语的充分条件，于是她提出"输出假设"，挑战了 Krashen（1985）的"输入假设"。再如，Schmidt（1990）对多年居住在夏威夷的一位日本移民开展了 3 年跟踪研究后，发现尽管这位移民与当地人交流频繁，日常交际非常成功，但语言形式中错误百出，准确性未有明显提高。由此，他提出"注意假设"，即学习者如果缺少对形式的注意，单靠互动不能提高语言准确性。这一假设显然挑战了 Long（1991）的"互动假设"。

从表 14-1 列出的 39 篇国际期刊上发表的论文来看，其中 29 篇（74%）都以西方理论为出发点，寻找可能与西方理论相匹配的问题。换句话说，他们的研究不是中国这块土地上的"真问题"，而是西方世界讨论的热点。其他社会学科也有类似问题，即这些学科的学者们在 SSCI 期刊上发表的论文中，研究对象多是国外议题或模型，与中国直接相关的不多（刘海龙，2011）。

鉴于应用语言学学科本质属性，我国外语教育理论国际化的前提就是要直面中国本土问题，否则国际化无从谈起。正如习近平（2016）在全国哲学社会科学工作座谈会上的讲话中所说："……越是民族的越是世界的。解决好民族性问题，就有更强能力去解决世界性问题；把中国实践总结好，就有更强能力为解决世界性问题提供思路和办法。这是由特殊性到普遍性的发展规律。"

14.2.2　原创性

原创性是指要能提出解决本土问题的本土方案，这一方案不仅能有效应用到本国实践中去，而且要与西方范式有所不同。每个国家有着特殊的国情、社情、人情。用同一个"药方"处理不同病症，让所有人穿同一尺寸的衣服，肯定违背常理（Long，2015）。习近平（2016）也指出："如果不加分析把国外学术思想和学术方法奉为圭臬，一切以此为准绳，那就没有独创性可言了。如果用国外的方法得出与国外同样的结论,那也就没有独创性可言了。"

表 14-1 中列出的 39 篇论文中,虽有 10 篇论文以中国问题为出发点,遗憾的是,他们一头扎到"西方理论"中寻求"治病良方",最后用自己的结果去证明西方理论的有效性。从这个意义上说,这些论文没有提出解决中国问题的原创性方案。

笔者认为,王初明等(2000)提出的"写长法"符合原创性这一条件。他从中国人学习外语听说需求不足、读写环境不差的具体国情出发,在听、说、读、写中选择了"写"为突破口,"以写促学";根据中国学生怕写外语作文、教师怕改作文的实际,在量与质的评价标准中选择了"量",以量促质;在正面肯定与负面纠错的评价方法中,选择了正面肯定,以鼓励学生学习外语的积极性。王初明认为这样做可以克服学生情感上的障碍,增强学生的成就感、自信心;能够加速接受性知识转化为产出性知识;能够激发学生超越自己,充分发挥自己的潜能。"写长法"的原创性体现在以写促学。近 40 多年来,二语习得理论不断涌现,但没有一种理论主张从"写"入手。Krashen(1985)的输入假说强调以听读领先,宣称只要听读量足够,学习者就能自动习得某种外语。Long(1991)的互动交际假说主张在交际过程中,双方通过不断询问、协商和澄清来发展各自的二语能力。Swain(1985)的输出假说强调"说"的功能,主张以说促学。由此可见"以写促学"的理论旗帜鲜明,观点明确,创新点突出。

14.2.3　国际理解度

国际理解度是指所创理论中所用的话语必须与国际相关理论有联系,或者说该理论能够与现有国外相关理论在同一个层面上进行比较和对话。换句话说,本土理论一定要在批判目前国外流行理论的基础上创立,这样外国学者才能调用自己熟悉的理论图式来理解具有中国特色的理论。

而我国学者常常创造一套易被中国人理解的话语,但并未考虑国际学者理解是否有难度。例如,中国学者常把教学经验总结成"n 字法"。

当年李岚清总理曾经赞赏过张思中的"16字法"（王天剑，2003）：集中教学、反复循环、阅读原著、因材施教。这一方法凝聚着张思中40年的教学经验，实践证明富有成效。对于我国广大一线外语教师来说，这样浓缩的"n字法"，易懂、易记、易学、易做。然而要把这样的理论介绍到国外去，很难被认可为一种教学理论。

为了避免上述问题，中国学者创建的"产出导向法"在构想初期就与国际学者交流沟通，从理论的命名到具体表述，都认真听取了多名外国学者的建议（文秋芳，2015）。同时"产出导向法"团队成员积极参加国际学术会议，在国内外期刊上发表论文。他们还"主动出击"，在国内外召开研讨会，邀请国内外知名专家、学者参与讨论，来完善和发展这一中国本土理论，同时扩大国际影响力（文秋芳，2017a）。

14.3 国际化面临的挑战

国际上绝大部分SSCI期刊的"把门人"都来自发达国家，发展中国家在应用语言学学界没有话语权。很显然，中国学者当属于弱势群体（文秋芳，2017f），正如Flowerdew & Li（2009）的研究所发现，西方期刊的评审人和主编经常批评非英语本族语学者的研究缺少国际视野，所涉及的问题过于"本土化"。事实上，英语本族语学者研究的也多是本土问题，只不过他们将自己定位为"世界中心"，他们的研究问题就成了"国际问题"。这显然是学术权力不平等表现。在这种不公平的环境中，要将我国外语教育理论国际化，我们必须比发达国家学者付出更多努力，也面临更大挑战。

14.3.1 缺乏理论意识

我国外语教育研究者长期以来"重实践、轻理论"，缺乏理论意识，很少对我国的实践智慧进行理论概括和提炼。例如，我国长期实践的"教研组备课""以老带新"，反而运用国外"实践共同体"理论来解释；

第 14 章　外语教育理论国际化标准与挑战

"让学生跳起来摘桃子"这个比喻形象生动说明了学习内容要有适度挑战性,却用国外"最近发展区"去说明;我国教学一直重视学生自学能力的培养,反而大张旗鼓地宣传西方"学习者自主性"理论。

笔者认为,与西方学者相比,我们对实践经验概念化的层次与西方不相同。如果用质性数据分析的方法来比拟,我们的概括大致相当于二级编码,而西方概括程度经常能达到三级编码层次。例如,我们对课堂教学中教与学的恰当安排归纳为"精讲多练",这种概括形象、易懂,但翻译成英文,就成了对课堂教学的一种描述,不具有理论属性。同样,前面提到的"n字法"也有类似问题。笔者注意到我国领导人提出过不少新概念、新范畴,对治国理政产生了重要影响。例如,毛泽东提出的"三个世界理论",胡锦涛提出的"和谐社会",习近平提出的"中国梦""建设新型大国关系""构建人类命运共同体"等。这些概念既具有本土性、原创性,又具有国际理解性。由此可见,我国外语教育学者亟待提高理论意识,增强思维的抽象度和概括性,主动设置学术命题,提出学术观点、学术主张,引领国内外学界讨论,这样才能真正获得国际话语权。

14.3.2　对我国传统教育理论缺乏自信

我国不少应用语言学学者对国外理论如数家珍,了如指掌,而对中国传统教育理论知之甚少。从本质上说,我们缺乏文化自信。我国有着几千年悠久的文明史,中国教育传统源远流长。据说,我国最古老的教育专著《学记》比捷克大教育家夸美纽斯的《大教学论》早一千八九百年面世。《学记》全文只有1 229个字,篇幅短小精悍,文字言简意赅,喻辞生动,内容丰富、深刻,"从正反两方面总结了师与生、教与学的相互关系及其影响的经验教训"(高时良,2006:216)。再如,南宋朱熹的弟子归纳总结了他的读书六法,即循序渐进、熟读精思、虚心涵泳、切己体察、着紧用力、居敬持志。这六条原则相互联系,形成了一个统一的有机体,是一个完整的读书、求学、进业的过程(徐雷健,2007)。

这些传统资源值得我们深入挖掘,仔细研究,从中汲取营养。我们要在与国外理论比较的基础上，批判、吸收、升华先人的智慧。只有善于借鉴古今中外资源，将其融会贯通，才有可能构建出原创性的理论，为解决我国现实问题提出具有中国特色的方案。

14.4　小结

　　本章分析了我国学者2001—2015年在国外8种SSCI来源期刊上发表的39篇实证研究论文，揭示了我国外语教育理论国际化堪忧的现状，即我国学者对中国本土问题关注不够和创新程度较低。2017年1月24日教育部、财政部、国家发改委联合颁布了《统筹推进世界一流大学和一流学科建设实施办法（暂行）》。该文件指出，到2020年，要支持建设一百个左右学科，使其接近或达到世界先进水平。文件还明确指出："积极建设具有中国特色、中国风格、中国气派的哲学社会科学体系，着力解决经济社会中的重大战略问题，提升国家自主创新能力和核心竞争力。"根据这一精神，我国广大外语教育研究者应该积极行动起来，努力建设外语教育理论，提高其本土性、原创性和国际理解性，增强应用语言学学科在国际学界的话语权和影响力。

第 15 章
我国外语教育理论国际化面临的困境与对策[1]

本章探讨我国外语教育理论国际化面临的困境及对策。中国有着世界上最多的外语学习者，最庞大的外语教师队伍，最大规模的外语教育研究者群体，然而在世界外语教学界影响力甚微，这与我国作为外语教学大国的地位极不相称。要让中国外语教育理论成果走向世界，赢得国际学界的话语权，这是每个中国外语教育研究者的热切愿望和共同追求。然而社会科学的学术国际化是把"双刃剑"，一方面能够让中国学者走向国际舞台，发出自己的声音，增强国际影响力；另一方面，人们可能对研究"本土性"问题的热情有所降低，用中文发表的愿望有所减弱，最终致使"本土性"问题缺乏对学者的吸引力，中文期刊降为"二流期刊"，中文降为缺乏学术创造力的"二流语言"（文秋芳，2016b）。我国外语教育理论研究者在国际化浪潮中面临的两个难题：（1）"本土性"问题优先，还是"国际性"问题优先？（2）用英文发表优先，还是用中文发表优先？在讨论上述难题的基础上，笔者提出两条对策：（1）采用"质量优先"和"分类卓越"的科学评价政策；（2）采用"双语"发表的鼓励政策。

---

[1] 本章部分内容发表于《外语与外语教学》2017 年第 1 期，题为《我国应用语言学研究国际化面临的困境与对策》，第 9–17 页，作者文秋芳。

15.1　学术国际化与英文国际发表

"学术国际化"虽未有统一定义（参见本书第14章），但公认的观点是，学术国际化就是要实现知识在世界范围内无障碍地有序流动，且得到学界的广泛认可或应用。学术期刊是知识流动和共享的最有效载体（邓惟佳，2016），学术论文的国际发表应该是学术国际化的重要标志。鉴于此，本章将学术国际化聚焦在学术论文的国际期刊发表上。

截至2008年8月，国外社会科学期刊90%以上都采用英文。例如，459种SSCI心理学期刊中只有36种采用非英语语言（Lillis et al., 2010）。法国科学期刊中大约有85%使用英语，科学引文索引中大约有95%以上来自英文论文（Hyland，2007）。瑞典原有的母语期刊 *Ekonomisk Tidskrift* 从1965年第一次更名后，英语就成为期刊的唯一语言媒介（Olsson & Sheridan，2012）。由此可见，学术国际化在很大程度上就是学术英语化。这就意味着，英语是迈向学术国际化的桥梁，是获得国际期刊发表的"入场券"。因此本章将学术论文的国际发表进一步聚焦到论文在英语国际期刊的发表。

中共中央2004年3月颁发了《关于进一步繁荣发展哲学社会科学的意见》，提出"要大力实施哲学社会科学'走出去'战略，采取各种有效措施，扩大中国哲学社会科学在世界上的影响"。为了响应党中央的号召，鼓励学术国际化，政府部门将论文国际发表的数量和级别作为各高校排名、学科评价、科研项目申请、各类人才评选、各类奖项评定的重要指标。为了在社会评价中赢得好结果，各高校领导纷纷出台新政策，将论文国际发表与职称提升、岗位聘任、奖金发放等紧密挂钩。

15.2　面临的主要困境

15.2.1　"本土性"问题与"国际性"问题

应用语言学，同其他社会科学一样，具有很强的情境性和动态性（Paasi，2005），深深扎根于本国文化传统之中。我国的外语教育研究

第15章 我国外语教育理论国际化面临的困境与对策

必须要为本国人民服务，必须要关注本土出现的"真"问题，社会关切的"热"问题，广大群众关心的"急"问题。例如，20世纪末的热点是"如何对待大学英语四、六级考试"，21世纪初大学英语教学改革的焦点是"如何采用计算机辅助教学与课堂面授相结合的方式，来解决高校扩招后学生数量激增而师资不足的难题""如何解决大班教学的互动问题"等。最近这几年争论的议题是，"如何处理通用英语和专用英语的关系""如何在大学英语教学时数压缩、学分不断减少的前提下，提高课堂教学有效性""如何培养国家急需的具有国际视野、通晓国际规则、具有家国情怀的国际化人才""如何改革全国英语高考？一年两考是否可行"，等等。显然，这些问题不是西方学者的兴趣所在，撰写这方面的论文不大可能受到国际期刊审稿人的青睐。某些文章有幸进入外审程序，也要经过他们的筛查，确定和他们的研究视角或立场态度相吻合（Flowerdew & Li，2009）。

Flowerdew（2001）曾通过深度访谈的方式，考查国际期刊主编和审稿人对英语作为附加语（English as an additional language，简称EAL），即对母语为非英语的学者稿件的态度。尽管被访者几乎都声称他们对非英语本族语者的作者没有任何歧视，有时还会多一份同情心，付出额外努力，为论文的修改提供更多帮助。然而被访主编中，除一人以外，其余都指出EAL作者论文中存在一个普遍问题，即"狭隘性"或"本土性"。这就是说，他们认为EAL学者的研究过于本土化，不具有国际视野。例如，某个主编直率说道：

> The research question is so locally focused that it does not spread out into more general interest area... My guess is that it is harder for NNS who have spent less time abroad, spent less time professionally abroad, for them to see how it might be applicable to other places. I have seen that, too, with articles from Hong Kong, that they were clearly related to the domain here [in Hong Kong], and, interestingly, I am not sure how other people reading the journal might feel or relate. (Flowerdew, 2001: 135)

（研究问题太过本土化，无法拓展到学界更具有普遍兴趣的研究点上……我的猜想是，对于非本族语者来说，他们在国外生活时间短、参加国外专业活动少，很难预见他们的研究结果应用到其他地区的可能性……我审读过来自香港的论文。这些论文与香港当地情况有着清晰联系，有趣的是，我不知道其他读者阅读文章时会有何感想，是否能发现其中的关联性。）

上述主编的看法有其自身的逻辑和合理的关切。作为国际期刊主编，他们当然希望世界各地读者都能从期刊中获益。中国社会科学研究者则面临着两难的选择。拿着中国纳税人付的工资和科研经费，毫无疑问，研究国内"真""热""急"问题责无旁贷。正如习近平（2016）在全国哲学社会科学工作座谈会上讲话所指出："为什么人的问题是哲学社会科学研究的根本性、原则性问题……研究者生活在现实社会中，研究什么、主张什么，都会打下社会烙印……我国哲学社会科学要有所作为，就必须坚持以人民为中心的研究导向。脱离了人民，哲学社会科学就不会有吸引力、感染力、影响力、生命力。"

然而中国学者如果真的一头扎进"本土性"问题中，研究结果有可能遭到国际期刊的冷遇。有人可能会说，国内问题有其特殊性一面，但特殊性中必定蕴含着普遍性，国际发表时，应该挖掘其普遍性的一面。这种反驳具有一定的道理。然而，普遍性存在于多个特殊事实中，我们很难从一个特殊案例中推断出带有普遍性的规律。如果勉强为之，很可能牵强附会。再则，每个国家总有些本土色彩特别浓厚的问题。我国大多数学者认为，中西两个学术群体有着不同的研究兴趣点（Flowerdew & Li，2009）。

中外学者不仅有着不同的研究关注点，而且解决问题的思路也有着很大差异。解决"本土性"问题的基本要求是应用性和有效性，而为国际发表所从事的研究需要的是科学性和可重复性。以大学英语教学改革为例，要提高大学英语的教学质量，我们首先需要的是课程体系的改革、课程的创新、评估体系的完善。为国际发表所从事的研究需要验证某个特定假设（例如注意假说）或对某个教学环节开展实验研究（例如纠正性反馈），这类研究通常是整个教学链条上的一个微观环节，即便做得完美无缺，也难以提高学习者的整体英语水平。

第15章 我国外语教育理论国际化面临的困境与对策

为了避免所谓的"狭隘性""封闭性",加速国际发表,我们似乎面临两个选择。一是放弃"本土性"重要问题的研究,紧追国际热点,研究国际学界所关心的问题,更为准确地说,研究西方感兴趣的问题。二是以国际热点为出发点,在国内寻找相关联问题,将研究结果嵌套在国际流行的理论框架中。无论是上述哪种选择,研究者都在努力把"本土色彩"降到最低程度。

长此以往,这可能会误导国内研究者,特别是年轻学者,致使他们可能不会太关心国内的"真""热""急"问题,注意力完全转向国际,一心瞄准国际期刊。Paasi(2005)早就指出处于知识边缘的非英语本族语年轻学者很可能迫于压力,放弃研究与国际热点不同的"本土性"问题。人们常说"科学无国界",这里其实指的是自然科学。每个国家有着具体的国情、社情和人情,每个国家有着自己独特的社会科学问题。解决这些问题需要生活在这块土地上的研究者去思考、去研究。即使别国有类似的研究成果,也不大可能直接照搬、照用。

最后我们要强调,这里讨论研究"本土性"问题还是"国际性"问题的选择,不是要贬低国际热点问题研究的自身价值,也不是要诋毁英文国际发表的艰辛付出。我们只是想说明,相当一部分"国际性"研究常常与我国要解决的"真""急""热"问题有"距离",远水解不了近渴。我们也不认为所有研究"本土性"问题的论文都不能在国际期刊上发表,关键在于如何通过"包装",巧妙地将自己的研究置放于国际背景中,与国际学者对话。不过,要实现这个目标,不单纯是作者的个人责任。根据社会建构主义理论,作者、审稿人、读者应该共同承担,通过沟通和讨论,来补足论文中缺失的背景知识(Gao & Wen,2009)。

15.2.2 英文发表与中文发表

随着学术国际化的推进,学术英语化得到进一步强化。不少学者担心未来知识的传播和流动完全由英文所控制(Curry & Lillis,2004),形成英文学术垄断(Paasi,2005),这将把发展中国家的人民,尤其是那些来自发展中国家的非英语本族语者,置于不平等的地位。一方面,他们中并非所有人的英文都能达到熟练水平，做到阅读英文文献、撰写英文论文像使用母语一样流畅；另一方面，英文文献也没有发达国家那么容易获取，不少高校图书馆缺少经费，无法订阅各种不同类型的国外数据库（Wen & Gao, 2007）。这种"英语一统天下"的局面显然严重削弱了这些国家人民接受和产出新知识的权利。

有些发达国家虽没有上述发展中国家存在的困难，但他们也有自己的担忧。例如北欧的瑞典、挪威、丹麦等发达国家，国民的英语水平都很高，英文学术资源也很普及，国民阅读英文文献和用英文发表文章均无明显困难，但他们也担心自己的母语会变为二等语言，只能用于日常交际，而无法用于学术研究和交流（Olsson & Sheridan, 2012）。

中国属于英语扩展圈（expanding circle），英语不是官方语言。同时，中文和英文属于两种不同语系，国民要学好英语，比起与英语同源的母语者要困难得多，能达到听说读写专业水平的人数在总人口中的比例比较低。短期之内，我们可能不会担心中文会沦为二等语言。但不少有识之士意识到，我们如果一味强调英文发表，唯英文发表的论文为上等水平，其正面影响是，我国有越来越多的论文在国际英文期刊上发表，有利于增强我国的学术影响力，但长此以往，也会产生负面影响。对此负面影响，有些学者已在大声疾呼。例如，同济大学的中科院院士汪品先（2015）在《文汇报》上刊文提出疑问："中国科学界的英语化应当走到多远？在科学创新里还有没有汉语的地位？"文秋芳（2016b）也表示了类似的担忧：如果我国最新研究成果都用英文发表，中文就不能用于新知识的交流。她还指出，英语作为全球通用语的趋势浩浩荡荡，似乎无人能够阻挡。但是，英语成为世界通用语的历史不足百年，其未来走向具有不确定性。在历史的长河中，拉丁语、法语都曾是通用语，而现在这一功能已不复存在。国家强，语言强。语言在世界的地位和功能与国家经济和科技实力相匹配。随着我国整体国力的提升，中文创造新知识的空间也应该拓展。从这个意义上讲，我们应该制定激励政策，为提高用中文创造和推广新知识的能力搭建学术平台。再者，用中文发表最新研究成果，也能让国内英语水平低的国民从中受益。否则，英语水平低的国民就被剥夺了运用母语获取新知识的权利。

15.3 应对困境的建议

15.3.1 采用科学评价政策

究竟选择什么课题进行研究？我们认为，学者们有着不同的教育背景，有着不同的专业特长，处在人生发展的不同阶段，因此不能简单地以"国内""国外"来区分质量，将"国外"成果看作高人一等，这种做法实际上是"文化不自信"和"理论不自信"的表现。对任何研究的评价都应该是"质量优先"。衡量质量的最基本的标准是创新性。创新性可大可小，它可以是新概念的构建、新理论体系的建立，也可以是解决"真""热""急"问题的新方案。

由于个人精力有限，我们可以采用分类"卓越"政策，每人根据自己的特长，在"本土性"和"国际性"问题的研究中有所侧重。建议从海外归来不久的学者积极参与"本土性"问题研究，尽快了解国情、社情和人情，融入国内学术共同体中，建立自己的学术地位，同时利用自己的海外经验，继续开展"国际性"问题研究；建议在国内学术共同体中已有影响的"海归"研究者，成为"本土"问题研究的核心力量，同时要积极将中国富有成效的实践理论化，构建具有中国特色的理论；建议我国本土培养的学者争取去海外访学，开阔眼界，在国际研究的大背景下，开展"本土性"问题的研究，同时也要逐步加入到"学术国际化"的行列中，为中国学术走向世界做出自己的贡献。

简言之，学者个人有权选择自己的研究课题。无论他们做出何种选择，社会都应该给予尊重。而作为研究者本人，无论从事何种类型的研究，都应牢记外语教育研究者的社会责任。从国家层面来看，只要让各类不同类型学者的特长得到充分发挥，他们的聪明才智得到最优化的配置，就整个群体而言，我们就能做到，中国的"本土性"问题研究朝着国际化方向迈进，"国际性"问题研究也能够为本土问题的解决提供服务。

15.3.2 采用"双语发表"政策

上文我们已经讨论了中文和英文发表的不同功能，笔者建议政府鼓励外语教育研究者用英文和中文分别发表论文。如此做法，能够克服单一语言传播新知识的局限性，既能满足国内国民的需求，又能让中国的学术成果走出国门。

有人可能认为上述做法是"重复发表"或者"自我剽窃"。他们的理由是：学术研究没有语言的区别，无论用中文，还是用英文发表，都算作公开发表；有的国际期刊在刊发论文前，明确要求作者申明，该文未公开发表过，例如 TESOL Quarterly。我不赞成这一看法。我曾经与高一虹一起在《国际应用语言学期刊》(International Journal of Applied Linguistics)上，以"双语发表与学术不平等"为题发表文章，阐述了我们的观点（Wen & Gao，2007）。首先我们说明了双语发表的必要性。如果只允许用一种语言发表，不仅剥夺了某些人接受新知识的权利，而且限制了新知识的流动范围。然后我们以中英两种语言的语篇格式受到本民族思维方式的影响，说明用两种不同的语言报告同一项研究成果，不是简单地从一种语言翻译到另一种语言，实际上作者需要付出艰辛努力。有些期刊主编也赞成我们的看法。例如，2008年我们在召开第六届亚太地区第二语言习得研究论坛时，与时任 Language Learning 的主编 Nick Ellis 和 Second Language Research 的主编 Roger Hawkins 探讨了这一问题，他们二人都赞成"双语发表"，让不同受众从中获益。

英文论文的发表一般需要2~3年时间，而中文发表一般只要用1~2年时间。由于中英文发表所需时间有差异，这个时间差就为中文优先发表提供了机遇，这样既可以避免我国最新的科研成果得不到国际学界的认可，又能让国内学者优先获得新知识。

15.4 小结

本章将学术国际化简单地等同于论文国际发表，在目前我国外语教育国际发表论文数量极其有限的阶段，有一定的实际意义，因为缺乏基

第 15 章　我国外语教育理论国际化面临的困境与对策

本数量，国际化根本无从谈起。但从长远来看，学术国际化的本质不应该是国际期刊论文发表的数量。几十年来，我国外语教育界一直跟着西方研究话题的套路走，很少对中国的实践智慧进行理论概括。中国的应用语言学根本出路在于理论和实践创新，否则，我国外语教育研究者难在国际学界赢得真正的话语权。习近平 2016 年 5 月 17 日在哲学社会科学工作座谈会上提出了中国特色哲学社会科学的特点应该体现在三个主要方面："第一，体现继承性、民族性；第二，体现原创性、时代性；第三，体现系统性、专业性。"我们认为这三个方面、六个特点之间有着紧密联系，对我们构建有中国特色的应用语言学理论有着指导意义。我们应该建立理论自信，深入挖掘中国几千年教育实践智慧和中华优秀传统的文化资源，同时要有国际视野，借鉴国外先进理论，构建具有中国主体性、原创性的理论，为世界应用语言学界贡献中国智慧，这才是我们学术国际化的奋斗目标。

第 16 章
中国应用语言学的学术国际话语权[1]

本章探讨有关中国应用语言学的学术国际话语权问题。分为三部分：（1）学术国际话语权的内涵及其现状分析；（2）我国应用语言学的学术国际话语权现状分析；（3）对提升中国应用语言学学术国际话语权的三点建议。

16.1　学术国际话语权的内涵与现状分析

16.1.1　学术话语权的内涵

"学术话语权"在学术领域中，指说话权利（right）和说话权力（power）的统一。话语权利着重指行为主体能够自由实现表达话语的意愿和实践；话语权力则着重指行为主体所表达的话语能够对客体的观念或行为产生影响（郑杭生，2011）。余波和宋艳辉（2021）提出话语权的主体有学者个体、学术机构和国家。笔者结合外语教育研究的实际情况，对权利和权力的表现形式及其关系做了界定（参见图 16–1）。

---

[1] 本章是在应用语言学学科视域下讨论学术国际话语权问题，因而未采用其狭义定义中所指的外语教育。本章部分内容发表于《现代外语》2021 年第 4 期，题为《中国应用语言学的学术国际话语权》，第 439–447 页，作者文秋芳。

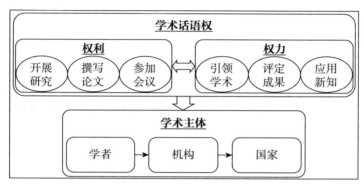

图 16-1　学术话语权的表现形式及其关系

话语"权利"主要体现在三个方面。"开展研究"指拥有进行学术研究选题的权利,"撰写论文"指拥有将学术成果撰写论文发表的权利,"参加会议"指具有参与学术会议进行科研成果交流的权利。"权力"也体现在三个方面。"引领学术"指对学术领域的研究议题或方向具有引领能力,"评定成果"指对学术成果和知识质量具有评定权,"应用新知"指具有运用新创造知识改变社会实践的能力。学术权利是拥有学术权力的前提,没有权利,权力无从谈起,但权利不能自动变为权力,学术权力获得既需要学者的主观自觉,又需要客观环境的支持。一旦拥有学术权力,学术权利又能得到进一步强化。简言之,学术权利与学术权力之间存在互动关系。

学术话语权的主体可以是学者个体、某个学术机构或某个国家。本章聚焦讨论国家学术话语权。一个国家的学术话语权不能不分学科或领域,大而化之来进行讨论。不同于个体和学术机构的学术话语权,国家在某领域的学术话语权靠的不是某国家在某领域学术研究的学者总人数,也不是某国家在某领域发表论文的总数,它主要靠的是国家在该领域具有国际引领力的领军人物或学科带头人。换句话说,衡量国家在某领域的学术国际话语权的标准是该国在该领域领军人物的创新成果在国际产生的影响力。

第 16 章　中国应用语言学的学术国际话语权

16.1.2　学术国际话语权现状分析

Mosbah-Natanson & Gingras（2014）根据汤姆森科技信息集团提供的科学网（Web of Science）分析了 1980—2009 年社会科学国际话语权的分布情况。他们的结论是：一部分国家处于话语权中心，一部分处于边缘地带。依据该结果，笔者将世界上国家分为：（1）拥有某学科领域的学术话语权国家；（2）未有某学科领域的学术话语权国家。前一类国家学者的主要任务是生产和传播话语。传播的主要渠道包括学术会议、学术期刊、学术专著、学术组织、学术网络和学术数据库等。后一类国家学者的主要任务是消费和助销已存在的学术话语，其消费和助销的渠道与拥有学术话语权的国家相同。话语生产者和传播者通常来自处于中心位置的以英美为首的英语本族语国家和欧美发达国家，话语消费和助销者往往来自处于边缘位置的欠发达或发展中国家。需要说明的是，话语生产者与传播者可能是同一个群体，但更多时候，这两者不是同一批人，因为话语生产者的成果要得到有效传播必须得到期刊主编、学术会议组委会或者出版社总编的认可。这两者之间存在互动关系：话语生产者一旦得到传播者的认可，就更积极地生产话语；一旦话语生产者创造的成果更多，传播者对其认可度就会有所增加。同样的情况也发生在学术消费者与学术助销者身上。当然，在社交媒体发达的时代，无论是话语生产者还是消费者，都可以利用社交媒体传播或推销自己的学术成果。

从图 16-2 可以看出，新知识和理论是从拥有学术话语权的国家流向没有话语权的国家。换句话说，学术话语总是从中心地区向边缘地区移动。

学术话语权为什么会如此分布呢？究其本质，学术话语权是国家话语权的重要组成部分，是国家软实力的标志。作为一种软实力，国家话语权是一种依附品，不可能独立存在。它依附于国家的经济、军事、科技等硬实力。一旦获得国际话语权，又会强化国家的硬实力。因此这两者之间存在辩证统一的关系。目前我国已经成为世界第二大经济体，军事和科技实力也有了快速发展。在后疫情时代对世界格局的影响下，我国硬实力的提升呈现加速态势。但硬实力要变为国家话语权，不大可能

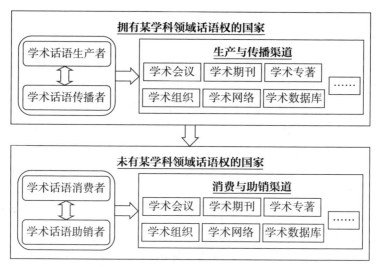

图 16-2　国家学术话语权的大致分类

自然形成，学术话语权也是如此。硬实力是软实力的必要条件，但不是充分条件，这还需要学者，特别是学术领军人物拥有主体性意识，奋发努力、不断创新，尽力摆脱消费者和助销员角色，成为新话语的生产者和传播者，引领世界某学科领域的发展。

事实上，我国在某些科技领域内已具有学术国际话语权，例如高铁技术、通信技术、杂交水稻等，但在基础科学上，我国只有个别成果世界领先，总体上比较落后。我国人文社会科学的国际话语权就更为薄弱。一方面，人文社会学科往往带有浓厚的意识形态属性；另一方面，我国人文社科学者理论自主性还未充分调动，创新成果数量极为有限。

16.2　应用语言学中我国学术话语权现状

应用语言学是个新兴学科。1964 年首届国际应用语言学大会（简称 AILA）在法国召开。如以此为应用语言学成为独立学科的标志（桂诗春，2000），应用语言学至今只有 50 余年历史。20 世纪 70 年代后期，桂诗春将该学科引入我国。进入新世纪，我国应用语言学学科蓬勃发

第16章 中国应用语言学的学术国际话语权

展，发展势头喜人。作为一个引进学科，如何在国际学界赢得话语权？这是一个极具挑战的任务。下文将依据图16-1来分析我国应用语言学学术国际话语权的现状。

16.2.1 学术国际话语权利现状

从历时角度来看，40多年来，中国应用语言学在赢得学术话语权利方面已经取得一定进展。首先，学术研究的议题与国际学者不存在明显鸿沟。随着数字技术的发展，全世界新知识流动打破了原有时空界限。第三世界国家与发达国家的学者享有获得新知的平等机会。早年我国学者难以获得国际期刊或书籍，撰写论文时，文献回顾部分很难达标。如今，我国学者能通过电子数据库和网络顺利获取最新论文和专著，这就使我国应用语言学学者能够顺利了解国际前沿研究课题。如果从国际学术期刊论文的发表数量来看，我国应用语言学论文数量有了快速增加。我国国内学者国际刊文数量"呈现出平稳推进和'波浪式'增长的态势"（张广勇、王俊菊，2015：55）。很明显，我国应用语言学在国际期刊上的发文量有了显著增加。

如果从参加国际学术会议的人数来看，虽没有精确统计数字，但依据笔者本人亲身经历及对周围同事的观察，可以判断能够出境参加国际会议的人次与20世纪80年代、90年代相比，可以说是成倍增长。笔者自21世纪以来，几乎每年都有1~2次出国参加会议的机会，每次在会上都能遇到不少来自国内的参会者。此外，我国自己在国内承办的带编号的国际性学术会议也在不断增加。例如，2011年我国英语教学研究会通过竞标，成功举办了第16届国际应用语言学大会，来自世界各国的1 500名学者参加了本次盛会。类似这样的大规模国际学术会议几乎每年都有。

16.2.2　学术国际话语权力现状

从学术国际话语权力来看，我国应用语言学还处在艰难之中。下文笔者分析用英文传播应用语言学成果的情况。在 16.2.1 中，笔者说明了我国应用语言学在国际话语权利方面取得的成绩，但权利能否等于权力呢？认真分析，就会发现学术权利和学术权力的关系没有那么简单。

据文秋芳（2017f）统计，在 2001—2015 年间，我国在 8 种 SSCI 英文期刊上共发表 39 篇论文（详见本书第 14 章的 14.1 节）。与没有英文论文发表相比，这 39 篇 SSCI 论文的发表肯定在国际学界发出了中国学者的声音，至少可以让对我国应用语言学研究感兴趣的外国学者有机会看到中国学者的成果。但这些成果能提高我国应用语言学在国际上的学术话语权力吗？答案基本上是否定的，因为这些成果都是以西方理论为出发点或终点，缺乏创新性。而这两年在国际发表的极少数具有中国特色的理论，西方学者兴趣也不大。根据国外学者的统计，北美和欧洲作者在发表 SSCI 论文时，极少引用欧美以外同行的文章，欧美同行的引用比重一直维持在 97.1%～98.7%；相比之下，非北美、非欧洲的作者在发表 SSCI 论文时，都会大量引用北美、欧洲作者的文章（Mosbah-Natanson & Gingras，2014）。

与在 SSCI 国际期刊上发表论文情况相似，我国参加学术会议的人数逐年增加似乎表明中国学者在国外学术会议上的显现度有所提高，然而实际情况常常令人尴尬。当中国学者宣读论文时，听众一般屈指可数。在这少数听众中，有的是海外中国留学生，有的是曾在中国工作过的外籍教师，有的是来自中国的参会者来为中国同胞"撑场子"，对中国学者研究真正感兴趣的外国学者寥寥无几。中国参会者不免感到郁闷和不解：为什么我们的研究不能吸引外国听众呢？

简言之，我国应用语言学者无论是用英文在 SSCI 国际期刊上发表论文，还是用英文在国际会议上宣读论文，尽管在国际学界发声的人数增多了，声量也增大了，但并不能保证中国学者的声音被国际主流学者听到，进而产生影响力，换句话说，"学术走出去"不一定能够"走进去"。这就是说，我国学者在国际发表的成果对外国学者产生的影响极为有限。

对用英文传播我国文科的学术研究成果，国内学界看法大致分为两类。一类认为，我们不应该刻意追求能否获得学术国际话语权，我们需要做的是争取在国际期刊上多发表，日积月累，话语权就能瓜熟蒂落、水到渠成；另一类认为，目前在国际期刊上发表论文实际上"是资源流失、为国外议题打工、提供数据和案例原材料，成为思想附庸、沦为学术殖民地"（刘益东，2018：33），笔者认为上述两种看法都有一定的片面性。第一种看法对学术国际话语权的认识过于简单。虽然权力的获得一定以权利为基础，但权利的增加不一定自然带来权力的增强。获得权力的根本是理论创新，如果缺乏自己的知识和理论体系，难以对其他国家产生影响力。第二种带有一定的"民粹主义"色彩。那些在国际期刊上用英文发表学术成果的学者极其不易。中国要获得学术国际话语权，必须要有一批人先走进国际学界"闯荡"，了解学术国际规则，熟悉学术国际话语体系，获得一线经验，将来才有可能有效行使中国的学术话语权。

16.3 提升我国应用语言学学术国际话语权的建议

要想在国际学术期刊上发表带有中国特色的应用语言学创新成果，这中间还有不少障碍。首先，国际学术期刊的"守门人"绝大多数来自拥有学术话语权的国家，他们有权决定什么是创新知识、什么课题具有前沿性、什么成果有意义。应用语言学看似没有很强的意识形态问题，其实不然。我国当下的热点问题，欧美国家就很可能不感兴趣。例如，如何将育人与语言教学有机融合？外语的新文科如何发展？再如，为解决中国本土英语教学存在的"学用分离、文道分离"问题而构建的"产出导向法"等，类似这些研究就很难在国际期刊上发表系列成果。欧美国家的外语教学与中国外语教学的文化环境不同，要解决的问题不可能与中国一样。当然这不代表我国研究成果对欧美以外的地区就没有意义。鉴于以上原因，笔者提出如下建议。

第一，中国学术期刊应该率先刊登中国学者的创新成果。正如伍婵提和童莹（2017：46）所说："学术期刊是学科特色的集中反映和凝练，如果没有本土化的知识体系和创新的成果，只是对西方思想和以往研究成果的重复陈述，那就毫无存在的价值。"笔者认为，中国学术期刊应该成为学术创新的"发动机""火车头"。虽然精通中文的国外学者寥寥无几，但这不表明所有这些创新成果就跨不出国门。一种可能是，有些在中国期刊上发表过的文章可通过二次加工，再用英文在国际上发表。具体做法是，结合其他国家情况，挖掘研究结果的意义，让国际期刊编辑看到成果应用的广泛性。另一种可能是通过外译。例如 Vygotsky 于 1934 年用俄文出版 *Thought and Language*，1962 年被 MIT 翻译成英文，现在 Vygotsky 的社会文化理论成了与西方认知理论抗衡的重要力量。外译是否能够起到传播中国创新知识作用的关键在于谁来翻译。如果组织中国人外译，效果有限，如果由海外懂中文的专家翻译，情况可能就会大有改观。

当然笔者不排斥国内期刊发表国际前沿课题研究的成果。很显然，国内相当一部分研究者所在单位未购置国外数据库，他们获得英文资料并不如我们想象的那么便利，而且阅读英文文献不如阅读中文文献速度快、理解深刻。这种紧跟国际的研究成果能为更广大的中国研究者提供一扇通向世界的窗户。我们不能闭门研究，一定要了解世界，做到国内国际知识双循环。最近笔者统计了《现代外语》在 2016—2020 年 5 年间，刊发了 414 篇论文[1]，应用语言学论文达 234 篇，其中有创新特色的文章有 49 篇，占应用语言学论文总数的 21%。这些论文聚焦四个主题：中国英语能力等级量表、续论、产出导向法和辩证研究。笔者希望《现代外语》未来争取做到具有中国特色创新的刊文量达到 40%~50% 左右，也希望其他期刊向《现代外语》学习。

第二，中国学者要练好创新内功，为赢得学术国际话语权打下扎实的学术基础。我们要有长远创新规划，聚焦一两个问题，坚持不懈地开展研究。创新理论不可能一蹴而就，需要持之以恒，不断实践、不断反思、不断优化。如果研究碎片化，东一榔头、西一棒子，虽发表论文的

---

[1] 统计时排除了书评等。

第 16 章　中国应用语言学的学术国际话语权

数量不少，但形不成体系，更谈不上理论创新。年轻人开始研究时，往往对自己的兴趣把握不好，需要不断进行尝试，这可以理解。有人可能认为文科需要积累，不可能在研究早期就有很大创新。笔者赞同这一观点，但创新意识的建立，应该越早越好。至于研究规划，如到了不惑之年还未思考，就过迟了。建议研究者要时时思考：我一生能给学术界留点什么？我能为中国应用语言学的发展作何贡献？设想 45 岁有一个可以实施的创新计划，至 60 岁退休，至少还有 15 年。如果延长到 65 岁，就有 20 年时间。俗话说"十年磨一剑"。根据笔者个人经验，10 年还不够长，因为应用语言学研究需要从理论到实践，从实践到理论，反复循环、不断改进，这就比纯粹的理论研究耗费的周期要长，估计有 15~20 年的时间，肯定能够形成像样的系列成果。

第三，一定要形成有战斗力的集团军（文秋芳，2020b）。应用语言学理论的应用不能靠一两个学者。我们要证明理论的有效性，务必要在不同学段、不同情境下进行实践。同时理论需要多人从不同侧面、不同角度结合实践经验进行精细打磨，不断发展和优化。我国现有数十个学术组织或协会。笔者建议通过这些平台，形成 10~15 个大兵团，各自聚焦一两个重大问题，同国民经济规划一样，进行顶层设计，五年一个规划，列出重点课题和预期成果，再与国内学术期刊形成互动，定期刊发专栏文章，传播创新成果。

16.4　小结

自进入 21 世纪，我国越来越重视"中国学术走出去"。作为应用语言学界的一名老兵，笔者一直在思考如何推动我国应用语言学研究成果走向国际。尽管笔者的认识在不断深化，但仍在同一个层次上打转，曾将学术国际化简单地理解为"学术成果在国际期刊上发表"或"在国际学术会议上发声"。换句话说，笔者注重了学术国际化的表面形式，而忽视了学术国际化的根本目标。为此，笔者进一步阅读文献，深入思考，初步理解了学术国际化的根本目标是提高我国的学术国际话语权（胡钦太，2013）。早期应用语言学研究是外国人的场子，规则由外国学者制定，中国学者想挤进去实属不易。但现在我国的硬实力强大，笔者相信只要我国应用语言学研究者团结一致，采用"集中力量、打歼灭战"的战略，充分发挥我国大协作的制度优势，我国赢得应用语言学的学术国际话语权，应该在不远的未来。

第 17 章
外语教育实践面临的挑战及应对策略

2018 年 1 月 30 日，教育部发布了《普通高等学校本科专业类教学质量国家标准》（下文简称"《国标》"）。《国标》的发布预示着全国高校本科专业新一轮课堂教学改革全面开启。2018 年 10 月 8 日，教育部印发了《新时代高教 40 条》，指出高等教育"必须牢牢抓住全面提高人才培养能力这个核心点"，倡议以学生发展为中心推动课堂教学革命。《国标》是宏观标准（蒋洪新，2019），为外国语言文学类专业的准入、建设和评估提供了基本原则和总体要求（孙有中，2020）。为推动《国标》落地，2020 年 4 月 25 日，教育部高等学校外国语言文学类专业教学指导委员会发布了《普通高等学校本科外国语言文学类专业教学指南》（以下简称《指南》）。《指南》内容更为详尽、操作性更强（蒋洪新，2019），为外语类各专业创新发展提供行动路线和解决方案（孙有中，2020），使外语类专业教学改革与发展及人才培养有据可依。

蒋洪新（2019）指出，《指南》的研制秉承以下理念：（1）落实立德树人根本任务；（2）笃定服务国家发展战略；（3）坚持走内涵式发展道路；（4）不断创新教育教学方法。"立德树人"是外语教育改革的根本，外语教育体系需将价值观培养融入教学，探索课程思政路径，建立协同育人机制，培养具备沟通能力、人文素养、中国情怀、国际视野的英语人才。外语类课程在介绍目标语文化的同时，还需秉承文明交流互鉴，坚守中华文化立场，坚定文化自信，将讲好中国故事，传播好中国声音作为外语教学目标之一（王守仁，2016）。此外，外语教育从本质上来说是人文教育，其人文社会科学的学科内涵需合理彰显，外语不仅仅是交流的工具。最后，新时代的外语教育教学改革还要"创新教学内容和教学手段，重视现代信息技术在英语教育教学中的运用，充分发挥云计算、大数据和人工智能等技术优势，开展混合式学习，利用翻转课堂推动学生的个性化高效学习及思维能力培养，努力构建课内课外、线上线下、实体虚拟相结合的智能化教学环境"（蒋洪新，2019：4）。

综上，外语类课程在《指南》指导下，应坚持内涵发展、多元发展和创新发展，培养时代需要、国家期待的外语专业人才（孙有中，2020）。内涵发展、多元发展和创新发展为外语教育发展带来了新契机，当然也使外语教育面临诸多挑战。本章先论述新时代外语教育实践面临的挑战，然后提出外语教师应对挑战的策略。

17.1 外语教育实践面临的挑战

新时代外语教育实践面临四大挑战：外语课程思政、关键能力培养、智慧教育变革和中国特色外语教育理论构建。

17.1.1 外语课程思政

2020年5月28日，教育部印发《高等学校课程思政建设指导纲要》（以下简称《纲要》），全面推进高校课程思政建设，发挥好每门课程的育人作用，把思想政治教育贯穿人才培养体系，提高高校人才培养质量。课程思政本质是立德树人。《纲要》指出，"落实立德树人根本任务，必须将价值塑造、知识传授和能力培养三者融为一体、不可割裂。全面推进课程思政建设，就是要寓价值观引导于知识传授和能力培养之中，帮助学生塑造正确的世界观、人生观、价值观。"

课程思政为教师发挥"特长"提供了舞台。科技发展越是迅猛，有温度、有情感的"人性化"教育的价值愈发得到体现。在"人工智能＋教育"的教育生态下，教师的部分重复性、机械性工作逐步被技术所替代，例如作业批阅、学生课外自学进度检测、学习统计管理等。人工智能可以成为教师的助力，将学生预习、作业、复习、小测等数据进行统计分析，形成学生档案和分析报告。但教师"育人"的职责不会被人工智能所

第 17 章　外语教育实践面临的挑战及应对策略

取代。教育需要"温度",教育的"软性情感"无法被硬件、技术所取代。教师在价值引领、品格塑造、精神提升、信念确立、道德养成、情怀培养等方面的作用将进一步凸显,成为真正的"人类灵魂的工程师"。

"外语教育的根本性质是英语素养与人文精神的协调和融合发展"(章兼中,2016:002)。我国外语学习者有 3 亿多,大型英语教育机构 3 000 多家,中小型机构达 5 万多家,每年产值突破 300 亿(屈哨兵,2016)。这些英语教育机构中的大多数都是帮助学生通过各种各样的英语考试,例如托福、雅思、大学英语四、六级考试等。这种校外外语技能培训着眼于"考卷""考分",而不是"人"的发展和成长。

不同于校外的外语培训课程,学校正规的外语课程有着明确的育人功能。大学四年是学生世界观、人生观和价值观形成的关键时期。学生接受高等教育的主要渠道是通过各门课程的学习。如果教师只强调语言自身的规律和语言技能训练,而不考虑大学生的全面发展,这样的外语教学不能算是外语教育,充其量只能等同于国外的语言学校或国内的语言培训机构的技能训练,外语教师也不能算是从事高等教育的工作者,而只是一般的语言技能训练者。

课程思政以"知识传授与价值引领相结合"为课程目标,"将高校思想政治教育融入课程教学和改革的各环节、各方面,实现立德树人润物无声"(高德毅、宗爱东,2017:44)。它是一种新型的教育观,是将显性育人和隐性育人相结合的课程理念(聂迎娉、傅安洲,2018)。随着我国文化"走出去"战略的逐步推进,"走进去"以实现"民心相通"对新时代的外语学习者提出了更高的要求。外语教学中也要融入中华文化的学习,使外语学习者既具有国际视野,又具有中国情怀,能够用外语"表达中国声音,讲好中国故事"。外语教师也要以外语课程为载体,在全课程育人理念的指引下,将"课程思政"融入外语专业课程的学习中。

虽然课程思政是中国的本土概念,但在过去 50 多年中,文化教学一直是外语教学中重要的研究课题(Chapelle,2016)。"人是文化的人"(Mesoudi,2011:1)。"9·11"事件后,美国重新反思了外语教学与国家政治之间的联系,现代语言协会(Modern Language Association,MLA)建议对外语类课程进行改革,将外语学习的培养目标设定为培养具有深度跨语言和跨文化能力的学生,"将语言学习置于文化、历史、地理和跨文化框架中"（MLA，2007：3-4）。培养跨语言和跨文化能力要求学生不仅了解目的语和文化，更要了解本国的语言和文化，增强国家意识。外语人才要了解本国的历史、地理、文化、政治经济制度、外交等国情，对国家怀有深厚的情感，还要具有责任心和义务感和爱国精神（文旭等，2020）。

课程思政是当前高等学校教育教学改革的热点，近两年涌现出大量的研究。邱伟光（2017）认为，"课程思政"要体现合目的性、合规律性、合必然性。他指出，"课程思政"要始终围绕专业培养目标和学校培养目标展开，既要体现出本学科所需的知识导向、能力培养要求，又要重视价值引领在学科中的落实，还要体现学校的办学特色（邱伟光，2017）。其中，专业课程思政包括以下核心问题：课程思政的设计、专业课教师思想政治素养和思想政治教育能力，以及专业课程思政的评价（陆道坤，2018）。

从笔者目前掌握的文献资料来看，有关课程思政的研究多停留在学理探讨层面，即论证课程思政的重要性和存在的问题（如陆道坤，2018；张驰、宋来，2020），少数研究关注课程体系中课程思政宏观路径（如崔戈，2019；高德毅、宗爱东，2017）。外语类课程中的思政研究不多，这些研究从大学英语的视角（常海潮，2021；陈雪贞，2019；时宇娇，2019）、高职英语的视角（杨修平，2020）和讲述中国故事的视角（崔琳琳，2021；孙曙光，2021；杨华，2021）探索了课程思政的实现路径。然而，在操作层面，特别是在外语专业技能类和知识类课程中落实课程育人功能的研究匮乏。

"中国情怀与国际视野"被纳入《国标》的核心素质，是外语类专业学生在具有正确的世界观、人生观和价值观，良好的道德品质，社会责任感，人文与科学素养，合作精神，创新精神以及学科基本素养的同时应该具备的素质，是"为了响应经济全球化时代全面崛起的中国对外语类专业人才的跨文化能力所提出的更高要求"（孙有中等，2018：5）。构建外语课堂的思政路径不仅有助于将思想教育贯穿教学全过程，也有助于培养具有跨文化能力的国际化人才。如何进行外语专业课程思政？如何将中国元素融入外语专业教学中？这是新时代对外语教育教学提出的挑战。

17.1.2 关键能力培养

外语教育需着重培养六种关键能力：语言能力（language competency）、学习能力（learning competency）、思辨能力（critical thinking competency）、文化能力（cultural competency）、创新能力（creative competency）和合作能力（collaborative competency）（文秋芳，2018c）。其中语言能力是所有关键能力的基础，其他五种能力与语言能力交织在一起，相互联系、相互作用。语言能力、学习能力、思辨能力和文化能力分别对应《普通高中英语课程标准（2017年版）》（下文简称《课标》）中的四种核心素养；创新能力和合作能力在《关于深化教育体制机制改革的意见》（中共中央办公厅国务院办公厅，2017）中有所描述，是学生踏入社会、进入职场的必备能力。从这个意义上说，大学外语课程除了要强化和发展《课标》中四种核心素养外，还要重点培养创新能力和合作能力，为学生未来的工作和生活做好准备。

关键能力具有迁移性、灵活性、跨学科性、跨领域性，它不仅有利于学生未来的工作和生活，也有利于学生与自己和他人相处。它是可教、可学、可测、可量的行为，而不是抽象概念（褚宏启，2016）。文秋芳（2018c）提出测量关键能力的计算公式：

关键能力=（核心知识+核心技能）×情感品格×自我管理×（+/-）价值观

根据这一公式，每项关键能力都包括核心知识、核心技能、情感品格、自我管理、价值观五个要素，其功能各异。核心知识和核心技能位于中心，是其他要素的基础或载体，也是测量关键能力的起点。没有这两个要素，其他要素将变成空中楼阁。情感品格决定其他要素能否发挥效力（effectiveness），自我管理决定其他要素发挥作用的效率（efficiency），价值观决定各要素发挥作用的方向。正确的价值观能引导各要素造福于民、促进社会发展；不正确的价值观就会将各要素引向反方向，导致犯罪，危害他人或社会。

以语言能力为例，生成能力强的属于核心语言知识。例如，语音知识、语法规则、高频词生成能力很强：有限的音素，有限的超音段知识，就能满足口语发音的所有需求；有限的语法规则能够生成无数的符合语法的句子；3000左右的高频词就能完成日常交际任务。语用知识比较复杂，很难界定生成能力的强弱。根据市场的需求，说、写、口译、笔译等产出技能是核心语言技能，听和读为产出服务。此外，在产出技能中，学生可以根据自己的特长和就业期待，选择成为"全能冠军"或"单项冠军"，外语课程应该为学生提供多种选择。再者，要把知识转化为技能，需要大量时间练习。因此，在有限课时内，只能选择部分知识转化为核心技能。重要的是，在训练过程中，让学生学会将知识转换成技能的方法，使学生未来可根据需要进行知识与技能的自我转化。

关键能力中的第三个要素是情感品格。大体说来，情感品格包括自信、谦虚、乐观、开朗、开放、包容、坚毅、正直、求新、好学十个特征（文秋芳等，2009），但这十个情感特征不是均等地体现在每个关键能力上。例如，与其他特征相比，"自信""乐观""坚毅""求新""好学"和创新能力的关系更为紧密；"开放""包容"与文化能力的关系更为紧密；"谦虚""开放""正直""求新""好学"与思辨能力的关系更为紧密。这就是说，情感品格是个上位概念，体现它的特征有多个，教师需选择最恰当的情感品格特征融合到外语教育教学中。

关键能力中的第四个要素是自我管理。自我管理的对象包括目标、资源、过程和结果（文秋芳，2003b）。目标有短期和长期两种。长短期之分是相对概念。短期目标可以当下需要完成的任务来设定，也可以一天或一星期为单位来设定。长期目标可以学期、年度甚至更长时间为单位来设定。而目标的恰当性是决定关键能力各要素效率的前提。资源有内部和外部两种。内部资源指人本身拥有的资源，如人的语言水平、个性特征、学习风格等；外部资源指环境资源，如财力、物力、时间和人际社会资源。过程分任务前、任务中和任务后。结果指任务完成的情况。结果的好坏一般以目标为参照系数。

关键能力的最后一个要素是价值观。这里价值观指的是"从个人行为层面对社会主义核心价值观基本理念的凝练"，其中包括爱国、敬业、诚信、友善（中共中央办公厅，2013）。我国高校外语课程一定要把握学生价值观的正确方向，使学生心甘情愿地为振兴中华民族贡献自己的才华智慧；兢兢业业、踏踏实实做好本职工作；坚守诚实守信的道德底线，说老实话、办老实事、做老实人；乐于与他人互敬互助互爱，形成健康、和谐的人际关系。如对学生价值观方向引导不正确，这些高智商的人对国家、对社会、对人类造成的危害更大、更严重。从这个意义上说，价值观对关键能力的培养起着统领作用，它应该是关键能力的"魂"。

关键能力的培养需贯穿外语类专业的每一门课程和培养模式的各个环节，只有这样才能保证各项能力培养目标的实现。这对外语类专业教师能力提出了更高要求（孙有中等，2018）。如何设计教学内容、组织教学活动才能覆盖上述六种关键能力？这是新时代对外语教育教学提出的另一挑战。

17.1.3 智慧教育变革

中华人民共和国成立70多年来，外语教育环境发生了翻天覆地的变化。外语教室的陈设最初只有黑板、粉笔、挂图。到了1975年，难得才有一台非常笨重的台式录音机，一个班同学共用。改革开放后，一些学校的教师可用便携式手提录音机上课。20世纪80年代后期，师生可直接在语言实验室内教学。到90年代后期，语言实验室数字化，教室装上了多媒体，学生有了多媒体自学中心，有的还有视频点播阅览室。几乎所有学生都拥有录音、收音为一体的微型机，随时训练自己的听力。课堂教学与计算机辅助教学的模式明确写进2004年1月印发的《大学英语课程教学要求（试行）》中。2010年以后，一些多媒体教室逐步被智慧课堂所代替。课前，教师只需一键导入课程，就可轻松完成备课；同样，教师只需轻轻点击按键，即可让录播系统、光能黑板、交互大屏与物联设备等进入上课状态。上课期间，投屏共享可供教学演示，也将学生对课程的理解实时同步。

外语教育环境日益智能化。2020年，我国大中型城市的大学课堂随处可见每个学生手持一台以上智能学习设备（如手机、平板、笔记本电脑等），录音、收音、阅读、观看视频，无所不能，泛在化外语学习已成为常态。有的学习设备屏幕尺寸与纸质课本大小接近，不仅能模仿纸质课本的全部功能，如做笔记、插入书签、做标注和批注等，还具有纸质课本的翻书效果。这些智能设备装有多媒体化的电子教材，并与学习者的学习进度进行绑定，实现学习数据的云服务同步，不仅能够记录学习者的学习过程、智能分析学习者的学习成果、图形化呈现分析结果，还能结合教师的意见对学习者的学习提供指导和帮助（陈坚林，2020）。2014年10月18日外语教学与研究出版社正式发布Unipus。这种集多种数字化材料为一体的网络外语教学平台，为广大教师和学生提供了丰富的外语学习资源，外语慕课、微课、测试库、备课材料等应有尽有，为外语教学提供了极大便利。

智慧教育（Smart Education）是指"技术支持的智慧教育"（Education for Wisdom with Technology）（祝智庭、贺斌，2012：6）。"信息化环境下的智慧教育指信息技术支持下为发展学生智慧能力的教育"（祝智庭，2014：4），即落实智慧教育理念，利用适当的信息技术构建智慧学习环境，运用智慧教学法促进学习者开展智慧学习，从而培养具有良好的价值取向、较高的思维品质和较强施为能力的智慧型人才。人工智能技术在外语教育教学中的应用是教育信息化进程中的必然趋势，主要体现在智能化、大数据和智慧学习等三个方面（陈坚林，2020）。

智慧教育超越数字化教育，成为一种新的教育形态，是教育信息化的新追求，正逐渐越来越受到教育研究者和实践者的关注（祝智庭，2014）。人工智能和大数据已给语言教育带来明显变化。陈坚林（2020）指出，高度智能化的外语教育教学系统可以做到个性化教学、虚拟化环境以及自动化管理。智能导师系统根据学生的不同特点和需求进行教学并提供相应的帮助，教师可利用系统中丰富的学习资源设计教学活动，并根据系统记录的学生预习和学习进展情况有针对性地重点讲解，与此同时，第一时间获得学生的反馈信息，根据反馈信息及时调节教学，对接学生的需求；高度虚拟化的教学情景可以使教学活动脱离时间和空间的限制，教师还可以应用虚拟现实技术呈现真实的学习场景，使学生能够身临其境地进行体验式学习；除实时推送相关学习资源外，教师可以通过智能系统进行学习问题诊断、学习任务分配、学习结果的测试与评估，实现自动化管理。大数据能帮助实现学生学习行为分析，如自动记录学生在线学习情况，收集学生学习的完整数据（全样本），精确发现问题的关键所在（如学习动机、焦虑、效率等），有目标地有效改进学习行为和教学行为（精确定位、方法有效、针对性强），根据发现和定位（基于数据分析）及时改进并完善课程与教学。

2018年12月24日，首届"语言智能与社会发展"论坛在北京召开。40余位来自语言教育界、信息技术界、企业界、新闻界和政界的有识之士共同就语言智能与外语教育协同发展建言献策，并形成了"语言智能与外语教育协同发展宣言"，倡议教育界和技术界相拥相爱，语言智能与外语教育协同发展共同进步（《语言教学与研究》编辑部，2019）。同时，形式多样的网络课程如雨后春笋般涌现。例如，本族语教师一对一在线课程的语言地道、鲜活，互动性强，针对性高，学习有效率。大数据支撑的智慧课程广受青睐，学习者根据电脑的测试成绩，选择学习级别，再通过后测成绩，决定学习材料难度和进度。这种个性化学习既灵活又方便，不受时间、地点限制。语言智能技术将对未来外语教育的形态产生深远影响。面临这些变化，教师的职业受到挑战。"教师不仅要掌握基于新技术的教学策略，更要适应学习生态的整体，把握技术与教学整合的有效性，立足二语课堂教学需求，构建逻辑和结构清晰的线下、线上教学机制，才能形成有效的技术与课堂融合的教学范式。"（江世勇、邓郦鸣，2019：86）如何发挥自身的优势才能不会让外语教育失去存在的必要是新时代外语教师必须思考的新课题。

17.1.4 中国特色外语教育理论构建

外语教育实践离不开外语教育理论的指导。实践是理论产生的土壤和源泉；理论是实践的基础和前提，对实践具有指导作用。然而，我国外语教学界采用的主流教学法和教学理念大多从外国引进，缺乏适应中国外语教育的本土化理论。在构建人类命运共同体的时代背景下，外语教育的重要作用凸显，专家呼吁创建具有中国特色的外语教学理论（束定芳，2005）。我国外语教育理论70年发展沿着"引进改造、扎根本土、融通中外"三条路径前行（文秋芳，2019b），各自为我国外语教育事业的繁荣发展做出了重要贡献。这几条路径互为补充，相互促进。一花独放不是春，百花齐放春满园。我们需要多条路径促进我国外语教学理论的构建。

引进改造西方理论的做法在我国外语界极其普遍。我们借鉴外国经验，促进了我国外语教学的繁荣和发展。特别在改革开放初期，我国外语教学理论与外界隔离多年，长期处于封闭状态。外来教学理论好似一股清风，带来了生机和活力。尽管我国与外界交往日益频繁，我们仍旧需要保持开放心态，时刻关注国外理论的最新发展，虚心学习外来新思想，及时消化吸收，实行本土化改造。但"舶来品"常常水土不服，人文社科理论一般具有很强的文化情境性，单纯依靠外来理论解决本国问题，肯定不是最佳路径。再者，如果沿着这条路径一直往前走，无论我们多么努力，终究是在为西方理论做"注脚""吹喇叭、抬轿子"，难以走出自己的道路，发出自己的声音。此外，盲目跟风，也会出现错用、误用的可能性。

本土理论凝聚了中华民族的智慧和心血，被广泛应用并证明行之有效。以张思中"十六字外语教学法"为例（张思中，2006），在学界前辈的大力推崇下，在教育部、中央教科所的大力支持下，在各级领导的大力帮助下，这一教学法很快从个人实验进入上海多所中学，再到全国大面积推广。参加试点的有重点学校，也有一般学校；有快班，也有普通班。普遍反映是，这个方法易懂、易用、易见成效。1996年这一方法引起了时任国务院副总理李岚清的关注。1996年6月28日李岚清在中南海国务院召开外语教学座谈会。会上他表彰了张思中外语教学法，并希望国家教委和中央教科所要"坚持不懈地继续做下去，进一步总结、完善、推行，在实践中不断总结和提高，争取在一两年内取得更多经验，然后在更大范围内推广"（李岚清，1996：5）。

这样的"n字法"表述方法，非常符合中国人的思维习惯，易懂、易记、易学、易做，但很难与国际学界进行有效交流。文秋芳试着将十六字译成英文，似乎无论怎么译，都难以让国外学者理解这是一种"教学理论"。我们认为，大面积被实践证明有效的本土方法，可以采用两套话语体系。对内仍旧采用符合中国思维的表述方法，对外可由国家组织研究团队，采用外国学者听得懂的方式对理论重新表述，确保能和国际学界进行对话、交流。否则，这样富有中国特色的理论就只能关在

第 17 章 外语教育实践面临的挑战及应对策略

国门之内。

沿着"融通中外"路径产生的理论，符合国际化创新理论的三个标准：本土化、原创性和国际可理解度（文秋芳，2017e）。"本土化"指的是，致力解决中国外语教学中的本土问题；"原创性"指的是，要能拿出解决现实问题的本土化措施，这些措施不仅具有操作性和有效性，而且要明显有别于西方理论；"国际可理解度"指的是，自创理论所用话语能够被国际学者理解。也就是说，本土理论一定要在借鉴西方话语体系的基础上，表述自己的理论，与西方已有的理论进行交流和对话，千万不能"自说自话""自我欣赏"。这既是我国本土理论"走出去"的要求，也是我国外语教学理论在国际语境中发展和完善的路径。

中国在从外语教育大国向外语教育强国迈进的过程中，必须要有能够走向世界的中国外语教育理论。然而构建"融通中外"的外语教育理论面临着不可预测的风险和挑战。即使形成了初创成果，实验与推广也困难重重。如何将在中国本土教育实践中获得的认识和经验高度概括和总结形成原创理论，这是新时代外语教育工作者面临的重大挑战。

17.2 外语教师应对挑战的策略

外语教师是外语教育实践的探索者和践行者。"教师是课堂教学的组织者，也是教学改革的实施者"（孙有中等，2018：5），是推动课堂教学革命的主力军。外语教学质量取决于外语教师素质。"没有教师对教学改革的积极响应、准确理解和身体力行，任何教学改革都将无果而终"（孙有中等，2016：9）。师资队伍是人才培养的决定因素；培养高质量人才，必须有高水平的师资（孙有中等，2018）。

合格的外语教师应该具有高尚的师德风范，具备教学能力、研究能力、管理能力与教育技术能力（参见图 17-1）。教育技术能力属于辅助能力，它需要与其他几种能力结合在一起发挥作用；师德风范是各种能力的灵魂，内隐在各种能力之中。现有高校外语教师一般已获得硕士学位，有的已获得博士学位，虽已经基本拥有上述几种能力，但随着学科发展和各自工作需要，在职教师仍需要终生学习，不断提高和完善自己，实现专业发展（文秋芳、常小玲，2012）。教师专业发展与教学改革息息相关、相辅相成。然而，外语教师素质的提高难以一次性完成，需要终身学习，紧跟时代步伐，持续发展。针对上述外语教育实践面临的四大挑战——外语课程思政、关键能力培养、智慧教育变革和中国特色外语教育理论构建，外语教师需转变教育理念，提升专业素养、信息素养（information literacy）和科研能力。其中专业素养对应师德风范、教学能力和管理能力，信息素养对应教育技术能力。

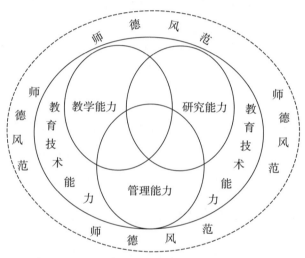

图 17-1　高校外语教师能力结构图（文秋芳、常小玲，2012：3）

17.2.1　教育理念转变

中国教育学会副会长吴颖民（2018）在"第十届广东教育学会教育现代化专业委员会 2018 年学术年会"指出，教师的专业发展的根本问题是要解决教育的思想观念，教育现代化最根本是思想观念现代化。他举例说，有的老师观念陈旧落后，不愿意改变，因为过去那一套东西用得很熟练，教学也比较成功、有效，所以不愿意改变。他认为，知识更新和能力提升相对比较容易，但观念需与时俱进，观念转变不是一件简单的事情，也不是一蹴而就、说改就改的事情。因此，无论是提升专业

第17章　外语教育实践面临的挑战及应对策略

素养、信息素养和科研能力，首要的是转变固有观念和更新教育理念。外语教师要从以下几个方面转变自己的教育理念。

第一，外语教师不只是进行外语教学，更是在进行外语教育。"我们不只是教书，更要育人；既要重视外语的工具性，更要重视外语的人文性；必须把外语教育置身于我国的大教育中，与其他学科通力协作，去完成'立德树人'这一根本任务"（文旭，2018：9）。"大外语"不仅要求外语教育思想认识站位要高，还要承担文化输出之责，为国家战略培育英才（郭英剑，2020：8）。外语教育具有工具性和人文性的双重属性。但长期以来外语课程教学中更为注重工具性，对人文性关注不够，忽视了学生综合素质提升和整体发展（文旭等，2020）。文旭（2018：9）指出，部分外语教师坚守的是外语教学而非外语教育；只有（甚至少有）教学理念，没有教育理念。正因如此，绝大多数教师只是重视"双基"（基本知识和基本技能）的教授（这是外语的工具性，当然很重要），但没有把"立德树人"作为外语教育的根本任务。

第二，外语教师在教学中融入目标语文化的同时，也要注重中国文化的融入。语言与文化密不可分。外语教师在教授语言的同时，必定融入目标语文化。相较目标语文化而言，外语课程中的中华文化元素匮乏。中国特色外语教育理论"产出导向法"提出"文化交流说"（文秋芳，2018b），主张不同文化之间的相互对话、相互学习，为教师正确处理目的语文化与学习者本土文化的关系指明了方向。

教育部（2020）在《关于政协十三届全国委员会第三次会议第2776号（教育类246号）提案答复的函》中指出，第五轮学科评估把人才培养质量放在首位，构建"思政教育成效""培养过程质量""在校生质量""毕业生质量"四维度评价体系。外语类课程的思政教育也要加强中华优秀传统文化教育。2014年2月24日，习近平总书记在中共中央政治局第十三次集体学习时的讲话中强调，要认真汲取中华优秀传统文化的思想精华和道德精髓，大力弘扬以爱国主义为核心的民族精神和以改革创新为核心的时代精神，深入挖掘和阐发中华优秀传统文化讲仁爱、重民本、守诚信、崇正义、尚和合、求大同的时代价值，使中华优秀传统文化成为涵养社会主义核心价值观的重要源泉（习近平，2014）。外语课程要深入挖掘提炼专业知识体系中的思想价值和精神内涵，增加课程的人文性，"帮助学生掌握事物发展规律，通晓天下道理，丰富学识，增长见识，塑造品格"（李朝阳，2020）。

第三，外语教师不仅是教育者，更是终身学习者。外语教师是语言学习者，他们的个人学习经历和体验影响着教学法的选择。部分外语教师"期望学生采用他们以前的学习方法，因此对新的教学方法往往有些抵制"（Buescher & Strauss，2018：112），或者很容易陷入"熟练的无能"（skilled incompetence）的两难境地（Engeström et al.，1995：322）。日复一日的教学常常令教师墨守成规，他们可能因为"经验丰富"不再质疑十分熟悉的教学模式及其合理性，他们或者误以为可以"一成不变"地教下去，或者在面对新问题时采用早已定型的心智和行为模式来"熟练应对"。这些教师的"习惯性教学"使其专业发展遇到了瓶颈，在全新的难题或者有挑战性的变革面前则无能为力、畏惧前行，无法找到有效的解决方案。而所谓的"多年经验"，不过是把任职之初几年中积累的经验重复了多年而已。

大数据时代给外语教师带来了前所未有的挑战和冲击。知识更新周期越来越短，信息技术更新越来越快。教学相长意味着阶段性的充电已经不能满足知识和技术更新速度，外语教师必须树立"全程学习""终身学习"的理念，只有不断地"汲取"，才能更好地"给予"。除了更高的专业知识和信息技术能力等硬指标，最重要的是思维方式的转变，师生界限的模糊带来角色的转变，教师如何直面挑战，"翻转"角色，是教师需要认真思考的问题（陈坚林，2015）。教师可以从自身遇到的实践难题入手，从改善教学实践出发，探究实施新方法给课堂教学带来的变化。

第四，传统的"静态"学习不再适用，新型的"动态"学习是教师发展的新方向。根据学习和发展的方向性（directionality），专业知识和技能发展分为纵向（vertical）和横向（horizontal）发展（Engeström，2001）。纵向发展是专业知识和技能发展的传统路径，即通过不断重复地完成明确的、可分的、相对稳定的任务来实现发展。此为静态优化模式（Engeström et al.，1995）。横向发展是指跨越边界（boundary crossing）的拓展学习（expansive learning）（Engeström，2001）。学习者在共同体中跨越组织、专业和文化的边界，在此过程中通过协商和

第 17 章　外语教育实践面临的挑战及应对策略

讨论开创新的协作模式，形成解决矛盾的新概念（Engeström，2015）。此为动态优化模式，是专业知识和技能发展的新兴路径。

高校英语教师身处非常复杂、困难的环境系统，持有种种矛盾感受和艰辛体验（孙有中等，2016），"静态优化"的发展模式显然不能满足事先并不明确、不断发展变化的问题情境。拓展学习与传统学习在学习主体、内容、过程和结果之间均有明显的差异（吴刚、洪建中，2012）。教师必须跨越边界进行拓展学习，在实践中不断尝试，在尝试中不断创造，超越自身已有的极限，进而实现教师发展。拓展学习适用于高校教师应用新方法的教学实践，原因如下：教学是复杂系统，教师需要面对事先并不明确、不断发展变化的问题情境；共同体的相互协作使复杂环境下的学习和发展成为可能；应用新方法的实践不是盲目的照抄照搬，而是对可借鉴的理念和方法进行理性的优化，在此基础上产生新的实践活动。

传统学习假定有一个称职的"老师"存在，他/她知道应该学习什么内容。但在实际工作中，许多学习并不符合这一假设，因为人们所学的东西不是一成不变的，有的甚至事先没有明确界定，或者尚未为人们所知。在个人生活和组织机构发生重大转变时，人们必须学习以前并不存在的活动形式。在许多情况下，人们一边创造一边学习。"标准学习理论并不能帮助人们理解这一学习过程，因为称职的老师并不存在"（Engeström，2001：137-138）。拓展学习的动态优化模式是解决这一问题的路径。传统学习主体为教师个体。然而，因为学习内容在学习过程中不断演变，仅靠个人摸索的实践过程既漫长又艰辛，极有可能半途而废。拓展学习的共同体环境是主体发展的重要中介，使主体创造新模式和超越自我成为可能。传统学习关注"学会"一种方法，但拓展学习关注"拓展"。在实践新方法时，教师通过化解逐渐生成的矛盾，实现知识的互动和融合（颜奕、杨鲁新，2017），进而形成新的更为具化、更为优化的解决方案，增强新方法的适用性。

17.2.2 专业素养提升

教师专业发展是指"教师以自主意识为动力,通过各种与专业发展相关的途径和活动,不断学习、成长的过程;学习包括更新教育观念、完善专业知识、提高专业技能"(张莲,2013:81)。教师在完善专业知识和提高专业技能的过程中完成教育观念的转变与更新。因此,教师专业发展归根结底是专业知识和技能的发展。

外语类专业教师的"能力赤字"问题严峻(孙有中等,2018),尤其是在当今应对新时期外语教育面临的新挑战之时。前文提到外语教育需着重培养六种关键能力——语言能力、学习能力、思辨能力、文化能力、创新能力和合作能力,这与《国标》中的能力要求相一致:"外语类专业学生应具备外语运用能力、文学赏析能力、跨文化能力、思辨能力、一定的研究能力、创新能力、信息技术应用能力、自主学习能力和实践能力。"欲培养学生具备上述能力,教师需先具备提高学生这些能力的意识,并努力提高自身能力水平,这对外语教师提出了更高的要求。笔者认为,在面对教育实践挑战时,外语教师采取的应对方法除自学外,可以通过参加短期研修班和在运用新教育教学理论中提升专业素养。研修机构和外语教育专家可以通过建立持久性的学习机制,如组建虚拟共同体,培养教师专业素养。

第一,通过短期研修提升专业素养。大型短期专题教师研修班是在职高校外语教师进修的常见途径之一。自20世纪初起,一些高校、科研机构和出版机构开始举办大型短期专题教师研修班。自2006年7月至2019年底,由北京外国语大学中国外语与教育研究中心和外语教学与研究出版社共同举办的"高校外语学科中青年骨干教师系列研修班"(简称"研修班")已经实施了14年,共举办202期,约4万人次高校外语教师参加,参班教师普遍反馈良好(段长城、常小玲,2020)。研修班针对高校外语教师应有的能力结构,选择与外语教师教学与科研密切相关的研修主题。例如,在2006—2012年间,针对教学能力、研究能力、教学技术能力和管理能力,研修班设置了多样化的研修主题(参见表17-1),设计围绕主题的观念、知识、技能等学习内容(文秋芳、常小玲,2012)。

第17章　外语教育实践面临的挑战及应对策略

表17-1　研修班主题与目标（改编自文秋芳、常小玲，2012：3-4）

序号	能力系列	研修主题	举办年份	研修目标
1	教学能力	语篇分析与外语教学	2008，2011	掌握在外语教学中应用语篇分析的方法
		英语语音教学	2007，2009	了解中英语音的主要差异，掌握教授重音、连读、弱读、意群与停顿等方法与技巧
		英语写作教学	2010	了解基于阅读的写作教学模式，掌握指导与评价学生写作的方法与技巧
		形成性评估：理论、科研与实践	2010	辨析长、中、短期形成性评估的差异，掌握形成性评估的方法与技巧
		大学英语学习策略教学	2006	了解与实践基于学习策略的大学英语教学方法
		外语词汇教学与研究	2011	了解并掌握英语词汇教学与研究的方法
2	研究能力	文献阅读与评价	2006，2008	掌握阅读与评价国际权威期刊论文的方法与技巧
		应用语言学论文阅读与写作	2009，2011	掌握阅读、评价与修改论文的方法与技巧
		外语教学与研究中的统计方法	2010，2011	掌握描述统计和推断统计的基本方法
		问卷设计与实施	2007	了解问卷设计与实施的步骤；掌握分析与评价问卷质量的方法
		外语教学中的行动研究	2010	了解行动研究的特点与过程，掌握选题、制定与实施行动研究方案、评价成效等方法
		第二语言习得研究	2011	了解二语习得研究的趋势与前沿课题

（续表）

序号	能力系列	研修主题	举办年份	研修目标
3	教育技术能力	语料库在外语教学与研究中的应用	2006—2011	了解语料库基本概念与操作，掌握将语料库技术应用于外语教学与研究的方法
		多媒体网络环境下的语言教学	2007	掌握运用多媒体技术与网络资源提高外语教学效果的方法
		信息技术、多媒体与外语教学	2009	掌握信息技术辅助语言教学与研究的方法
		语料库与外语研究	2007—2009	掌握多种语料库分析软件的操作与应用
4	管理能力	大学外语教师团队建设与互动发展	2011	掌握外语教学团队建设的理念、原则与方法
		外国语言学及应用语言学科研项目的设计与申报	2012	了解省、部级科研项目申报流程与申请书填写方法
		研究生课程与论文指导	2012	了解外国语言学及应用语言学研究生课程的内在结构与论文要求，掌握课程设置的基本原则与指导论文的方法

研修班主题聚焦，目标明确；紧扣学科发展前沿；活动形式丰富，评估方式多样；管理规范，制度明确，纪律严格；整体安排紧凑、高效。这些特点保障了研修效果，便于参班教师在短期内了解并掌握相关的理念、知识与技能。研修活动包括大班讲座、小组讨论、小组汇报、小组演示、大班比赛、个人反思、大班答疑等，采用体现"合作—互动—体验"核心理念的学习方式。在2~3天的时间内，学员通过参与不同的活动，走出并突破自己的"舒适区"。

大班讲座以问题为驱动，从学员的实际需求出发，结合学科前沿知识，与学员探讨解决问题的多种可能性。这样的讲座既起到了有效的引领作用，又不远离教师教学与科研的现实。小组讨论有明确的任务，学

第 17 章　外语教育实践面临的挑战及应对策略

员能够分享学习心得、交流不同意见、畅所欲言、集思广益、互相学习、互相帮助。在大班进行小组汇报时，各小组选派代表轮流发言。为了避免重复，各组代表只汇报与其他组不同的意见。交流结束时，主讲教师组织全体学员讨论，并与学员分享自己的看法。小组演示是最重要的体验环节。小组成员要通过讨论协商，动手制定完成任务的方案，然后将方案向全班展示。根据各小组的展示结果，选出代表到大班"比赛"。比赛是研修班最后的环节。比赛只是一个手段，不是目的。最重要的是让学员通过体验性实践，将听懂的、看懂的、想明白的内容转换成自己的行动。这是研修班的高潮。学员们精彩的演示，往往让学员欣喜、鼓舞、振奋，让主讲专家激动、欣慰、感动。

为了提高学习成效，反思和答疑必不可少。撰写反思环节可以帮助学员进一步总结一天学习收获，分析存在的问题，或者提出改进研修班的建议。研修日程安排紧凑，活动丰富，反思使教师联系自身教学进一步思考学习内容，监控自己的学习过程，使研修更为有效。大班答疑时，主讲专家与参班学员进行面对面的探讨与交流，这样的答疑解惑有助于及时澄清问题，激发讨论。

总体而言，研修班是短期强化、主题聚焦的教师发展形式，能够对教师专业发展起到助燃剂和助推器的作用（段长城、常小玲，2020）。

第二，在运用新教育教学理论中提升专业素养。教师通过参加研修班或者阅读文献了解到新理论、新方法，并将之在自己的课堂中尝试，然后在实践中反思，改进教学，这一过程对提升教师专业素养大有裨益。对于熟手型教师，新理论的运用会使自己多年来形成的理念和实践形成巨大挑战。某种新教学理论的熟练运用并不是终极目标。根据社会文化理论，这是一种有效"中介"。教学理论总是在不断发展，教师需要的是一种灵活应变的教学能力和不断创新、不断超越自己的意愿和决心，这种能力和素质能够驱动教师遵循教学规律，根据变化的学情、教情、社情，不断学习新理论，不断调整自己的教学，以提高教育质量。在这一过程中，教师不仅帮助学生成长，而且促进自身发展，使自己的教学生活更加幸福，生命更有价值。

一般说来，熟手型教师发展经历从低到高的四个阶段：（1）尝试性；（2）解释性；（3）创新性；（4）解放性（文秋芳，2020c）。这四个阶段的发展是逐步升华的过程，后一阶段的发展包含前一阶段的活动。以解放性阶段为例。前期教师获得的尝试性、解释性和创新性能力仍旧在发挥作用，但需要超越这些能力，实现更高层次的目标。每个阶段又包括五个要素：（1）自我意识；（2）自我决心；（3）自我目标；（4）自我行动；（5）自我反思。这五要素反映个体的努力程度。需要强调的是，这五要素并非按照次序挨个发挥作用。在现实生活中，它们通常融合为一体，协同发力。

"自我意识"指教师对自己和使用新理论实践的认识和评价。"自我决心"指教师不仅有认识，而且做出付诸行动的决定。这两者之间有一定的逻辑关系。教师一般先认识到自己的优势和不足，才有扬长补短的可能。这是自我教育的内在动力源。但有意识，不一定有解决问题的意愿。自我决心是内心的决定，这是意识化为行动的初始阶段。"自我目标"与"自我行动"是一个联动链。这里目标先行，行动随后。这就意味着行动要以目标引领，而不是盲目实践。"自我反思"指教师对自己所做、所想作出的分析性评价，看到自己的长处和弱点。"自我反思"可以发生在"自我行动"之前、之中和之后，包括"行前思""行中思"和"行后思"。总体上说，不同阶段的反思方式没有明显不同，只是随着发展阶段的提升，反思内容的广度和深度有所区别。

第三，通过建立持久性的学习机制提高专业素养。段长城和常小玲（2020：79）在分析高校外语教师专题研修班的成效与挑战中指出：

> 在认知理论视角下，对知识进行重构，实现知识与技能的融合与迁移，使之能够应对现实生活中的新挑战，不可能通过研修班一蹴而就，而是需要更长时间不断循环往复的过程；而在社会文化理论视角下，要取得更长期的效果，个体与群体之间需要建立相对稳定的关系，形成有明确阶段性目标与行动计划的共同体，并设计更具持久性的学习机制。

研修班的优势是时间集中，主题聚焦，学员能全心投入；不足之处是时间短，学员结业后无法得到持续指导，刚点燃的热情又逐渐熄灭。有鉴于此，外语教学与研究出版社于2020年暑期在"外研社·U讲堂社区"组建高校外语教师发展在线共同体，通过"钉钉"平台建立直播

第17章　外语教育实践面临的挑战及应对策略

讲座群，定期举办专题讲座，学员可以打卡学习，互动讨论，形成人数达几万人的外语教师社群。这是一种新型的教师专业教育模式，为教师提供了持续在线学习平台，也有助于满足教师在专业发展中的精神与情感需求（文秋芳、张虹，2017）。

此外，本书第9章9.4节介绍的产出导向法（POA）虚拟专业学习共同体是提高教师素养的持久性教师发展模式。它是以产出导向法教学和研究为主题开展的跨城跨校新型教师发展模式，以线上活动为主，线下活动为辅。线上以定期腾讯会议为统领，以日常微信群交流为支撑。线下组织研究成果交流会。其目标有二：一是推动POA理论与实践创新，提升中国外语教育理论的国际影响力；二是促进学术交流和科研团队建设，探索信息技术背景下外语教师专业发展新模式。

POA虚拟共同体的创建是在国务院《积极牵头组织国际大科学计划和大科学工程方案》号召下，借鉴理科研究的大科学工程思维，实施团队作战，集团攻克教学科研难关，致力于产出高显示度研究成果，提升中国在国际学术界的影响力。虚拟共同体跨越地域空间的限制，覆盖面宽、受益面广，克服文科碎片化研究、形不成军团、孤军奋战、难出高显示度成果弊端。

虚拟共同体建设采用跨院系外语教师专业学习共同体建设理论框架（文秋芳、张虹，2019）。该框架包括四要素：成员、目标、中介、机制。各部分构成相互联动的整体。其中，成员是核心，目标是起点，也是终点。中介是手段，机制是保障。对于成员而言，目标是成为POA实践与研究者，即会用POA教学、从事POA研究、解释并完善POA理论。中介包括POA理论和相关研究方法等物质中介，POA促研团队、成员团队等"人"的中介。共同体的机制可以概括为"拉—推"机制，即促研团队与成员之间互动。在情感层面，通过互助集体进行拉，以及严格管理和同伴压力进行推；在认知层面，通过精心安排的活动进行拉，通过设定截止时间和质量要求进行推。拉—推也作用于促研团队，通过互助集体进行拉，通过促研团队负责人的鼓励和成员的收获以及完成任务认真态度、好学态度进行推。

虚拟共同体借鉴互联网5G高科技技术，针对固定的主题创建基于任务的虚拟实践共同体（Riel & Polin，2004），使具有相同兴趣和目标的教师能够得到专家的指导，与同行交流，在反复实践和不断反思中加深理解和提升能力（段长城、常小玲，2020）。

17.2.3 信息素养提升

习近平总书记在北京大学师生座谈会上指出，随着信息化不断发展，知识获取方式和传授方式、教和学关系都发生了革命性变化。这也对教师队伍的能力和水平提出了新的更高的要求（习近平，2018）。要使人工智能技术真正地与外语教育教学深度融合，外语教师必须重视信息化教学能力的提升，以适应并满足人工智能时代外语教学的需要（陈坚林，2020）。提升教师的信息素养在当前的大数据、人工智能时代越来越重要。目前，基于交互终端、云端资源和网络服务的新型学习环境逐渐开始普及，深度整合虚拟现实和人工智能技术的智能教室日益增多，以学习者为中心的多空间融合学习环境开始出现，教学环境转变为更具智能的立体综合教学场，信息素养成为教师开展教育教学活动必备的基本素养（吴砥、周驰等，2020）。

信息素养由 Paul Zurkowski 于 1974 年首先提出。Zurkowski 时任美国信息产业协会主席，他认为具有信息素养的人能够利用多种信息收集工具及一手资料重组、整合信息，以找到解决问题的方案（Zurkowski，1974）。信息素养运动在 20 世纪八九十年代迅猛发展，采用信息科学和教学设计的概念，强调信息和学习之间的关系。美国图书馆协会认为，"具有信息素养的人能够认识到何时需要信息，并拥有寻找、评价和有效利用所需信息的能力……，从根本意义上说，具有信息素养的人是那些知道如何进行学习的人。他们知道如何学习，是因为他们知道知识是如何组织的，如何去寻找信息，并如何去利用信息，以致其他人可以向他们学习，他们已经为终身学习做好了准备"（Neuman，2014：112）。

信息素养包括信息意识（information awareness）、信息知识（information knowledge）、信息能力（information competence）、信息和课程整合能力（information-course integration competence）和信息

第 17 章　外语教育实践面临的挑战及应对策略

伦理（information ethic）（余丽等，2009）。荀渊（2019：40）认为：

> 教师的信息素养是教师认识、评判、运用信息及其媒体的态度与能力的总和；教师不仅要有获取新信息的强烈意愿与意识，能够主动从生活实践中不断查找、探究新信息，而且具备对各种信息进行选择、理解、质疑、评估和批判的能力，对不良信息具有较高的辨认能力和免疫能力，进而能够有效利用各种信息开展教育教学实践和为学生的学习提供信息支持与服务。至为关键的是，教师必须具备运用各种人工智能技术开发数字化学习资源、创设数字化学习环境的能力，实现内容、方法、技术与策略的高度融合，从而将各种信息的运用融于数字化课程、学习资源与环境的建设和运用中。

余丽等（2009）采用问卷调查的方法对大学英语教师信息素养进行调查，结果表明：（1）超过半数（58%）的英语教师信息意识淡薄，对计算机网络技术应用于大学英语教学的重要性认识不足；（2）仅有约 1/4（26%）的教师认为自己的计算机网络技术完全能够满足网络教学的需要；（3）仅有约 1/5（21%）的教师能根据课程需要，整合分析已获取的网络信息，合理设计网络教学方案和任务。

华中师范大学教育部教育信息化战略研究基地吴砥教授的研究团队长期关注我国师生信息素养。他们对我国疫情防控期间中小学教师和学生在线教学开展的调研结果显示，"师生信息意识与技能亟待提升"，部分教师对在线教学存在不接受、不习惯的心理，同时对现有在线教学软件使用知识欠缺，难以成功开展信息技术支持下的在线教学活动；也有部分教师虽然能够开展在线教学，但对在线教学工具、直播软件不熟悉，并缺乏有效的在线教学策略，难以实现对课堂纪律的管控，部分在线课堂一度出现混乱的现象（吴砥等，2020）。吴砥教授团队所做的研究虽然是针对中小学教师，且不局限于外语教师，但这一研究折射出的问题在外语教师中也不同程度的存在。

在当今智慧教育的环境下，为促进技术与外语教育的深度融合，提升教师信息素养可以从以下两个方面着手。第一，在个人层面，教师需转变观念，增强信息意识。新兴信息技术成为教育改革创新的重要驱动力，不仅改变了传统的教育生态体系，也将重新定义教师的能力标准和职业要求（吴砥等，2020）。"观念更新比设备更新更为重要"（余丽等，2009：73）。教师学习能力强，具备提升信息素养的基础。如果意识到信息素养不仅是大势所趋，更是教师职业要求的一部分，便会从思想上摆脱"技术恐惧症"，自觉地加强学习，拥抱变化，有意识地逐步探索技术在教育中的应用。第二，在学校层面，教师发展或培训中心可以定期、系统地组织教师信息素养培训，例如各种教学平台（如雨课堂、腾讯课堂等）的基础操作以及教学平台与课程的高度融合；图书馆组织信息搜索培训，例如各种中外大型数据库（如中国知网、Web of Science 等）的使用；各学院、教研室建立常态化信息共享机制，课程组集体备课时，可以分享信息搜索技巧、网站和数据库的应用。第三，在政策层面，创新评价和激励机制。"科学、合理、公正的评价机制是发挥激励作用的前提。评价应以激励和促进教师的专业发展为目的，强调教师在评价中的主体地位、民主参与和自我反思"（张莲，2013：87）。例如，建立多元评价体系，设立信息技术达人、课件制作标兵、优秀微课、特色混合式教学等奖项，鼓励以团队的形式参与，促进教师多元发展。

17.2.4 科研能力提升

"合格的外语类专业教师应自下而上地自主、持续发展，不仅应精于教学，而且应善于研究，做到教研相长"（孙有中等，2018：6）。外语教师教学和科研两手抓，两手都要硬。这意味着教师从知识的传递者和消费者，转变为知识生产者和研究者。教师成为研究者是教育教学改革的保障，也是创新发展中国特色外语教育理论的基础。长久以来，许多教师认为，教学与研究间存在矛盾——重视研究必然影响教学，教学任务繁重势必影响科研投入。然而，二者之间也有可能相互促进，平行发展，"在教学中研究，在研究中发展"（孙有中等，2017：3）。外语教师科研能力的提升可以从以下几个方面着手，从解决教学实践中的"真"问题出发，进行探究性教学反思；在此基础上进行针对性刻意练习，有目的性地专业提升；组建科研团队，形成专业学习共同体，避免单打独斗。这样才能有望实现教师专业发展的"解放性实践"（文秋芳，

第 17 章　外语教育实践面临的挑战及应对策略

2020c）。

第一，从教学实际出发，进行探究性教学反思。大学英语教师常年奋斗在教学第一线，对课堂教学有着自己的理解与认识。以解决教学中的实际问题为出发点，进行教学尝试和探究性教学反思，可能是教师专业发展的路径。一线教师"边教学边研究，在教学中发现问题，通过研究解决问题，再通过教学加以验证和提高，从而促进教师专业发展的良性循环"（吴一安、唐锦兰，2012：8）。

探究性教学反思是从事课堂研究的教师研究者发展的必要条件。"所有人——不仅是专业从业者——都要具备采取行动的能力，具备反思行动以便从中获益的能力"（Argyris & Schon，1978：4）。常见的反思性实践包括行动中反思、关于行动的反思和为了行动的反思（Farrell，2013）。在课堂实践中针对所发现的问题进行行动和反思，可以使教师从常规和直觉的惯性中走出来，提升自身对教学的理解（孙曙光，2017）。反思贯穿于教学实践的各个环节。陈晓端和 Keith（2005：60）曾指出：

> 有效教学总是与教师对教学实践和自身的专业发展的反思密切联系在一起的。如果一个教师能够经常反思自己的教学理念和教学实践，不断探求新的教学方法，大胆进行教学改革，并以对教学的反思促进其专业的持续发展，那么他的教学有效性就会从实践上得到根本的保证。

改善课堂教学的实践研究通常需要经历若干循环。教师根据教学过程中收集的数据进行系统的反思，以便做出下一步教学决策。从这个意义上来说，反思不仅是前一轮实践的终点，更是迭代优化下一轮实践的起点。因此，在课堂研究的三个研究范式（辩证研究、行动研究、教育设计研究）中，反思都是最为关键的一环。

第二，要实现教师专业发展的"解放性实践"，只有探究性教学反思还远远不够，必须在此基础上进行针对性刻意练习（deliberate/purposeful practice）（Ericsson & Pool，2016），即针对实践中出现的问题，在"学习区"（Tichy & Cardwell，2002）或最近发展区内进行大量有目的的练习，并通过持续获得有效反馈不断精进。采用新方法或者使用新工具时，教师所面临的矛盾挑战重重，动机冲突通常会加剧（孙曙光，2020c）。教师通常在"抗拒和接纳种种新方法/工具间挣扎"（Engeström et al., 2015: 48）。这种挣扎是面对挑战的应激反应，更是发展的契机。此时，教师如能寻求团队或者同事的帮助，则很有可能逐渐突破"舒适区"的界限，完成目的性专业提升。

在将新理论、新方法应用到实践之初时，教师因精力所限无法关注到所有细节，需要根据自己的时间、精力和对问题的把控能力，分阶段有针对性地解决各个步骤的关键问题。例如，孙曙光（2019b）在实践师生合作评价时，总共进行了20余次评价，每次均按照完善的操作步骤实践。她为优化实践设置了课前、课中和课后阶段性目标（参见孙曙光，2017，2019a，2020b），与所在研究团队带头人文秋芳教授一起据此制定计划。刻意练习的要义是目标难度要适中，能收到反馈，有足够次数的重复，并且能够完善不足之处，从一系列微小改变的累积开始，逐渐达到期望的目标（Ericsson & Pool, 2016）。

第三，建设科研团队，形成专业学习共同体。外语教师将理论实践化的过程不是一蹴而就的，从刻板遵循理论，逐渐到熟练、理性运用理论，再到自觉运用甚至发展理论，教师会经历各种困境和挑战（张文娟，2020）。当教师面临教学、科研、职称晋升等多重挑战时，高校组建的共同体对年轻教师专业发展可谓"雪中送炭"，是帮助他们走出困境的得力措施（文秋芳、张虹，2019）。

文秋芳（2018a）关于辩证研究团队建设的论述适用于外语教育的团队建设。总的来说，科研团队建设需注意以下三点：（1）有称职的团队带头人。团队带头人可以是一位，也可以是2~3人组成的领导小组。带头人要有全局思维能力、创新能力、人际沟通能力、组织能力和协调能力，善于调动团队成员的积极性，参与整个研究项目的设计、实施、评估和调整的全过程。（2）团队活动必须问题导向、目标驱动。问题明确，目标清晰，整个团队活动才能有方向，心往一处想，劲往一处使。虽然问题和目标后期会有微调，但总体大方向不变。在开展科研活动时，一定要在前期积累的基础上深入思考，全面筹划。在整体规划之后，再正式组建团队。为申报项目在仓促之中草草撰写的申请书缺乏前期准备，注定无法取得理想成果。（3）加强团队和谐文化建设。团队成员应该互相尊重、互相信任，形成一个和谐合作的共同体。根据笔者建设专业学习与研究共同体的经验，团队成员最好在年龄、职称、教龄、科研特长等方面具有差异性，这样有利于优势互补，相互学习、相互激励。教师在专业共同体中获得教学经验时，他们通过反思性实践度过生存阶段，过渡到从实践中重构理论阶段（Farrell，2013）。

17.3 小结

  人才培养，关键在教师。教师队伍素质直接决定着大学办学能力和水平（习近平，2018）。教师是教育发展的第一资源，是推进教育改革和教育现代化进程的重要基石（吴砥等，2020）。外语教师不会因为教育环境的改变而失业，因为外语教育的任务是培养全面发展的人，学生不仅要有熟练的语言应用能力，还要有正确的价值观、人生观和世界观，拥有良好的合作能力、人际沟通能力。这种高素质人才的培养必须通过群体面对面、心与心的交流。当然，外语教师如果不与时俱进，很可能会"失职"。因此，外语教育工作者必须张开双臂，拥抱语言智能技术发展的新时代，以积极、开放的心态，尽快熟悉、掌握相关技术，将课堂教学与网络课程融合、将纸质教材与网络资源结合、将教师评价和机器自动评价相互补充，让语言智能技术助力外语教育，使教师有更多时间和精力从事创造性劳动。有一点必须肯定，未来不了解、不熟悉、不会使用语言智能技术的外语教师大都会被淘汰。

  我国在语音识别和机器翻译的研究和运用上确实已经取得了显著成绩，并已走进我们的生活，成为平民百姓出行和学习的助手。但我们并不能据此得出机器翻译可以代替人工翻译的结论，更不能否定国家对外语教育的投入。笔者认为，凡涉及国家利益，需要人与人之间的情感交流、建立相互信任的关系时，仅借助翻译机器肯定达不到目标。从这个意义上说，机器永远不能代替外语人才，高端外语人才与人工智能将会长期共存。再说，学习外语已经不单为谋生，还要通过外语学习扩大视野，拓宽眼界，获得人的全面发展。外语教师需坚持把立德树人作为根本任务，不断更新教育理念，优化课程体系，丰富学习资源，提升专业素养和信息素养，大力培养复合型英语专业人才，为实现中华民族伟大复兴的中国梦做出新的更大贡献（蒋洪新，2019）。

　　针对中国特色外语教育理论构建，建议学界要为理论发展创造良好的生态环境，不要攻其一点不及其余，求全责备；要鼓励争鸣，允许犯错。学界要组织对新理论的研讨和推广，助力新理论的改进与完善。为此，我们可从两方面发力：一是组织研究者将已有的本土理论国际化；二是为行走在"融通中外"道路上的学者创造平台，促进蓬勃发展。我们相信，只要学界共同努力，我国外语教育理论与实践大发展的黄金期一定会到来。

参考文献

北京外国语大学. 2022. 北京外国语大学简介. 北京外国语大学官方网站, 2022 年 6 月.
毕争. 2017. POA 教学材料使用研究：评价产出目标的达成性. 中国外语教育,（2）：40–46.
蔡基刚. 2011. 中国大学生英语写作在线同伴反馈和教师反馈对比研究. 外语界,（2）：65–72.
蔡基刚. 2015. 再论我国大学英语教学发展方向——通用英语和学术英语. 浙江大学学报（人文社科版）,（4）：83–92.
蔡基刚. 2017. 基于项目研究的学术论坛教学法在研究生英语教学中的作用. 学位与研究生教育,（2）：18–24.
蔡基刚. 2019a. 高校英语教学范式新转移：从语言技能训练到科研能力培养. 外语研究,（3）：55–60.
蔡基刚. 2019b. 以项目驱动的学术英语混合式教学模式建构. 解放军外国语学院学报, 42（3）：39–47.
蔡基刚. 2019c. 中国人学习英语的目的是什么. 中国科学报, 7 月 17 日. 来自科学网.
蔡基刚. 2020. 中国大学生 5 分钟科研英语演讲大赛：专门学术英语教学实践. 外语教育研究前沿,（3）：43–48.
曹巧珍. 2017. "产出导向法"之教师中介作用探析——以《新一代大学英语》第二册第四单元为例. 中国外语教育,（1）：1–15.
曹贤文. 2005. 内容教学法在对外汉语教学中的运用. 云南师范大学学报,（1）：7–11.
常海潮. 2021. 大学英语课讲好中国故事：现状、路径和方法. 外语电化教学,（5）：96–100.
常俊跃. 2012. 英语专业复合型人才培养课程教学研究, 北京：北京大学出版社.
常俊跃. 2014. 英语专业内容依托课程体系改革的影响及其启示. 解放军外国语学院学报,（5）：23–31.
常俊跃. 2015. 英语专业基础阶段内容依托教学改革研究. 北京：北京大学出版社.
常俊跃. 2017. 大连外国语大学英语教育的传统、探索与创新. 北京：外语教学与研究出版社.
常俊跃. 2020. 基于内容语言融合教育理念的英语专业整体课程体系及教学改革探索. 北京：北京大学出版社.
常俊跃. 2022. 中国高等外语教育：探索与反思. 上海：上海外语教育出版社.
常俊跃，董海楠. 2008. 英语专业基础阶段内容依托教学问题的实证研究. 外语与外语教学，（5）：37–40.

常俊跃，米微，曾小花. 2019. 项目依托式英语国家研究课程的教学对学生影响的探究. 中国外语，（1）：55–61.

常俊跃，赵永青. 2020. 内容语言融合教育理念（CLI）的提出、内涵及意义——从内容依托教学到内容语言融合教育. 外语教学，（5）：49–54.

常小玲. 2017. "产出导向法"的教材编写研究. 现代外语，（3）：359–368，438.

陈浩，文秋芳. 2020. 基于"产出导向法"的学术英语写作名词化教学研究——以促成教学环节为例. 外语教育研究前沿，（1）：15–23.

陈桦，王海啸. 2013. 大学英语教师科研观的调查与分析. 外语与外语教学，（3）：25–29.

陈坚林. 2015. 大数据时代的慕课与外语教学研究——挑战与机遇. 外语电化教学，（1）：3–8，16.

陈坚林. 2020. 试论人工智能技术在外语教学上的体现与应用. 北京第二外国语学院学报，（2）：14–25.

陈丽萍. 2016. 基于任务型教学法的英语教学研究与改革. 北京：中国原子能出版社.

陈望道. 1979. 修辞学发凡. 上海：上海教育出版社.

陈向明. 2000. 质的研究方法与社会科学研究. 北京：教育科学出版社.

陈晓端，S. Keith. 2005. 当代西方有效教学研究的系统考察与启示. 比较教育研究，（8）：56–60.

陈雪贞. 2019. 最优化理论视角下大学英语课程思政的教学实现. 中国大学教学，（10）：45–48.

褚宏启. 2016. 核心素养的国际视野与中国立场——21世纪中国的国民素质提升与教育目标转型. 教育研究，（11）：8–18.

丛立新，章燕，吕达. 2005. 澳大利亚课程标准. 北京：人民教育出版社.

崔戈. 2019. "大思政"格局下外语"课程思政"建设的探索与实践. 思想理论教育导刊，（7）：138–140.

崔琳琳. 2021. 大学生"用英语讲中国故事"演讲模块的思政课程探究. 外语教育研究前沿，（4）：18–25.

邓惟佳. 2016. 中国学术"走出去"的现状与发展. 对外传播，（1）：51–53.

董文娟. 2020. 产出导向法在大学农业英语教学中的应用——评《基于"产出导向法"的大学英语信息化教学效能研究》. 中国农业资源与区划，（1）：145，211.

董希骁. 2019. "产出导向法"在大学罗马尼亚语教学中的应用. 外语与外语教学，（1）：1–8，144.

段长城，常小玲. 2020. 高校外语教师专题研修班的成效与挑战——基于教师反思日志的分析. 外语教育研究前沿，（2）：73–81.

高德毅，宗爱东. 2017. 从思政课程到课程思政：从战略高度构建高校思想政治教育课程体系. 中国高等教育,（1）: 43–46.
高时良. 2006. 学记研究. 北京: 人民教育出版社.
高艳. 2010. 项目学习在大学英语教学中的应用研究. 外语界,（6）: 42–56.
高一虹, 李莉春, 吕珺. 1999. 中、西应用语言学研究方法发展趋势. 外语教学与研究,（2）: 8–16.
龚亚夫, 罗少茜. 2003. 任务型语言教学. 北京: 人民教育出版社.
顾佩娅. 2007. 多媒体项目教学法的理论与实践. 外语界,（2）: 2–8, 31.
顾佩娅, 方颖. 2003. 基于建构主义的计算机辅助项目教学实践. 外语与外语教学,（7）: 28–31, 41.
顾佩娅, 朱敏华. 2002. 网上英语写作与项目教学法研究. 外语电化教学,（6）: 3–7.
光明日报评论员. 2018. 科技创新正迎来全球大科学时代. 光明日报, 4月4日.
桂靖, 季薇. 2018. "产出导向法"在对外汉语教学中的应用: 教学材料改编. 世界汉语教学,（4）: 546–554.
桂诗春. 1987. 什么是应用语言学? 外语教学与研究,（3）: 14–19.
桂诗春. 2000. 20世纪应用语言学评述. 外语教学与研究,（1）: 2–7.
桂诗春. 2010. 应用语言学思想: 缘起、变化和发展. 外语教学与研究,（3）: 163–169.
郭英剑. 2020. 对"新文科、大外语"时代外语教育几个重大问题的思考. 中国外语,（1）: 4–12.
胡钦太. 2013. 中国学术国际话语权的立体化建构. 学术月刊,（3）: 5–13.
季薇, 桂靖, 朱勇. 2020. "产出导向法"教学中输入促成环节的设计与实施. 语言教学与研究,（3）: 33–40.
姜琳, 陈锦. 2015. 读后续写对英语写作语言准确性、复杂性和流利性发展的影响. 现代外语,（3）: 366–375.
江世勇, 邓郦鸣. 2019. 混合式二语课堂教学研究的新进展——《第二语言课堂中的技术整合（第二版）》评介. 外语教育研究前沿,（1）: 83–86.
江潇潇. 2019. 基于"产出导向法"的僧伽罗语教材改编: 产出任务设计的递进性. 外语与外语教学,（1）: 17–24, 144–145.
蒋洪新. 2019. 推动构建中国特色英语类本科专业人才培养体系——英语类专业《教学指南》的研制与思考. 外语界,（5）: 2–7.
教育部. 2020. 关于政协十三届全国委员会第三次会议第2776号（教育类246号）提案答复的函. 教育部网站, 8月6日.
Lantolf, J.P., 秦丽莉. 2018. 社会文化理论——哲学根源、学科属性、研究范式与方法. 外语与外语教学,（1）: 1–18.
李朝阳. 2020. 在专业课中用好思政"盐". 光明日报, 7月14日.
李慧辉. 2016. 大学英文写作. 北京: 高等教育出版社.
李观仪. 1989. 传统教学法与交际教学法相结合可行乎?——高校英语专业基础阶段

英语教学法之我见. 外语界,（1）: 1–9, 48.
李珂. 2010. 项目式大学英语教学实践（英文）. 中国应用语言学,（4）: 99–112.
李岚清. 1996. 改进外语教学方法　提高外语教学水平. 教学与教材研究,（6）: 4–5.
李清华, 曾用强. 2008. 外语形成性评估的效度理论. 外语界,（3）: 82–90.
李雪莲. 2016. 促进学习的课堂评价及学习目标的自我管理研究. 现代外语,（3）: 399–407.
李行健. 2004. 现代汉语规范词典. 北京: 外语教学与研究出版社／语文出版社.
李正风, 曾国屏, 林组贻. 2002. 试论"学术"国际化的根源、载体及当代特点与趋势. 自然辩证法研究,（3）: 32–34.
刘海龙. 2011. 传播研究本土化的两个维度. 现代传播,（9）: 43–48.
刘露蔓, 王亚敏, 徐彩华. 2020. "产出导向法"在海外汉语综合课教学中的有效性研究. 汉语学习,（4）: 87–97.
刘润清. 2015. 外语教学中的科研方法（修订版）. 北京: 外语教学与研究出版社.
刘祥福, 蔡芸. 1997. 浸泡式英语教学实验报告. 现代外语,（3）: 44–51.
刘益东. 2018. 摆脱坏国际化陷阱, 提升原创能力和学术国际话语权. 科技与出版,（7）: 33–38.
鲁文霞, 朱勇. 2021. 产出导向型汉语口语教学中的驱动环节研究. 世界汉语教学,（3）: 422–431.
陆道坤. 2018. 课程思政推行中若干核心问题及解决思路——基于专业课程思政的探讨. 思想理论教育,（3）: 64–69.
马拯. 2017. 任务教学法研究30年: 回顾与启示. 西安外国语大学学报, 25（1）: 67–71.
毛泽东. 1971. 实践论, 载于毛主席的五篇哲学著作. 北京: 人民出版社.
孟春国, 陈莉萍, 郑新民. 2018. 高校英语教师学术写作与发表的调查研究. 外语与外语教学,（1）: 110–119.
聂迎娉, 傅安洲. 2018. 课程思政: 大学通识教育改革新视角. 大学教育科学,（5）: 38–43.
秦洁. 2020. 语言使用观启发的二语教学: 实证依据评介. 现代外语,（1）: 143–147.
邱琳. 2017a. "产出导向法"语言促成环节过程化设计研究. 现代外语,（3）: 386–396.
邱琳. 2017b. POA教学材料使用研究: 选择与转换输入材料过程及评价. 中国外语教育,（2）: 32–39.
邱琳. 2019a. "产出导向法"促成环节的辩证研究. 现代外语,（3）: 407–418.
邱琳. 2019b. "产出导向法"促成活动设计的研究. 北京: 北京外国语大学博士学位论文.
邱琳. 2020. "产出导向法"中促成环节设计标准例析. 外语教育研究前沿,（2）: 12–19.

邱伟光. 2017. 课程思政的价值意蕴与生成路径. 思想理论教育，（7）：10–14.

屈哨兵. 2016. 语言服务引论. 北京：商务印书馆.

邵颖. 2019. 基于"产出导向法"的马来语教材改编：驱动环节设计. 外语与外语教学，（1）：25–32，145.

时宇娇. 2019. 政法类院校公共英语课"课程思政"教学改革探索. 学校党建与思想教育，（4）：30–32.

史宝辉. 1997. 交际式语言教学二十五年. 外语教学与研究，（3）：66–70，83.

束定芳. 2005. 呼唤具有中国特色的外语教学理论. 外语界，（6）：2–7，60.

束定芳. 2011. 高等教育国际化与大学英语教学的目标和定位——德国高校英语授课学位课程及其启示. 外语教学与研究，（1）：137–144.

束定芳. 2014. 课堂教学目标设定与教学活动设计——基于第四届"外教社杯"全国高校外语教学大赛听说组比赛的分析. 外语界，（4）：54–61.

孙曙光. 2017. 师生合作评价课堂反思性实践研究. 现代外语，（3）：397–406.

孙曙光. 2019a. 师生合作评价的辩证研究. 现代外语，（3）：419–430.

孙曙光. 2019b. 基于产出导向法的师生合作评价研究：以写作活动为例. 北京：北京外国语大学博士学位论文.

孙曙光. 2020a. "产出导向法"中师生合作评价原则例析. 外语教育研究前沿，（2）：20–27.

孙曙光. 2020b. 产出导向法中师生合作评价. 北京：外语教学与研究出版社.

孙曙光. 2020c. 拓展学习视角下师生合作评价实践中的教师自我发展. 中国外语，（1）：75–84.

孙曙光. 2021. 思政教育融入"用英语讲中国故事"实践课程的研究. 外语教育研究前沿，（4）：26–33.

孙有中. 2020. 贯彻落实《国标》和《指南》，推进一流专业和一流课程建设. 外语界，（3）：2–4.

孙有中，文秋芳，王立非，封一函，顾佩娅，张虹. 2016. 准确理解《国标》精神，积极促进教师发展——"《国标》指导下的英语类专业教师发展"笔谈. 外语界，（6）：9–15.

孙有中，张薇，郭英剑，张莲，张虹，武光军，李佐文. 2017. 教研相长，做学者型优秀教师——"在教学中研究，在研究中发展"笔谈. 外语电化教学，（5）：3–8，22.

孙有中，张虹，张莲. 2018. 国标视野下外语类专业教师能力框架. 中国外语，（2）：4–11.

唐美华. 2020. "产出导向法"与"任务型教学法"比较：英语专业精读课单元教学设计案例. 外语教学，（1）：65–69.

汪波. 2019. "产出导向法"在大学朝鲜语专业低年级语法教学中的应用. 外语与外语教学，（1）：9–16.

汪品先. 2015. 英语汉语之困. 文汇报, 2月27日.
王初明. 2003. 补缺假设与外语学习. 外语学刊,（1）: 1–5.
王初明. 2005. 外语写长法. 中国外语,（1）: 45–49.
王初明. 2011. 基于使用的语言习得观. 中国外语,（5）: 1.
王初明. 2012. 读后续写——提高外语学习效率的一种有效方法. 外语界,（5）: 2–7.
王初明. 2014. 内容要创造语言要模仿——有效外语教学和学习的基本思路. 外语界,（2）: 42–48.
王初明. 2015. 读后续写何以有效促学. 外语教学与研究,（5）: 753–762.
王初明. 2016a. 以"续"促学. 现代外语,（6）: 784–793.
王初明. 2016b. "学伴用随"教学模式的核心理念. 华文教学与研究,（1）: 56–63.
王初明. 2017. 从"以写促学"到"以续促学". 外语教学与研究,（4）: 547–556.
王初明. 2018. 我国应用语言学研究在解决问题中前行. 外语教学与研究,（6）: 813–816.
王初明. 2019a. 如何提高读后续写中的互动强度. 外语界,（5）: 40–45.
王初明. 2019b. 运用续作应当注意什么? 外语与外语教学,（3）: 1–7.
王初明. 2020. 主持人语. 解放军外国语学院学报,（1）: 1.
王初明, 牛瑞英, 郑小湘. 2000. 以写促学——一项英语写作教学改革的试验. 外语教学与研究,（3）: 207–212.
王丹丹. 2019. 基于"产出导向法"的大学印度尼西亚语视听说课教学研究. 外语教育研究前沿,（2）: 55–62.
王敏, 王初明. 2014. 读后续写的协同效应. 现代外语,（4）: 501–512.
王启, 王凤兰. 2016. 汉语二语读后续写的协同效应. 现代外语,（6）: 794–805.
王士先. 1994. CBI——专业英语阅读教学的方向. 外语界,（2）: 27–31.
王守仁, 文秋芳. 2015. 新一代大学英语. 北京: 外语教学与研究出版社.
王守仁. 2016.《大学英语教学指南》要点解读. 外语界,（3）: 2–10.
王天剑. 2003. 张思中外语教学法的理论评价与发展探索. 黔西南民族师范高等专科学校学报,（4）: 29–33.
王寅. 2007. 认知语言学. 上海: 上海外语教育出版社.
魏梅. 2020. 基于使用的语言习得观研究述评. 长春大学学报,（4）: 93–97.
魏永红. 2004. 任务型外语教学研究: 认知心理学视角. 上海: 华东师范大学出版社.
文秋芳. 2001. 英语学习者动机、观念、策略的变化规律与特点. 外语教学与研究,（2）: 105–110, 160.
文秋芳. 2002. 英语专业创新人才培养体系的研究与实践. 国外外语教学,（4）: 12–17.
文秋芳. 2003a. 频率作用与二语习得——第二语言习得研究2002年6月特刊评述. 外语教学与研究,（2）: 151–153.
文秋芳. 2003b. 英语学习的成功之路. 上海: 上海外语教育出版社.

文秋芳. 2005. 评析外语写长法. 现代外语,（3）: 308–311.
文秋芳. 2008a. 评析二语习得认知派与社会派 20 年的论战. 中国外语,（3）: 13–20.
文秋芳. 2008b. 输出驱动假设与英语专业技能课程改革. 外语界,（2）: 2–9.
文秋芳. 2010. 二语习得重点问题研究. 北京: 外语教学与研究出版社.
文秋芳. 2013. 评析"概念型教学法"的理论与实践. 外语教学理论与实践,（2）: 1–11.
文秋芳. 2014. 输出驱动–输入促成假设: 构建大学外语课堂教学理论的尝试. 中国外语教育,（2）: 3–12.
文秋芳. 2015. 构建"产出导向法"理论体系. 外语教学与研究,（4）: 547–558.
文秋芳. 2016a. "师生合作评价": "产出导向法"创设的新评价形式. 外语界,（5）: 37–43.
文秋芳. 2016b. 国家语言能力的内涵及其评价指标. 云南师范大学学报（哲学社会科学版）,（2）: 23–31.
文秋芳. 2017a. "产出导向法"的中国特色. 现代外语,（3）: 348–358.
文秋芳. 2017b. "产出导向法"教学材料使用与评价理论框架. 中国外语教育, 10（2）: 17–23.
文秋芳. 2017c. 辩证研究法与二语教学研究. 外语界,（4）: 2–11.
文秋芳. 2017d. 唯物辩证法在应用语言学研究中的应用——桂诗春先生的思想遗产. 现代外语,（6）: 855–860.
文秋芳. 2017e. 我国应用语言学理论国际化的标准与挑战——基于中国大陆学者国际论文创新性的分析. 外语教学与研究,（2）: 254–266.
文秋芳. 2017f. 我国应用语言学研究国际化面临的困境与对策. 外语与外语教学,（1）: 9–17.
文秋芳. 2018a. "辩证研究范式"的理论与应用. 外语界,（2）: 2–10.
文秋芳. 2018b. "产出导向法"与对外汉语教学. 世界汉语教学,（3）: 387–400.
文秋芳. 2018c. 新时代高校外语课程中关键能力的培养: 思考与建议. 外语教育研究前沿,（1）: 3–11.
文秋芳. 2019a. 辩证研究与行动研究的比较. 现代外语,（3）: 385–396.
文秋芳. 2019b. 新中国外语教学理论 70 年发展历程. 中国外语,（5）: 14–22.
文秋芳. 2020a. 产出导向法: 中国外语教育理论创新探索. 北京: 外语教学与研究出版社.
文秋芳. 2020b. 加速我国应用语言学国际化进程: 思考与建议. 现代外语,（5）: 585–592.
文秋芳. 2020c. 熟手型外语教师运用新教学理论的发展阶段与决定因素. 中国外语,（1）: 50–59.

文秋芳. 2021. 中国应用语言学的学术国际话语权. 现代外语,（4）: 439–447.
文秋芳. 2022. "云连接论"的构想和应用. 外语教学与研究,（1）: 66–78.
文秋芳, 常小玲. 2012. 为高校外语教师举办大型强化专题研修班的理论与实践. 外语与外语教学,（1）: 1–5.
文秋芳, 林琳. 2016. 2001—2015 年应用语言学研究方法的使用趋势. 现代外语,（6）: 842–852.
文秋芳, 宋文伟. 1999. 综合素质实践课——从理论到实践. 外语界,（3）: 11–15, 38.
文秋芳, 孙曙光. 2020. "产出导向法"驱动场景设计要素例析. 外语教育研究前沿,（2）: 4–11.
文秋芳, 王建卿, 赵彩然, 刘艳萍, 王海妹. 2009. 构建我国外语类大学生思辨能力量具的理论框架. 外语界,（1）: 37–43.
文秋芳, 王立非. 2004. 二语习得研究方法 35 年：回顾与思考. 外国语,（4）: 18–25.
文秋芳, 张虹. 2017. 倾听来自高校青年英语教师的心声：一项质性研究. 外语教学,（1）: 67–72.
文秋芳, 张虹. 2019. 跨院系多语种教师专业学习共同体建设的理论与实践探索. 外语界,（6）: 9–17.
文旭. 2018. 我对外语教育的几点看法. 当代外语研究,（4）: 9–10.
文旭, 文卫平, 胡强, 陈新仁. 2020. 外语教育的新理念与新路径. 外语教学与研究,（1）: 17–24.
吴砥, 余丽芹, 饶景阳, 周驰, 陈敏. 2020. 大规模长周期在线教学对师生信息素养的挑战与提升策略. 电化教育研究,（5）: 12–17, 26.
吴砥, 周驰, 陈敏. 2020. "互联网＋"时代教师信息素养评价研究. 中国电化教育,（1）: 56–63, 108.
吴刚, 洪建中. 2012. 一种新的学习隐喻：拓展性学习的研究——基于"文化 – 历史"活动理论视角. 远程教育杂志,（3）: 23–30.
吴岩. 2019. 新使命　大格局　新文科　大外语. 外语教育研究前沿,（2）: 3–7.
吴一安, 唐锦兰. 2012. 融入自动评价系统的英语写作实验教学对高校英语教师的影响研究. 外语电化教学,（7）: 3–10.
吴颖民. 2018. 新时代教师发展更重要的是观念的转变. 搜狐网, 12 月 11 日.
伍婵提, 童莹. 2017. 我国人文社科学术期刊国际话语权提升路径. 中国出版,（15）: 45–48.
郗佼. 2020. 社会文化理论与二语习得研究——理论、方法与实践. 外语界,（2）: 90–96.
习近平. 2014. 把培育和弘扬社会主义核心价值观作为凝魂聚气强基固本的基础工程. 新华社, 2 月 25 日.

习近平. 2016. 在哲学社会科学工作座谈会上的讲话. 人民网，5月17日.

习近平. 2018. 在北京大学师生座谈会上的讲话. 新华社，5月3日.

徐昉. 2012. 英语写作教学与研究. 北京：外语教学与研究出版社.

徐雷健. 2007. 朱熹读书法探究. 福建论坛（人文社会科学版），（12）：73–74.

许琪. 2016. 读后续译的协同效应及促学效果. 现代外语，（6）：830–841.

荀渊. 2019. 未来教师的角色与素养. 人民教育，（12）：36–40.

颜奕，杨鲁新. 2017. 英语教师专业学习共同体中的主要矛盾分析：活动理论视角. 外语教学理论与实践，（2）：39–49.

杨华. 2016. 高校外语课堂互动形成性评估. 北京：外语教学与研究出版社.

杨华. 2021. 我国高校外语课程思政实践的探索研究——以大学生"外语讲述中国"为例. 外语界，（2）：10–17.

杨修平. 2020. 高职英语"课程思政"：理据、现状与路径. 中国职业技术教育，（8）：36–41.

姚林群. 2013. 中小学生语文写作能力：要素、水平及指标. 课程·教材·教法，（3）：69–75.

"应用语言学核心话题系列丛书"编委会. 2018. 语料库与话语研究. 北京：外语教学与研究出版社.

余波，宋艳辉. 2021. 中国学术话语权评价的内涵、产生及构成要素分析. 情报杂志，（1）：104–110.

余丽，王建武，曾小珊. 2009. 教师的信息素养——信息技术与外语课程整合的关键因素. 外语电化教学，（9）：70–74.

《语言教学与研究》编辑部. 2019. 语言智能与外语教育协同发展. 语言教学与研究，（1）：113.

袁平华，俞理明. 2008. 以内容为依托的大学外语教学模式研究. 外语教学与研究，（1）：59–64.

詹霞. 2019. 基于"产出导向法"的德语教材改编：促成活动过程化设计. 外语与外语教学，（1）：33–42，145.

张驰，宋来. 2020. "课程思政"升级与深化的三维向度. 思想教育研究，（2）：93–98.

张广勇，王俊菊. 2015. 中国外语教学研究者国际期刊发表回顾与展望. 广东外语外贸大学学报，（3）：54–58.

张莲. 2013. 高校外语教师专业发展的制约因素及对策：一项个案调查报告. 中国外语，（1）：81–88，102.

张莲. 2018. 第二语言教育中的社会文化理论导论：叙事视角（第二版）（英）(Sociocultural Theory in Second Language Education: An Introduction through Narratives, 2nd edition)（导读）. 斯万、肯尼尔和斯坦曼著. 北京：外语教学与

研究出版社.

张伶俐. 2017a. "产出导向法"的教学有效性研究. 现代外语,（3）: 369–376.

张伶俐. 2017b. POA 教学材料使用研究: 基于不同英语水平学生的教学实践. 中国外语教育,（2）: 47–53.

张思中. 2006. 张思中与十六字外语教学法. 北京: 北京师范大学出版社.

张薇. 2006. 英语数字素养的研究型评价模式. 外语教学与研究,（2）: 115–121.

张薇. 2013. 基于数字读写项目的学术英语模块化课程构建与实践. 外语教育理论与实践,（2）: 12–20.

张文娟. 2015. 学以致用、用以促学——产出导向法"促成"环节的课堂教学尝试. 中国外语教育,（4）: 10–17.

张文娟. 2016. 基于"产出导向法"的大学英语课堂教学实践. 外语与外语教学,（2）: 106–114.

张文娟. 2017a. "产出导向法"对大学英语写作影响的实验研究. 现代外语,（3）: 377–385.

张文娟. 2017b. "产出导向法"理论在大学英语教学实践中的行动研究. 北京: 北京外国语大学博士学位论文.

张文娟. 2020. 高校外语教师应用"产出导向法"的自我叙事研究. 中国外语,（1）: 60–67.

张文忠. 2010. 国外依托项目的二语/外语教学研究三十年. 中国外语,（2）: 68–74.

张文忠. 2012. 本土化依托项目外语教学的"教学"观. 中国大学教学,（4）: 47–51.

张文忠. 2015. iPBL——本土化的依托项目英语教学模式. 中国外语,（2）: 15–23.

张秀芹, 王迎丽. 2020. 读后续说任务中语言水平对学习者输出及协同效果的影响. 解放军外国语学院学报,（1）: 9–16.

章兼中. 2016. 国外外语教学法主要流派. 福州: 福建教育出版社.

郑杭生. 2011. 学术话语权与中国社会学发展. 中国社会科学,（2）: 27–34.

中共中央. 2004. 关于进一步繁荣发展哲学社会科学的意见. 人民网, 2016 年 11 月 12 日.

中共中央办公厅. 2013. 关于培育和践行社会主义核心价值观的意见. 中国共产党新闻网, 12 月 23 日.

中共中央办公厅国务院办公厅. 2017. 关于深化教育体制机制改革的意见. 中华人民共和国教育部网站, 9 月 25 日.

周丹丹. 2006. 国外练习频次研究综述. 解放军外国语学院学报,（2）: 54–58.

朱剑. 2009. 学术评价、学术期刊与学术国际化——对人文社会科学国际化热潮的冷思考. 清华大学学报（哲学社会科学版）,（5）: 126–137.

朱勇, 白雪. 2019. "产出导向法"在对外汉语教学中的应用: 产出目标达成性考察.

世界汉语教学，（1）：95–103.

朱作仁，李志强. 1987. 论学生写作能力的结构要素及其发展阶段. 教育评论，（4）：33–37.

祝智庭. 2014. 以智慧教育引领教育信息化创新发展. 中国教育信息化，（9）：4–8.

祝智庭，贺斌. 2012. 智慧教育：教育信息化的新境界. 电化教育研究，（12）：5–13.

邹利斌，孙江波. 2011. 在"本土化"与"自主性"之间——在"传播研究本土化"到"传播理论的本土贡献"的若干思考. 国际新闻界，（12）：60–66.

Ahlquist, S. 2013. "Storyline": A task-based approach for the young learner classroom. *ELT Journal, 67*(1): 41–51.

Allwright, R. L. 1991. *The Death of the Method* (Working Paper #10). The Exploratory Practice Centre, The University of Lancaster, England.

Argyris, C. & Schön, A. 1978. *Organizational Learning: A Theory of Action Perspective.* Reading: Addison-Wesley.

Beckett, G. H. 2002. Teacher and student evaluations of project-based instruction. *TESL Canada Journal, 19*(2): 52–56.

Benati, A. G. 2020. *Key Questions in Language Teaching: An Introduction.* Cambridge: Cambridge University Press.

Bender, W. N. 2012. *Project-Based Learning: Differentiating Instruction for the 21st Century.* Thousand Oaks: Corwin.

Berry, R. 2008. *Assessment for Learning.* Hong Kong: Hong Kong University Press.

Bitchener, J. & Ferris, D. R. 2012. *Written Corrective Feedback in Second Language Acquisition and Writing.* New York: Routledge.

Borodistsky, L. 2001. Does language shape thought? Mandarin and English speakers' conceptions of time. *Cognitive Psychology, 43*: 1–22.

Bourdages, J. & Vignola, M. J. 2009. Evaluation de l'habileté de communication orale des élèves de l'élémentaire utilisant AIM. *Canadian Modern Language Review, 65*: 731–755.

Brown, H. D. 1994. *Teaching by Principles, An Interactive Approach to Pedagogy.* Upper Saddle River: Prentice Hall.

Brumfit, C. 1995. Teacher professionalism and research. In G. Cook & B. Seidlhofer (Eds.), *Principals and Practice in Applied Linguistics.* Oxford: Oxford University Press, 27–41.

Bryman, A. 2015. *Social Research Methods* (5th ed.). Oxford: Oxford University Press.

Buescher, K. & Strauss, S. 2018. Conceptual frameworks and L2 pedagogy: The case of French prepositions. In A. E. Tyler, L. Ortega, M. Uno & H. I. Park (Eds.), *Usage-inspired L2 Instruction: Researched Pedagogy*. Amsterdam: John Benjamins, 95–115.

Caspi, T. 2010. *A dynamic perspective on second language development*. Doctoral Dissertation, University of Groningen.

Chapelle, C. A. 2016. *Teaching Culture in Introductory Foreign Language Textbooks*. London: Palgrave Macmillan.

Chomsky, N. 1965. *Aspects of the Theory of Syntax*. Cambridge: The MIT Press.

Coleman, A. 1929. *The Teaching of Modern Foreign Languages in the United States*. New York: Macmillan.

Cook, V. 1999. Going beyond the native speaker in language teaching. *TESOL Quarterly, 33*(2): 185–209.

Creswell, J. W. 2015. *Educational Research: Planning, Conducting, and Evaluating Quantitative and Qualitative Research* (4th ed.). Boston: Pearson.

Creswell, J. W. & Creswell, J. D. 2018. *Research Design: Qualitative, Quantitative, and Mixed Methods Approaches* (5th ed.). Los Angeles: Sage.

Cumming, A. 2017. Design and directions for research. *Chinese Journal of Applied Linguistics, 40*(4): 459–463.

Curry, M. J. & Lillis, T. 2004. Multilingual scholars and the imperative to publish in English: Negotiating interests, demands, and rewards. *TESOL Quarterly*, (38): 663–688.

Denscombe, M. 2014. *The Good Research Guide: For Small-Scale Social Research Projects* (5th ed.). Maidenhead: Open University Press.

Diessel, H. 2017. Usage-based linguistics. In M. Aronoff (Ed.), *Oxford Research Encyclopedia of Linguistics*. New York: Oxford University Press.

Dolgova, N. & Tyler, A. 2019. Applications of usage-based approaches to language teaching. In X. Gao (Ed.), *Second Handbook of English Language Teaching*. Cham: Springer, 940–957.

Elliott, J. G., Grigorenko, E. L. & Resing, W. C. M. 2010. Dynamic assessment. In E. B. P. Peterson (Ed.), *International Encyclopedia of Education* (Vol. 3). Oxford: Elsevier, 220–225.

Ellis, R. 2003. *Task-Based Language Learning and Teaching*. Oxford: Oxford University Press.

Ellis, R. 2009. Task-based language teaching: Sorting out the misunderstandings. *International Journal of Applied Linguistics*, (3): 221–246.

Ellis, R. 2012. *Language Teaching Research and Language Pedagogy*. Malden: Wiley-Blackwell.

Ellis, R. 2017. The production-oriented approach: Moving forward. *Chinese Journal of Applied Linguistics, 40*(4): 454–458.

Ellis, R. & Shintani, N. 2014. *Exploring Language Pedagogy Through Second Language Acquisition Research*. London & New York: Routledge.

Engeström, Y. 2001. Expansive learning at work: Toward an activity theoretical reconceptualization. *Journal of Education and Work, 14* (1): 133–156.

Engeström, Y. 2015. *Learning by Expanding: An Activity-theoretical Approach to Developmental Research* (2nd ed.). Cambridge: Cambridge University Press.

Engeström, Y., Engeström, R. & Karkkainen, M. 1995. Polycontextuality and boundary crossing in expert cognition: Learning and problem solving in complex work activities. *Learning and Instruction, 5*: 319–336.

Engeström, Y., Kajamaa, A. & Nummijoki, J. 2015. Double stimulation in everyday work: Critical encounters between home care workers and their elderly clients. *Learning, Culture and Social Interaction, 4*: 48–61.

Ericsson, K. A. & Pool, R. 2016. *Peak: Secrets from the New Science of Expertise*. Boston: Houghton Mifflin Harcourt.

Farrell, T. 2013. *Reflective Practice: Reawakening Your Passion for Teaching*. Beijing: Foreign Language Teaching and Research Press.

Ferris, D. R. & Hedgcock, J. S. 2014. *Teaching L2 Composition: Purpose, Process, and Practice* (3rd ed.). New York & London: Routledge.

Feuerstein, R., Rand, Y. & Hoffman, M. B. 1979. *The Dynamic Assessment of Retarded Performers: The Learning Potential Assessment Device, Theory, Instruments, and Techniques*. Baltimore: University Park Press.

Flick, U. 2014. *An Introduction to Qualitative Research* (5th ed.). London: Sage.

Flowerdew, J. & Li, Y. Y. 2009. English or Chinese? The trade-off between local and international publication among Chinese academics in the humanities and social sciences. *Journal of Second Language Writing, 18*: 1–16.

Flowerdew, J. 2001. Attitudes of journal editors to nonnative speaker contributions. *TESOL Quarterly, 35*(1): 121–150.

Fried-Booth, D. L. 2002. *Project Work* (2nd ed.). New York: Oxford University Press.

Gánem-Gutiérrez, G. A. & Harun, H. 2011. Verbalisation as a mediational tool for understanding tense-aspect marking in English: An application of concept-based instruction. *Language Awareness, 20*(2): 99–119.

Gao, Y. H. & Wen, Q. F. 2009. Co-Responsibility in the dialogical Co-Construction of academic discourse. *TESOL Quarterly*, (4): 700–703.

Gibbes, M. & Carson, L. 2014. Project-based language learning: An activity theory analysis. *Innovation in Language Learning and Teaching, 8*(2): 171–189.

Goffman, E. 1974. *Frame Analysis: An Essay on the Organization of Experience*. Boston: Northeastern University Press.

Hammersley, M. & Atkinson, P. 2007. *Ethnography: Principles in Practice* (3rd ed.). New York: Routledge.

Hattie, J. & Timperley, H. 2007. The power of feedback. *Review of Educational Research, 77*(1): 81–112.

Hawe, E. & Parr, J. 2014. Assessment for learning in the writing classroom: An incomplete realization. *The Curriculum Journal, 25*(2): 210–237.

Hendrickson, J. 1978. Error correction in foreign language teaching: Recent theory, research, and practice. *Modern Language Journal, 62*: 387–398.

Henning, G. 1986. Quantitative methods in language acquisition research. *TESOL Quarterly, 20*(4): 701–708.

Horwitz, E. 1986. Preliminary evidence for reliability and validity of a foreign language anxiety scale. *TESOL Quarterly, 20*(3): 559–562.

Howatt, A. 1984. *A History of English Language Teaching*. Oxford: Oxford University Press.

Hyland, K. 2007. English for professional academic purposes: Writing for scholarly publication. In D. Belcher (Ed.), *Teaching Language Purposefully: English for Specific Purposes in Theory and Practice*. New York: Cambridge University Press.

Hymes, D. H. 1971. *On Communicative Competence*. Philadelphia: University of Pennsylvania Press. Excerpts reprinted in J. B. Pride & J. Holmes (Eds.), *Sociolinguistics. Selected Readings*. London: Penguin Books, 269–293.

Jenkins, J. 2000. *The Phonology of English as an International Language*. Oxford: Oxford University Press.

Johnson, K. & Johnson. H. 1998. Communicative methodology. In K. Johnson & H. Johnson (Eds.), *Encyclopedic Dictionary of Applied Linguistics*. Oxford: Blackwell, 68–73.

Juan-Garau, M. & Salazar-Noguera, J. 2015. Introduction: The relevance of CLIL education in achieving multilingualism on the global stage. In M. Juan-Garau &

J. Salazar-Noguera (Eds.), *Content-based Language Learning in Multilingual Educational Environments. Educational Linguistics, Vol 23*. Cham: Springer, 1–10.

Karpov, Y. V. 2003. Vygotsky's doctrine of scientific concepts: Its role for contemporary education. In A. Kozulin, B. Gindis, V. S. Ageyev & S. Miller (Eds.), *Vygotsky's Educational Theory in Cultural Context*. Cambridge: Cambridge University Press, 65–82.

Kozulin, A. 1998. *Psychological Tools: A Sociocultural Approach to Education*. Cambridge: Harvard University Press.

Krashen, S. 1981. *Second Language Acquisition and Second Language Learning*. Oxford: Pergamon.

Krashen, S. 1985. *The Input Hypothesis: Issues and Implications*. London: Longman.

Kumaravadivelu, B. 2006. *Understanding Language Teaching: From Method to Postmethod*. Mahwah: Lawrence Erlbaum.

Lai, W. 2011. *Concept-based foreign language pedagogy: Teaching the Chinese temporal system*. Unpublished Doctoral Dissertation, The Pennsylvania States University.

Langacker, R.W. 1987. *Foundations of Cognitive Grammar. Vol. I: Theoretical Prerequisites*. Stanford: Stanford University Press.

Langacker, R. W. 2000. A dynamic usage-based model. In M. Barlow & S. Kemmer (Eds.), *Usage-based Models of Language*. Standford: CSLI.

Lantolf, J. P. 2006. Sociocultural theory and L2: State of the art. *Studies in Second Language Acquisition,* (28): 67–109.

Lantolf, J. P. 2008. Praxis and classroom L2 development. *ELIA, 28*(8): 13–44.

Lantolf, J. P. 2011. The sociocultural approach to second language acquisition: sociocultural theory, second language acquisition, and artificial L2 development. In D. Atkinson (Ed.), *Alternative Approaches to Second Language Acquisition*. London & New York: Routledge, 24–47.

Lantolf, J. P. & Poehner, M. E. 2008. Introduction to sociocultural theory and the teaching of second languages. In J. P. Lantolf & M. E. Poehner (Eds.), *Sociocultural Theory and the Teaching of Second Languages*. London: Equinox, 1–30.

Lantolf, J. P. & Poehner, M. E. 2014. *Sociocultural Theory and the Pedagogical Imperative in L2 Education*. New York & London: Routledge.

Lantolf, J. P. & Thorne, S. L. 2006. *Sociocultural Theory and the Genesis of Second Language Development*. Oxford: Oxford University Press.

Lantolf, J. P. & Thorne, S. L. 2007. Sociocultural theory and second language learning. In B. VanPatten & J. Williams (Eds.), *Theories in Second Language Acquisition*. Mahwah: Lawrence Erlbaum, 201–224.

Larsen-Freeman, D. 2012. On the roles of repetition in language teaching and learning. *Applied Linguistics Review*, 3: 195–210.

Lee, H. 2012. *Concept-based approach to second language teaching and learning: Cognitive linguistics-inspired instruction of English phrasal verbs*. Unpublished Doctoral Dissertation, The Pennsylvania States University.

Lee, I. 2014. Revisiting teacher feedback in EFL writing from sociocultural perspectives. *TESOL Quarterly*, 48(1): 201–213.

Lee, I. 2016. Teaching, learning and assessment of writing in schools of Hong Kong, China: Bridging the idealism-realism gap. In T. Silva, J. Wang, C. Zhang & J. Paiz (Eds.), *L2 Writing in the Global Context: Represented, Underrepresented, and Unpresented Voices*. Beijing: Foreign Language Teaching and Research Press, 64–83.

Leont'ev, A. N. 1981. *Problems of the Development of the Mind*. Moscow: Progress.

Lewis, M. 1993. *The Lexical Approach*. London: Language Teaching Publications.

Lillis, T., Magyar, A. & Robinson-Pant, A. 2010. An international journal's attempts to address inequalities in academic publishing: Developing a writing for publication program. *Compare*, 40(6): 781–800.

Littlemore, J. 2011. *Applying Cognitive Linguistics to Second Language Learning and Teaching*. New York: Palgrave Macmillan.

Long, M. 1985. A role for instruction in second language acquisition: Task based language teaching. In K. Hyltenstam & M. Pienemann (Eds.), *Modeling and Assessing Second Language Development*. Clevedon: Multilingual Matters, 77–99.

Long, M. 1991. Focus on form: A design feature in language teaching methodology. In K. de Bot, R. Ginsberg & C. Kramtch (Eds.), *Foreign Language Research in Cross-cultural Perspective*. Amsterdam: John Benjamins, 39–52.

Long, M. 2015. *Second Language Acquisition and Task-Based Language Teaching*. Malden: Wiley-Blackwell.

Lowen, S. & Sato, A. 2017. *The Routledge Handbook of Instructed Second Language Acquisition*. New York & London: Routledge.

Lyster, R. 2007. *Learning and Teaching Languages Through Content: A Counterbalanced Approach*. Amsterdam & Philadelphia: John Benjamins.

Lyster, R. 2017. Content-based language teaching. In S. Loewen & M. Sato (Eds.), *The Routledge Handbook of Instructed Second Language Acquisition*. London & New

York: Routledge, 87–106.

Mady, C., Arnott, S. & Lapkin, S. 2009. Assessing AIM: A study of Grade 8 students in an Ontario school board. *Canadian Modern Language Review, 65*: 703–729.

Marsh, D. 1994. Bilingual education and content and language integrated learning. *International association for cross-cultural communication, language teaching in the member states of the European Union (Lingua)*. Paris: University of Sorbonne.

Matsuda, P. 2017. Some thoughts on the production-oriented approach. *Chinese Journal of Applied Linguistics, 40*(4): 468–469.

Mauranen, A. 2012. *Exploring ELF: Academic English Shaped by Non-native Speakers*. Cambridge: Cambridge University Press.

Maxwell, W. 2001. *Evaluating the effectiveness of the accelerative integrated method for teaching French as a second language*. Unpublished MA thesis, University of London Institute.

Mesoudi, A. 2011. *Cultural Evolution: How Darwinian Theory Can Explain Human Culture and Synthesize the Social Sciences* (illustrated ed.). Chicago: University of Chicago Press.

Mitchell, R., Myles, F. & Marsden, E. 2013. *Second Language Learning Theories* (3rd ed.). London & New York: Routledge.

Miyawaki, K. 2012. Selective learning enabled by intention to learn in sequence learning. *Psychological Research, 76*(1): 84–96.

Modern Language Association of America (MLA). 2007. *Foreign Languages and Higher Education: New Structures for a Changed World: MLA Ad Hoc Committee on Foreign Languages*. New York: Modern Language Association of America.

Mosbah-Natanson, S. & Gingras, Y. 2014. The globalization of social sciences? Evidence from a quantitative analysis of 30 years of production, collaboration and citations in the social sciences (1980–2009). *Current Sociology, 62*(5): 626–646.

Negueruela, E. 2003. *A sociocultural approach to the teaching-learning of second languages: Systemic-theoretical instruction and L2 development*. Unpublished Doctoral Dissertation, The Pennsylvania State University.

Neuman, D. 2014. I-LEARN: Information literacy for learners. In S. Kurbanoglu, E. Grassian, D. Mizrachi, R. Catts & S. Špiranec (Eds.), *Worldwide Commonalities and Challenges in Information Literacy Research and Practice*. ECIL 2013.

Communications in Computer and Information Science, Vol. 397. Cham: Springer, 111–117.

Niglas, K. 2010. The multidimensional model of research methodology: An integrated set of continua. In A. M. Tashakkori & C. B. Teddlie (Eds.), *Sage Handbook of Mixed Methods in Social & Behavioral Research* (2nd ed.). Thousand Oaks: Sage, 215–236.

Nunan, D. 1991. *Language Teaching Methodology*. London: Prentice-Hall.

Nunan, D. 2004. *Task-Based Language Teaching*. Cambridge: Cambridge University Press.

Olsson, A. & Sheridan, V. 2012. A case study of Swedish scholars' experiences with and perceptions of the use of English in academic publishing. *Written Communication, 29*(1): 33–54.

Paasi, A. 2005. Globalisation, academic capitalism, and the uneven geographies of international journal publishing spaces. *Environment & Planning A, 37*(5): 769–789.

Patton, M. Q. 2015. *Qualitative Research & Evaluation Methods: Integrating Theory and Practice* (4th ed.). Thousand Oaks: Sage.

Pavlenko, A. & Lantolf, J. P. 2000. Second language learning as participation and the (re)construction of selves. In J. P. Lantolf (Ed.), *Sociocultural Theory and Second Language Learning*. Oxford: Oxford University Press, 155–177.

Pawley, A. & Syder, F. 1983. *The Units of Language Acquisition*. Cambridge: Cambridge University Press.

Poehner, M. E. & Lantolf, J. P. 2005. Dynamic assessment in the language classroom. *Language Teaching Research, 9*(3): 1–33.

Polio, C. 2017. Reflections on the production-oriented approach vis-à-vis pre-service teachers. *Chinese Journal of Applied Linguistics, 40*: 464–467.

Postovsky, V. A. 1974. Effects of delay in oral practice at the beginning of second language learning. *The Modern Language Journal, 58*(5/6): 229–239.

Prabhu, N. S. 1987. *Second Language Pedagogy*. Oxford: Oxford University Press.

Prawat, R. S. 2000. Dewey meets the "Mozart of Psychology" in Moscow: The untold story. *American Educational Research Journal, 37*(3): 663–696.

Richards, J. C. 2015. *Key Issues in Language Teaching*. Cambridge: Cambridge University Press.

Richards, J. C. & Rodgers, T. S. 2001. *Approaches and Methods in Language Teaching*. New York: Cambridge University Press.

Richards, J. C. & Rodgers, T. S. 2008. *Approaches and Methods in Language Teaching* (2nd ed.). Cambridge: Cambridge University Press.

Riel, M. & Polin. L. 2004. Learning communities: Common ground and critical differences in designing technical support. In S. Barab, R. Kling & J. Gray (Eds.), *Designing for Virtual Communities in the Service of Learning*. Cambridge: Cambridge University Press.

Rousse-Malpat, A. & Verspoor, M. 2012. Measuring effectiveness in focus on form versus focus on meaning. *Dutch Journal of Applied Linguistics*, (1): 263–276.

Rousse-Malpat, A. & Verspoor, M. 2018. Foreign language instruction from a dynamic usage-based (DUB) perspective. In A. E. Tyler, L. Ortega, M. Uno & H. I. Park (Eds.), *Usage-inspired L2 Instruction: Researched Pedagogy*. Amsterdam: John Benjamins, 55–73.

Rousse-Malpat, A., Verspoor, M. & Visser, S. 2012. Learning French with AIM in high school. *Levende Talen Tijdschrift*, 3: 3–14.

Rubin, J. 1975. What the good language learner can teach us?. *TESOL Quarterly, 9*: 41–51.

Saljo, R. 2010. Learning in a socioclutural perspective. In E. B. P. Peterson (Ed.), *International Encyclopedia of Education* (Vol. 5). Oxford: Elsevier, 498–502.

Schmid, H. 2015. A blueprint of the Entrenchment-and-Conventionalization model. *Yearbook of the German Cognitive Linguistics Association, 3*: 1–27.

Schmidt, R. 1990. The role of consciousness in second language learning. *Applied Linguistics, 11*: 129–158.

Scovel, T. 1979. Review of suggestology and outlines of suggestopedy. *TESOL Quarterly, 13*: 255–266.

Seidlhofer, B. 2001. Closing a conceptual gap: The case for a description of English as a lingua franca. *International Journal of Applied Linguistics, 11*: 133–158.

Sheen, Y., Wright, D. & Moldawa, A. 2009. Differential effects of focused and unfocused written correction on the accurate use of grammatical forms by adult ESL learners. *System, 37*(4): 556–569.

Shepard, L. 2013. Forward. In J. H. McMillan (Ed.), *Sage Handbook of Research on Classroom Assessment*. Thousand Oaks: Sage, xix-xxii.

Silverman, D. 2004. Who cares about "experience"? Missing issues in qualitative research. In D. Silverman (Ed.), *Qualitative Research: Theory, Method and Practice*. London: Sage, 342–367.

Simpson, J. 2011. *The Routledge Handbook of Applied Linguistics*. London: Routledge.

Slobin, D. I. 2003. Language and thought online: Cognitive consequences of linguistic relativity. In D. Gentner & S. Goldin-Meadow (Eds.), *Language in Mind: Advances in the Study of Language and Thought*. Cambridge: MIT Press, 157–192.

Spradley, J. P. 1979. *The Ethnographic Interview*. Fort Worth: Harcourt Brace Johanovich Books.

Spradley, J. P. 1980. *Participant Observation*. Fort Worth: Harcourt Brace Johanovich Books.

Stern, H. H. 1983. *Fundamental Concepts of Language Teaching*. Oxford: Oxford University Press.

Stoller, F. 2006. Establishing a theoretical foundation for project-based learning in second and foreign language contexts. In G. H. Beckett & P. C. Miller (Eds.), *Project-Based Second and Foreign Language Education: Past, Present and Future*. Greenwich: Information Age, 19–40.

Su, X. J. 1997. *A study of the changes of tertiary English majors' beliefs*. Unpublished MA thesis, Nanjing University.

Sun, S. G. & Wen, Q. F. 2018. Teacher-student collaborative assessment (TSCA) in integrated language classrooms. *Indonesian Journal of Applied Linguistics, 8*: 369–379.

Swain, M. 1985. Communicative competence: Some roles of comprehensible input and comprehensive output in its development. In S. Gass & C. Madden (Eds.), *Input in Second Language Acquisition*. Rowley: The Newbury House, 235–253.

Swain, M., Kinnear, P. & Steinman, L. 2015. *Sociocultural Theory in Second Language Education: An Introduction Through Narratives* (2nd ed.). Bristol: Multilingual Matters.

Swain, M., Kinnear, P. & Steinman, L. 2018. *Sociocultural Theory in Second Language Education: An Introduction through Narratives* (2nd ed.). Beijing: Foreign Language Teaching and Research Press.

Taylor, S. J., Bogdan, R. & DeVault, M. L. 2016. *Introduction to Qualitative Research Methods: A Guidebook and Resource* (4th ed.). Hoboken: Wiley.

Tedick, D. J. & Cammarata, L. 2012. Content and language integration in K-12 contexts: Student outcomes, teacher practices, and stakeholder perspectives. *Foreign Language Annals, 45*(S1): S28–S53.

Tichy, N. & Cardwell, N. 2002. *The Cycle of Leadership: How Great Leaders Teach Their*

Companies to Win. New York: Perfect Bound.
Tomlinson, B. 2012. Materials development for language learning and teaching. *Language Teaching, 45*(2): 143–179.
Tyler, A. E., Ortega, L., Uno, M. & Park, H. I. (Eds.). 2018. *Usage-inspired L2 Instruction: Researched Pedagogy.* Amsterdam & Philadelphia: John Benjamins.
Tyler, A. E. & Ortega, L. 2018. Usage-inspired L2 instruction: An emergent, researched pedagogy. In A. E. Tyler, L. Ortega, M. Uno & H. I. Park (Eds.), *Usage-inspired L2 Instruction: Researched Pedagogy.* Amsterdam: John Benjamins, 3–26.
Tyler, A. E. 2012. *Cognitive Linguistics and Second Language Learning: Theoretical Basics and Experimental Evidence.* New York: Routledge.
Tyler, R. W. 1949. *Basic Principles of Curriculum and Instruction.* Chicago: University of Chicago Press.
van Lier, L. 2006. Forward. In G. H. Beckett & P. C. Miller (Eds.), *Project-based Second and Foreign Language Education: Past, Present and Future.* Greenwich: Information Age.
Van Maanen, J., Dabbs, J. M. & Faulkner, R. R. 1982. *Varieties of Qualitative Research.* Beverly Hills: Sage.
Verspoor, M. H. & Hong, N. T. P. 2013. A dynamic usage-based approach to communicative language teaching. *European Journal of Applied Linguistics, 1*: 22–54.
Verspoor, M. H. & Nguyen, H. T. P. 2015. A dynamic usage-based approach to second language teaching. In T. Cadierno & S. W. Eskildsen (Eds.), *Usage-based Perspectives on Second Language Learning.* Berlin: De Gruyter Mouton, 305–327.
Vygotsky, L. S. 1978. *Mind in Society: The Development of Higher Psychological Processes.* Cambridge: Harvard University Press.
Vygotsky, L. S. 1986. *Thought and Language.* Cambridge: MIT Press.
Wang, W. Y. 2000. *An investigation into L1 use in the L2 writing process of tertiary-level EFL learners in China.* Unpublished Ph.D. thesis, Nanjing University.
Wang, C. & Wang, M. 2015. Effect of alignment on L2 written production. *Applied Linguistics, 36*: 503–526.
Watson-Gegeo, K. A. 1988. Ethnography in ESL: Defining the essentials. *TESOL Quarterly, 22*(4): 575–592.
Weinstein, G. 2006. "Learners' lives as curriculum": An integrative project-based

model for language learning. In G. H. Beckett & P. C. Miller (Eds.), *Project-Based Second and Foreign Language Education: Past, Present and Future*. Greenwich: Information Age, 159–165.

Wen, Q. F. 1993. *Advanced level English language learning in China: The relationship of modifiable learner variables to learning outcomes*. Unpublished Ph.D. thesis, Hong Kong University.

Wen, Q. F. 2016. The production-oriented approach to teaching university students English in China. *Language Teaching, 51*(4): 526–540.

Wen, Q. F. 2017. The production-oriented approach: A pedagogical innovation in university English teaching in China. In L. Wong & K. Hyland (Eds.), *Faces of English: Students, Teachers, and Pedagogy*. London & New York: Routledge, 91–106.

Wen, Q. F. & Gao, Y. H. 2007. Dual publication and academic inequality. *International Journal of Applied Linguistics, 17*(2): 221–225.

Wilkins, D. A. 1972. *The Linguistics and Situational Content of the Common Core in a Unit/Credit System*. Strasbourg: Council of Europe.

Wilkins, D. A. 1976. *Notional Syllabuses*. Oxford: Oxford University Press.

Willis, D. 1990. *The Lexical Syllabus*. London: Collins COBUILD.

Willis, J. 1996. *A Framework for Task-Based Learning*. Harlow: Longman.

Wittgenstein, L. 2009. *Philosophical Investigations*. Oxford: Wiley-Blackwell.

Wu, Z. J. 2006. Understanding practitioner research as a form of life: An Eastern interpretation of exploratory practice. *Language Teaching Research, 10*: 141–160.

Yanez Prieto, M. D. C. 2010. Authentic instruction in literary worlds: Learning the stylistics of concept-based grammar. *Language and Literature, 19*(1): 59–75.

Zhang, S. & Zhang, L. 2021. Effects of a xu-argument based iterative continuation task on an EFL learner's linguistic and affective development: Evidence from errors, self-initiated error corrections, and foreign language learning attitude. *System, 98*: 1–11.

Zurkowski, P. 1974. *The Information Service Environment: Relationships and Priorities (Related Paper No. 5)*. National Commission on Libraries and Information Science, Washington, DC.

术　语　表

3P 教学法	present-practice-produce (3P)
暗示法	Suggestopedia
半交际法	semi communicative approach
变异论	variationist approach
辩证研究	dialectical research
辩证研究范式	dialectical research paradigm (DRP)
补救性教学	remedial teaching
参与性民主	participatory democracy
产出导向法	Production-Oriented Approach (POA)
产出型教学法	production-based instruction
沉默法	Silent Way
陈述性知识	declarative knowledge
程式语	formulaic sequence
初始条件	initial condition
创新能力	creative competency
词汇法	Lexical Approach
词块	lexical chunk
词组	word combination
促成	enabling
促研团队	collective facilitators
大纲设计	syllabus design
电影教学法	movie approach
动态评价	dynamic assessment
动态系统理论	Dynamic System Theory
范例	exemplar
方法论	methodology
方法之亡	death of method
非聚焦型任务	unfocused task
分析单位	unit of analysis
分析型教学大纲	analytic syllabus
附带学习	incidental learning

复杂适应系统理论	complex adaptive systems approach
概念教学法	concept-based instruction; concept-based approach
概念知识	conceptual knowledge
干预反应法	response to intervention
个体言语	private speech
个性化教学	individualized instruction
固化式	entrenchment
关键能力说	Key-Competency Principle
观点差任务	opinion-gap task
规约式	conventionalization
国际任务教学法研究协会	International Association for Tasked-Based Language Teaching (IATBLT)
合作对话	collaborative dialogue
合作能力	collaborative competency
合作研究共同体	collaborative research network
后方法时代	post-method era
互动假设	interaction hypothesis
互动能力	interactive competence
互动事件	interactional event
话语分析	discourse analysis
基于理解教学	comprehension-based instruction
基于使用的二语教学法	usage-based approach to second language teaching
基于使用的动态论	dynamic usage-based approach
基于使用的语言学	usage-based linguistics
技术支持的智慧教育	Education for Wisdom with Technology
加速融合法	accelerative integrated method
简化的语言材料	simplified text
交际活动	communicative activity
交际教学法	Communicative Language Teaching
交际真实性	communicative authenticity
教授型二语习得	instructed second language acquisition
教学材料	instructional material
教学法	approach; method
教学技巧	technique
教学手段分析	means analysis
精加工的语言材料	elaborated text
纠正性反馈	corrective feedback
聚焦型任务	focused task

可变性框架	variability framework
刻意练习	deliberate/purposeful practice
课堂活动	classroom activity
课堂任务	classroom task
控制性产出	controlled production
控制性练习	controlled practice
口语法	Oral Approach
跨越边界	boundary crossing
理性思维	rationality
领导小组	collective leadership
陆军法	Army Method
陆军特殊训练项目	Army Specialized Training Program
论元结构	argument structure
内化	internalization
内容教学法	Content-Based Language Teaching (CBLT)
内容依托法	Content-Based Instruction (CBI)
内容语言融合教学法	Content and Language Integrated Learning (CLIL)/ Content-Language Integration (CLI)
内在兴趣	intrinsic interest
能力型教学法	Competency-Based Language Teaching
平等师生关系	egalitarian teacher-student relationship
评即学假设	Assessing-being-learning Hypothesis
评价	assessing
评价焦点	focus of assessment
普世习得假设	universal acquisition hypothesis
恰当性	appropriateness
"强式"交际法	"strong" form of communicative language teaching
情景法	Situational Language Teaching
驱动	motivating
全人教育	whole-person education
全身反应法	Total Physical Response
认知法	Cognitive Method
任务教学法	Task-Based Language Teaching (TBLT)
任务类型	task type
任务型标准参照测验	task-based, criterion-referenced performance test
任务型语言教学联盟	Consortium on Task-Based Language Teaching
任务支持型语言教学	task-supported language teaching
任务重复	task repetition

任务主题	thematic content
善学者	good language learner
社团语言学习法	Community Language Learning
师生合作评价	teacher-student collaborative assessment (TSCA)
实践教学技巧	practical instructional tactic
使用	usage
输出	output
输出假设	output hypothesis
输出驱动假设	Output-driven Hypothesis
输出型任务	output-based task
输入	input
输入促成假设	Input-enabled Hypothesis
输入型任务	input-based task
思辨能力	critical thinking competency
思维单位	a unit of mind (thinking)
锁孔结构	key-hole structure
拓展学习	expansive learning
特指问句	content question
听说法	audio-lingual approach
推理差任务	reasoning-gap task
微型教学	minilesson
文化交流说	Culture Exchange Hypothesis
文化能力	cultural competency
物化	materialization
习得过程（同一语言项目）	sequence of acquisition
习得顺序（不同语言项目）	order of acquisition
项目教学法	Project-Based Learning (PBL)
写长法	Length Approach
心理加工过程	psycholinguistic processing
信息差任务	information-gap task
信息聚焦	message focus
信息伦理	information ethic
信息能力	information competence
信息素养	information literacy
信息意识	information awareness
信息知识	information knowledge
行动研究	action research
行为单位	a unit of behavior

形式－使用－意义匹配	form-use-meaning mapping
形式优先教学法	focus on forms
虚拟共同体	Virtual Professional Learning Community (VPLC)
需求分析	needs analysis
续论	Xu-argument
选择性评价	selective assessment
选择学习假设	Selective Learning Hypothesis
学生中心	learner-centeredness
学习能力	learning competency
学习潜能评价	learning potential assessment
学习者训练	learner training
学习中心说	Learning-centered Principle
学习自主	learning autonomy
学用一体说	Learning-using Integrated Principle
言语化	verbalization
言语活动	languaging
以教促学	teaching for learning
以写促学	write to learn
以续促学	learning by extension
意念大纲	Notional Syllabus
意象图式	schematic diagram
意义协商	negotiation for meaning
意义优先教学法	focus on meaning
英语扩展圈	expanding circle
英语通用语	English as a lingua franca (ELF)
英语语言服务机构	English Language Services
英语作为附加语言	English as an additional language (EAL)
涌现论	emergentism
有限注意能力模型	limited attentional capacity model
有意学习	intentional learning
语法翻译法	grammar-translation method
语言能力	language competency
语言行为	language performance
云共同体	Cloud Community
在交际中注意形式	focus-on-form
真实任务	real-world task
真实性评价	authentic assessment
真实语言材料	authentic/genuine text

整体教育	l'education integrale
支架教学	scaffolded instruction
直接法	direct method
指导者	instructional coach
智慧教育	Smart Education
主题熟悉度	topic familiarity
主题相关性	topic relevance
主体性	agentivity
主语表达式	subject expression
主旨句	thesis statement
注意	noticing
转换生成语法	Transformational Generative Grammar
自然法	Natural Approach
自由实践	free practice
自由式产出	free production
综合型大纲	synthetic syllabus
最近发展区	zone of proximal development (ZPD)
做中学	learning by doing